聚光灯下

明星员工的激励与管理

马 君 ◎ 著

中国财经出版传媒集团

经济科学出版社
Economic Science Press

·北 京·

图书在版编目（CIP）数据

聚光灯下 ：明星员工的激励与管理／马君著.
北京 ：经济科学出版社，2025.5. —— ISBN 978 - 7 - 5218 -
6765 - 7

Ⅰ. F272. 92

中国国家版本馆 CIP 数据核字第 2025S7S934 号

责任编辑：周国强
责任校对：王京宁
责任印制：张佳裕

聚光灯下：明星员工的激励与管理
JUGUANGDENGXIA：MINGXING YUANGONG DE JILI YU GUANLI
马 君 著
经济科学出版社出版、发行　新华书店经销
社址：北京市海淀区阜成路甲 28 号　邮编：100142
总编部电话：010 - 88191217　发行部电话：010 - 88191522
网址：www. esp. com. cn
电子邮箱：esp@ esp. com. cn
天猫网店：经济科学出版社旗舰店
网址：http：//jjkxcbs. tmall. com
北京季蜂印刷有限公司印装
710×1000　16 开　23. 25 印张　350000 字
2025 年 5 月第 1 版　2025 年 5 月第 1 次印刷
ISBN 978 - 7 - 5218 - 6765 - 7　定价：98. 00 元
（图书出现印装问题，本社负责调换。电话：010 - 88191545）
（版权所有　侵权必究　打击盗版　举报热线：010 - 88191661
QQ：2242791300　营销中心电话：010 - 88191537
电子邮箱：dbts@ esp. com. cn）

序 言

在开启本书的阅读之旅前，三个关键问题锚定您的阅读预期：本书"写了什么""为谁而写"以及"为何要写"。

本书聚焦于商业世界中一个独特且关键的群体——明星员工，是一本剖析明星员工激励与管理之道的专业著作。明星员工，严格意义上说是一个学术用语，专门用来特指那些能够为组织创造卓越绩效、享有广泛知名度和曝光率、拥有较高社会地位或丰富社会关系的员工。数千年来，璀璨的星光激发了人类无尽的遐想，而"明星"一词也常被用来赞誉那些为组织作出杰出贡献的人才。时过境迁，在当下这个娱乐产业繁荣、流量文化盛行的时代，提及"明星"二字，大众脑海中第一时间浮现的，往往是被粉丝簇拥、尖叫声环绕，活跃在舞台、荧幕上的演艺明星或流量明星。狂热的追星浪潮在某种程度上遮蔽了"明星"一词最初蕴含的专业光芒与职场荣耀。为避免概念混淆，诸多组织在人才管理实践中更倾向于采用"高层次人才""首席专家""杰出英才"或"领军人才"等称谓。还有不少企业紧跟华为步伐，将自家的明星员工亲切地称作"奋斗者"，以此彰显他们拼搏进取、引领业务发展的特质。在本书的语境里，"明星员工"仍沿用精准的学术定义，但同时也涵盖了上述各种称谓，特指那些凭借自身的知名度、社会人脉、独特技能或隐性知识，为组织带来超常贡献的稀缺人才。

这也意味着，本书的受众不局限于学术研究者和商业领域的专业人士，对于人才密集、科技含量高的高校和科研机构而言，同样具有参考价值。在宏观战略层面，加快创新人才自主培养进程、推进高水平科技自立自强，已然成为统筹科技、教育与人才协同发展的战略引擎。培育面向未来科技前沿、未知学术领域以及经济建设主战场的高层次人才方阵，尤其是锻造一批战略科学家群体，更是关乎国运兴衰、承载民族希望的重大国策。聚焦微观层面，置身数字化竞争白热化、人工智能挑战不断加剧的当下，企业面临着前所未有的创新压力。如何精准识别、全力吸引、精心培养和深度挖掘如埃隆·马斯克、山姆·奥特曼这样的科技巨擘，已成为企业赢得未来、稳健前行的管理精髓。

在此基础上，我们不得不提及 DeepSeek 及其创始人梁文锋。DeepSeek 作为一家在人工智能领域取得突破性进展的创新企业，其背后的故事与理念无疑为本书的主题增添了新的维度。梁文锋先生，作为 DeepSeek 的领航者，以其深厚的学术背景、卓越的领导力和前瞻性的创新思维，不仅引领 DeepSeek 在人工智能（AI）技术的浪潮中破浪前行，更为我们提供了关于如何激励和管理明星员工（在 DeepSeek 的语境下，或许应更贴切地称为"核心创新者"）的生动案例。DeepSeek 的成功经验表明，在人工智能这一高度依赖人才与创新的领域，如何构建有效的激励机制、营造开放包容的创新环境，以及如何精准识别和培养具有潜力的明星员工，是企业持续领先、引领行业发展的关键所在。

洞悉上述现实需求与战略格局，创作一本聚焦"明星员工激励和管理"的著作，显得尤为必要且刻不容缓。

具体而言，本书承载两大目标。一是为明星员工精准画像。通过剖析这一特殊群体的典型特质和独特价值，系统梳理他们在组织中发挥的不可或缺的作用，探索他们与领导者、同事间和谐共生、协同共进的有效路径，本书旨在为商业组织提供一套实用且富含深刻洞察的行动指南，以解锁明星员工的开发与激励之谜。二是针对当前学术界普遍面临的人才"帽子"异化现象，本书亦希望能够为破解这一难题提供有益的启示。

诚然，国家推出"长江学者""杰青"等高层次人才计划在丰富人才储备、培养科研领军人才及潜在战略科学家方面发挥了举足轻重的作用。但也由此催生了"学术明星"现象，使得原本旨在激励与支持的资助项目逐渐演变为"称号"与"标签"，进而引发了学者妮可·德赖斯所揭示的"人才概念悖论"——因为定义了人才，也无形中划定了非人才的界限，从而误导了公众的认知，错误地认为只有获得人才计划"光环"的个体，即所谓"帽子人才"才算得上人才。这种认知偏差加剧了学术界的"明星化"趋势，催生了一批擅长包装与自我推销的"滤镜"学术明星。他们通过包装项目获取头衔，而后又利用头衔光环包装新项目，形成了一个恶性循环，严重扰乱了学术生态。更为严重的是，少数"学术明星"凭借其光环效应，垄断了学术资源的分配权，掌握了学术行政的主导话语权，进而根据个人专长与偏好来规划学科布局、分配学术资源。这种局面不仅导致了学科发展的圈层化、同质化、格式化问题日益严重，也使得处于学术底层的广大科研人员只能在有限且愈发稀缺的资源中艰难求生，为了争夺微薄的资源而展开激烈的竞争，学术"内卷"现象愈发严峻。因此，为破解人才"帽子"异化现象，为学术界提供一条更加健康、可持续的发展道路，也成为了我们撰写本书的动力与初衷。可喜的是，国家自然科学基金委员会已正式发布公告，宣布自 2025 年起，将国家"杰青"项目更名为青年科学基金项目（A 类），此举标志着在推进人才项目"去帽子化"与"去标签化"方面迈出了重要且关键的一步。

在浩如烟海的书籍海洋中，不乏永恒传世、历久弥新的经典名著，尽管如此，我们仍需直面两个灵魂拷问："我们的独特之处何在"以及"我们能为读者带来何种价值"。

多维视角的深入剖析

本书搭建起一座多维的"瞭望塔"，从人性、领导、组织、制度、文化五大维度，全景展现明星员工的特质、成长轨迹、作用发挥、人际关系以及激励的深层本质。从人性视角，深入明星员工的内心世界，揭示其职场历练、自我定位及在复杂社交环境中的坚守；从领导视角，剖析领导者与明星员工关系的本质，探索二者关系的平衡之道，反思领导过度期望对明星员工成长的影响；从组织视角，探讨明星员工与同事的共处之道，推动普通员工通过"选窝效应"避免生态位重叠，与明星员工形成高水平互补；从制度视角，探究明星员工领衔的团队溃败的根源，审视"激励一人，麻木众人"的制度弊端，提出打破"明星近视症"，发挥明星激励涟漪效应的策略；从文化视角，探讨如何通过文化滋养缓解明星员工身份焦虑，激发价值共鸣，助力底层员工打破思维定式，实现职场跃迁。

实践智慧的专题探索

在商业实践与学术研究的交汇地带，众多企业家以及高校、科研组织的领导者并不缺乏实践的智慧，相反他们有很多真知灼见，却无奈深陷烦琐事务，分身乏术，无暇将宝贵的经验沉淀、梳理、升华成系统理论。这份未竟事业，恰似"火种"传承，递至学者手中，本书便是接过"火种"后的探索结晶，针对实践"顽疾"开展深度专题攻坚。

明星员工的社交悖论——既要低调"隐身"，无缝融入团队"熔炉"，收敛锋芒、亲和待人；又要适时"出圈"，果敢彰显独特个性，于关键时刻脱颖而出，恰似在钢丝上翩翩起舞，如何拿捏平衡？

明星员工的自尊之战——在捍卫个人尊严与维系人际关系的微妙平衡中，明星员工如何"走钢丝"？既要临渊而立、克制冲动，避免与"恶龙"缠斗；又要巧用赋能智慧，助力同事成长，在化解嫉妒"暗流"中实现自我价值的跃升与隐性权力的提升。

明星员工与领导的博弈——从关键资源的控制权争夺到核心技术的诀窍比拼，明星员工与领导之间在权力格局与地位层级上的无声较量，本书将为您层层拆解。这场博弈不仅关乎个人职业发展，更对组织士气、团队协作产生深远影响。

明星员工地位的脆弱性——明星员工的光芒背后，隐藏着一种不容忽视的脆弱性。他们在组织内处于"向上晋升空间有限，向下滑落风险巨大"的境地。一旦失去领导层的坚定支持与同事的坚实后盾，他们所有的努力与辉煌成就都可能瞬间化为泡影。本书将深入探讨这一现象的根源与应对策略。

明星员工激励的涟漪效应——如何构建一套精准高效的激励系统，激发明星员工的内在动机，并在组织内部产生涟漪效应？本书将探索"滴水灌溉"式激励策略，将稀缺激励资源精准传递给每一名员工，扫除激励盲区，释放潜在能量，实现"增量撬动存量"的激励效果。

明星员工的地位与质量差距——社会地位犹如一面具有放大效应的透镜，深刻影响着公众对个体能力的感知与评价。处于高位的明星员工，时常被笼罩在一层超越其真实能力的光环之下，备受推崇；相反，社会地位较低的个体，则可能因这层"地位壁垒"而被社会低估其实际才能。这种放大机制不仅可能扭曲社会对个体潜能的全面认识，还可能阻碍资源的公正配置，从而诱发马太效应的连锁反应，最终导致"强者恒强、弱者恒弱"的两极分化格局。

经典钩沉的理论底蕴

本书还追溯了那些为明星员工研究领域奠定坚实基础的学术巨擘，他们犹如照亮人类思想天空的璀璨"恒星"。

这些大师包括"现代管理之父"的彼得·德鲁克、企业文化理论的奠基人埃德加·沙因、诺贝尔经济学奖得主及前景理论提出者丹尼尔·卡尼曼、"新一代管理大师"比尔·乔治、自我决定理论的开创者爱德华·德西、刻板印象理论的创始人苏珊·菲斯克、心智模式理论的奠基者卡罗尔·德韦克、心理安全理论的开创者艾米·埃德蒙森、社会比较理论的鼻祖利昂·费斯廷格、斯坦福监狱实验的设计大师菲利普·津巴多、透镜理论的倡导者海蒂·哈尔沃森、人格特质量表（16PF）的创立者雷蒙德·卡特尔、权力依赖理论的创立者理查德·爱默生、地位质量差距理论的提出者罗伯特·默顿、参照认知理论的开创者罗伯特·福尔杰，以及社会互赖理论的奠基人库尔特·勒温。

此外，本书还精选了部分历经岁月洗礼、影响深远的经典著作，如亚当·

格兰特的《给予还是索取》、迈克尔·桑德尔的《精英的傲慢》、爱德华·德西的《内在动机：自主掌控人生的力量》、布莱恩·福格的《福格行为模型》、丹尼尔·平克的《驱动力》、约翰·麦克斯韦尔的《领导力的五个层次》、肯尼斯·斯坦利与乔尔·雷曼合著的《为什么伟大不能被计划》，以及拉姆·查兰的《高潜》等，这些作品为读者提供了丰富的理论滋养。

同时，本书还探讨了一些经典而引人入胜的理论，包括：

天才儿童的悲剧——过度颂扬明星员工的卓越才能，或许正是促使这份才华黯然消逝的催化剂，这一现象与古希腊哲人亚里士多德在《诗学》中所隐喻的悲剧英雄命运轨迹不谋而合：那些凌驾于众人之上的伟大灵魂，往往最终为其自身的非凡所累，走向毁灭。本书依托深刻的理论剖析与丰富的案例研究，不仅深化了对心理学家艾丽斯·米勒见解的理解，更抽丝剥茧，揭示了这一现象背后错综复杂、引人深思的根源。

第二提琴手矛盾——借鉴基思·默宁翰和唐纳德·康伦的概念，本书揭示了普通员工在担任配角时所面临的双重挑战。他们既要有首席小提琴手般的高超技艺，又要发挥协调第三、第四提琴手的领导作用，却常常被首席小提琴手的光环所掩盖，难以摆脱"绿叶衬红花"的命运。

人才饱和点——罗德里克·斯瓦布的研究揭示，当团队中的顶尖人才过多时，他们之间的地位争夺和资源竞争可能会削弱团队的协作精神，从而对团队的整体绩效产生负面影响。

幽灵式邂逅——杰弗里·贝德纳等人的研究发现，前任领导者以一种"幽灵式邂逅"的方式，持续且深刻地影响着组织成员。明星员工在面对新任领导时，可能会通过回忆、想象或模仿前任领导者的方式来处理与新任领导的关系，过分关注其与前任领导者的差异和不足，从而产生排斥情绪。

黑马效应——根据卡罗尔·德韦克的心智模型，拥有成长心态的个体更可能激发心理抗拒力，通过证明自己的潜力，实现在被明星光环笼罩下的自我逆袭。

选窝效应——正如古语所云的"尺有所短，寸有所长"，本书借鉴朱丽亚·弗伦德的动物实验成果，提出了一个创新的观点：普通员工可以通过选择最适合自己的"生态位",发掘个人价值的"洼地",从而塑造独特而有价值的角色和地位。这种策略有助于避免与明星员工的正面竞争,转而与他们建立起一种互补的依赖关系。

蝜蝂效应——借鉴唐代文学巨匠柳宗元笔下虚构的一种喜欢负重和爬高的昆虫,隐喻明星员工的身份焦虑来源,即在追求目标或积累资源的过程中,不断地增加负担,却不懂得适时放下或调整,最终导致自身无法承受而崩溃或失败的现象。这又与杰西卡·罗森等人在泰国克罗姆岛针对长尾猕猴开展的研究结论不谋而合,揭示了不当激励可能导致明星员工选择短期收益显著但长期损害个人能力和健康的捷径。

文化传承的历史智慧

本书尝试从历史的经验教训中挖掘激励明星员工的深层智慧。从"贞观之治"中明君与贤臣的和谐共鸣,到"德不配位,必有灾殃"的古老警语,再到"士为知己者死"的忠诚誓言,以及"运筹帷幄之中,决胜千里之外"的卓越智谋,"滴水之恩,涌泉相报"的情感纽带,直到"白帝城托孤"的信任重托,这些历史典故不仅照亮了管理之道,更为我们提供了激励明星员工的宝贵启示。

明星员工成长的本土哲学诠释——借鉴《易经》"乾卦"的智慧,将员工的职业发展划分为六大阶段:"潜龙勿用"的默默积累期、"见龙在田"的初步崭露期、"终日乾乾"的勤奋进取期、"或跃在渊"的转型挑战期、"飞龙在天"的巅峰闪耀期,以及"亢龙有悔"的反思与持续进步期,完整地勾勒出明星员工从青涩起步到成熟巅峰的完整画卷,展现了他们在职业生涯中的不懈努力与卓越成就。

明星坠落背后的文化与权力逻辑——借鉴本土学者郑伯埙的"亲忠才"理论,探讨了明星员工与领导者之间的关系动态。当关系不融洽时,明星员工可能从备受重视的"亲忠才"逐渐变为关系疏远的"事业伙伴"("疏忠才"),最终沦为被领导者防范的"疏逆才",甚至边缘化的"疏逆庸"。这一理论深刻揭示了明星员工地位的脆弱性，提醒我们关注其背后的文化与权力逻辑。

明星"近视症"弊端的文化解读——许多组织盲目追求明星效应，却忽视了"外来和尚好念经"的陷阱。战国时期先贤韩非子早已警告，若内部人才得不到应有的礼遇与奖赏，而组织却以厚礼重赏招揽外来人才，不以实际业绩为考察标准，而以名望高低作为任免职务的依据，将导致外来人才占据高位，甚至超越原有内部人才，这样的组织将面临灭亡的危险。同时，《资治通鉴》中唐代名臣李泌的警示也提醒我们，在重用明星员工时，要警惕"非才则废事"与"权重则难制"的双重风险。这些传统文化的智慧对于我们有效激励和管理明星员工具有重要的启示意义。

总而言之，本书聚焦于激励明星员工、充分释放其创新潜能的核心议题，借助丰富的实际案例与深刻的理论分析，从人性洞察、领导智慧、组织协同、制度设计以及文化塑造等多个维度，全面探讨了如何有效激励明星员工，并发挥其激励的涟漪效应。我们的目标一是解决明星员工与领导者之间的权力和地位冲突，推动二者在更高层面建立"相互成就"的新型领导与部属关系；二是致力于跨越传统激励机制中"激励一个人，伤害一类人，麻木一群人"的陷阱，带动普通员工找准适合自己的位置，在"与星共舞"中与明星员工建立起一种互补式依赖关系，实现团队资源的优化配置与效能最大化。

碍于篇幅，内容简介至此，书中自有乾坤，诚邀读者拨冗品鉴，批评指正。

目　录

第四篇　制度的力量

第五篇　文化的守护

第一篇

人性的探索

【本篇导读】

普罗米修斯的火焰

——智慧与牺牲

在古希腊神话中，普罗米修斯以其无畏的智慧和无私的牺牲，成为人类文明的守护神。他的名字，如同他盗取自天界的火焰，照亮了人类从蛮荒走向文明的征途。在本篇中，我们将探讨职场中那些如普罗米修斯般的明星员工。

明星员工以卓越的才能和显著的贡献，引领团队前进，推动组织发展。然而正如普罗米修斯因盗火而遭受永恒的惩罚，明星员工在光环之下也承受着常人难以想象的挑战和压力。本篇将引导读者深入明星员工的内心世界，揭示他们如何在职场中被塑造、在社交的漩涡中寻找定位，以及如何在嫉妒与自尊的双重夹击中坚守自我。我们将见证他们的成长历程，理解他们的社交智慧，感受他们在挑战中的挣扎与坚持。

在探索"明星员工的进阶之路"中，我们将挖掘那些卓越员工如何深刻洞察时代脉搏、把握成长机遇，以及组织如何精心培育并发掘这些"潜力股"，将他们塑造成引领变革的职场明星。在"明星员工的社交策略"中，我们将剖析这些明星员工如何巧妙地运用社交策略，在满足团队期待的同时，保持自我本色。而在"明星员工的自尊之战"中，我们将探讨他们如何合理地管理情绪，在坚决维护自尊的同时，促进团队的和谐与合作。

普罗米修斯的火焰，是智慧的火花，也是牺牲的象征。在本篇中，我们将跟随普罗米修斯的脚步，一起照亮那些隐藏在光环之下的挑战，探索明星员工背后的人性光辉。

第一章

明星员工的进阶之路

> 天行健，君子以自强不息。潜龙勿用，阳在下也。见龙在田，德施普也。终日乾乾，反复道也。或跃在渊，进无咎也。飞龙在天，大人造也。亢龙有悔，盈不可久也。
>
> ——《周易·乾卦》

数千年来，闪烁的星光激发了人类无数的创作灵感，同时也成为对非凡成就的永恒赞美。那些散发着智慧光芒和人性光辉的杰出人物，在《诗经·小雅》的篇章中被比作山间生机盎然的莪蒿（"菁菁者莪，在彼中阿"），看到它犹如见到君子，让人产生愉悦之感和敬重之情（"既见君子，乐且有仪"）。在西方文化中，人们借助"艾玛迪斯神话"① 来赞颂那些如流星般划

---

① "艾玛迪斯神话"这一概念源自 1984 年上映的传记电影《艾玛迪斯》（Amadeus），该片以倒叙的手法讲述了音乐天才莫扎特的一生。在电影中，莫扎特的音乐才华和成就被描绘为一种神话般的存在，尽管他的生命转瞬即逝，但他的音乐作品却成为了永恒的经典，影响了后世的音乐发展。这一神话强调了杰出人物的非凡才华及其不朽价值，体现了即使在有限的生命中也能创造出超越时间限制的成就。

过夜空的明星——"刹那的光辉便是永恒"——他们的成就即使短暂却能在历史长河中留下不可磨灭的印记。

今天,从体育明星到名人CEO,从顶级销售员到杰出科学家,明星人物始终是组织竞相追逐的对象。他们不仅在各自领域中展现卓越的能力,更是对组织和团队产生深远的影响,成为引领变革和创新的关键力量。培养高层次人才、拔尖创新人才、新时代高技能人才以及各行各业的领军人才和战略科学家,已然成为国家战略的核心要务。明星员工在推动个人和组织发展的同时,更在国家创新体系建设中扮演着不可或缺的角色。他们的贡献不止于个人的杰出成就,更在于为整个社会带来的深远影响与变革。

什么是明星员工?

明星员工(star employee)的概念主要依据个人取得的成就来界定。学者丽贝卡·基霍(Rebecca Kehoe)等人提出从三个核心维度来定义明星员工:绩效水平、知名度和社会资本。在此基础上,埃尔汉姆·阿斯加里(El-ham Asgari)等人进一步增加了"地位"维度。

具体来说,明星员工具备以下特征:一是他们在完成工作任务和达成目标方面表现出色,通常贡献了不对称的绩效水平,显著高于组织中的其他成员;二是在组织内外具有较高的知名度,他们的成就和贡献被公众所认可;三是拥有广泛的社会联系和网络,这些社会资本使他们能够更有效地促进合作、分享信息,并推动创新;四是他们在组织或行业中占据重要地位,这通常意味着他们拥有较高的决策权和影响力,以及在同行中的认可和尊重。总之,明星员工通过其卓越的表现和影响力,对团队和组织产生积极的影响。他们不仅推动个人职业发展,也为组织带来长远的价值。这些员工的卓越表现和广泛影响力,使他们成为团队和组织成功的关键因素。

另一些学者则从特质的角度来定义明星员工。克莱顿·克里斯滕森(Clayton Christensen)在其商业名著《创新者的窘境》中指出,那些具有前瞻性思维和创新能力的个体致力于推动行业变革,从而成为组织中不可或缺的"明星"。托马斯·彼得斯（Thomas Peters）和罗伯特·沃特曼（Robert Waterman）在经典名著《追求卓越》中强调，明星员工是那些积极主动、充满激情、对工作高度投入的人。他们在组织中发挥榜样作用，照亮他人前行的道路，激励同事追求卓越。

亚当·格兰特（Adam Grant）在《给予还是索取》中提出了一个更为全面的定义。他指出，明星员工并非仅仅是个人业绩突出、为自己争取最大利益的索取者。相反，他们更像是具备美德的给予者，乐于分享知识、资源和经验，帮助同事成长，并通过自己的贡献提升整个团队的绩效。这样的明星员工不仅关注个人成功，更致力于创造积极的工作环境，推动团队成员共同发展，成为组织中具有影响力和价值的关键人物。

除了学术界之外，众多杰出的企业家同样对明星员工持有深刻而独到的见解，福耀玻璃集团的创始人曹德旺便是其中具有代表性的一位。在 2017 年中央电视台财经论坛暨中国上市公司峰会上，曹德旺毫无保留地分享了自己的观点：

> 你叫马云这么伟大的人来做玻璃，我相信他也是做不起来的。你钱多没有用啊，福耀之所以能成功是我死心塌地、实实在在换来的。

曹德旺进一步强调，明星员工不仅应具备卓越的专业技能，更需对企业拥有深厚的认同感和强烈的责任感。换言之，那些"甘愿蹲在车间守着炉子"的人，才是愿意将个人成长与企业发展紧密相连的真正明星。在曹德旺看来，福耀玻璃的成功绝非偶然，而是全体员工共同努力、不懈奋斗的结晶。只有那些在工作中全身心投入、不遗余力的人，才能成为推动企业不断前行、持续发展的核心动力。

曹德旺的这些观点，充分展现了他对企业文化的深刻洞察与独到见解。他坚信，一个积极向上、充满活力的企业氛围，不仅能够激发员工的工作热情与创造力，更能够增强团队的凝聚力与向心力。因此，在他眼中，明星员工不仅是业绩的佼佼者，更是企业使命与价值观的坚定践行者。这样的员工，无疑是企业持续成长、不断创新与超越的坚实基石与宝贵财富。

商业名著推荐

《给予还是索取》

《给予还是索取》(*Give and Take：Why Helping Others Drives Our Success*) 是宾夕法尼亚大学沃顿商学院亚当·格兰特 (Adam Grant) 教授的商业名著，2013 年由企鹅出版社出版，2014 年中信出版社引进中文版，定名为"沃顿商学院最受欢迎的思维课"。

格兰特教授作为哈佛大学的杰出校友和密歇根大学组织心理学博士，不仅在学术界享有盛誉，更以其卓越的教学和研究成就在商界和公众领域广受认可。他曾是沃顿商学院最年轻的终身教授，并连续七年荣获学生票选的"最受欢迎的教师"称号。格兰特教授的学术成就斐然，他被《财富》杂志评为 40 岁以下杰出人物，同时跻身"全球 25 位最具影响力的管理思想家"之列。他的 TED 演讲吸引了超过 3500 万次的观看。格兰特教授还是一位活跃的商业思想领袖。他主持了 Work Life 和 Rethinking 两个播客，通过这些平台，他与全球听众分享了关于工作生活和创新思维的深刻见解。他的著作丰富，包括《离经叛道》(*Originals*)、《另一种选择》(*Option B*)、《重新思考》(*Think Again*) 以及《隐藏的潜能》(*Hidden Potential*) 等多部畅销书。

在《给予还是索取》一书中，亚当·格兰特教授深入剖析了成功的三个核心要素：天赋、努力和机会。但他强调，人与人之间的互动方式才是成功的关键因素。格兰特教授将人们划分为三种类型：索取者 (takers)、给予者 (givers) 和互惠者 (matchers)，这一分类为我们理解明星员工的行为模式提供了深刻的洞见。

书中，格兰特探讨了给予者的优势和索取者的陷阱。他指出，成功的给予者能够建立牢固的人际关系，创造互惠文化，并愿意放弃短期利益以实现长期成功。通过大量案例，格兰特展示了成功人士如何通过给予他人来巩固自己的地位与影响力。明星员工正是这些故事的缩影，他们不仅关注个人成就，更致力于分享知识和资源，提升团队整体表现。这些员工在组织中既是绩效的代表，也是团队文化的塑造者。书中也列举了许多具有索取者特征的明星级人物的失败案例，其中尤为引人注目的是小儿麻痹疫苗的伟大开发者——乔纳斯·索尔克（Jonas Salk）。他以索取者的心态独揽功劳，使他失去了团队的信任和支持，在后续的职业生涯中逐渐失去了往昔的光芒。书的第三部分提供了在工作和生活中应用这些策略的实践建议。格兰特强调了关注自己对他人影响的重要性，倡导培养成长心态，拥抱协作文化。同时他提醒读者在给予与索取之间找到平衡，过度的付出可能会导致精力枯竭与情感疲惫，而过度索取则会损害人际关系与信任基础。

　　总之，《给予还是索取》不仅是个人成功的指南，更深入洞察了成为明星员工的必备特质。格兰特引人入胜的写作风格使本书成为任何希望在个人和职业生涯中取得更大成功的人的必读佳作。

明星员工在组织中的核心作用

　　在一项开创性研究《最佳与平庸：重新审视个人绩效的正态分布》中，学者欧内斯特·奥波义耳（Ernest O'Boyle）和赫尔曼·阿吉尼斯（Herman Aguinis）对来自科研、体育和娱乐等领域的63万名个体深入研究后发现，在创新驱动发展的时代，员工的绩效分布已经不再服从传统的正态分布，而是呈现出幂律分布的特征。这一发现表明，组织的竞争力不再取决于平均人力资本水平，而是更加依赖于少数明星员工的卓越表现。

正态分布，又称为高斯分布①。是一种重要的统计分布。其特点在于，数据点大多集中在均值附近，而远离均值的数值逐渐减少，形成了一种中间高、两边低的钟形曲线，如图 1 – 1a 所示。在考试成绩的分布中，正态分布表现得尤为明显：大部分考生成绩集中在平均分附近，而极高或极低的分数相对较少。

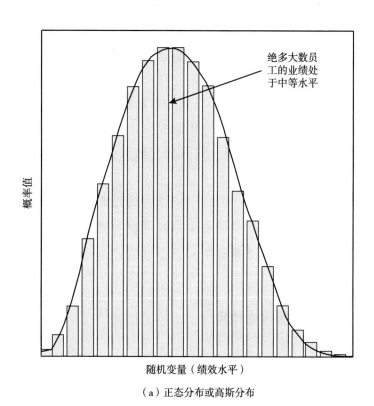

（a）正态分布或高斯分布

---

① 正态分布以卡尔·弗里德里希·高斯（Carl Friedrich Gauss）的名字命名，这一称谓是对他在数学和科学领域所作出的卓越贡献的致敬。在对天文学和测量误差进行深入研究的过程中，高斯揭示了误差分布的普遍规律：误差值大多紧密地围绕着真实值分布，并且随着距离真实值的增加，误差出现的频率逐渐降低，形成了一种对称的分布形态。这种分布模式可以通过一个特定的数学函数——正态分布函数——来精确地描述。高斯的这一发现不仅在数学领域具有里程碑式的意义，而且在统计学、物理学以及社会科学等多个学科中都发挥着关键作用，成为现代科学研究的基石之一。

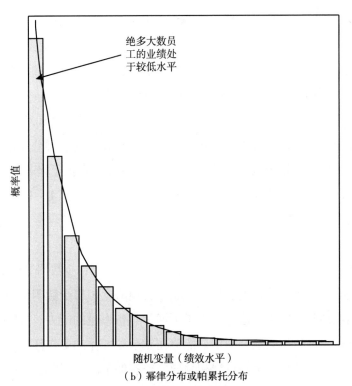

绝多大数员工的业绩处于较低水平

概率值

随机变量（绩效水平）

（b）幂律分布或帕累托分布

图 1-1 员工绩效水平的分布特征

在绩效管理的实际操作中，管理者长期持有一个预设观念：他们认为个人绩效往往集中在平均值周围，并呈现出对称的尾部，即遵循正态分布的原则。任何偏离正态的情况通常被视为需要纠正的"异常数据"。

为了促使绩效数据更贴近正态分布特征，管理者引入了"721 法则"。该法则依据员工的绩效表现，严格地将员工划分为 A、B、C 三个等级：A 类代表绩优员工，占比 20%，他们不仅将获得更为丰厚的奖励，还会享有更多的晋升机会作为对其卓越表现的认可；B 类员工则属于合格范畴，占据了员工总数的 70%，他们是公司稳定发展的基石；而 C 类员工，即不合格员工，仅占 10%，他们面临着被淘汰的风险，以此作为对绩效不佳的警示。

"721 法则"源自美国通用电气公司（GE）前任 CEO 杰克·韦尔奇

（Jack Welch）① 的智慧，他将其视为激活企业内部竞争活力、推动企业持续发展的有力工具，并赋予了它一个响亮的名称——"活力曲线"。这一法则遵循正态分布的客观规律，实施了末位淘汰制，旨在通过构建一种内部的竞争环境，优化员工队伍结构，提升企业的整体绩效水平。

幂律分布，也称为帕累托分布②，即人们最为熟悉的"80/20 原则"，它揭示了社会、经济等领域中一种极端的不平等现象。在这种分布中，绝大多数的个体或实体则处于相对较低的水平，极少数个体占据了显著的主导地位，直观地体现了"富者愈富，贫者愈贫"的马太效应，如图 1 - 1b 所示。这种分布模式与正态分布形成鲜明对比，后者强调大部分数据点围绕平均值分布，形成对称的尾部。

在人力资源领域，幂律分布揭示了一个有趣现象：少数明星员工在绩效、创新和领导力等方面的表现远超其他员工，换言之，极少数明星员工为组织贡献了绝大部分的成果。这些明星员工通常具备卓越的能力、技能和专业知识，尤其是掌握组织的默会知识，能够在复杂和变化的工作环境中迅速找到问题解决方案。他们的创新思维和领导力也有助于激发团队成员的积极性和

---

① 杰克·韦尔奇，曾担任通用电气（GE）的董事长兼首席执行官，被管理学泰斗彼得·德鲁克誉为"20 世纪最优秀的公司领导"。1935 年 11 月 19 日，他出生于美国马萨诸塞州的塞勒姆市，1960 年毕业于伊利诺伊大学，获化学博士学位，随后加入了 GE 的塑胶事业部，开启了他的职业生涯。凭借其卓越的领导才能和业绩，他逐步升至公司的最高领导层。在他的领导下，GE 实现了市场价值的显著增长，成为当时最富有国际竞争力的企业。韦尔奇的管理理念与实践，诸如扁平化、无边界管理、"721 法则"（活力曲线）、"六西格玛"质量标准、全球化战略以及电子商务的推广，均对现代企业管理产生了深远的影响，成为了业界竞相学习的典范。他还是一位企业思想家和演说家。1989 年，《财富》杂志在介绍韦尔奇时，总结了其六大人格特质与经营理念：掌握自身命运、勇于面对现实、坦诚沟通、从管理者向领导者转变、主动求变而非被动适应，以及在无竞争优势的领域避免正面竞争。这些理念不仅塑造了他的职业生涯，更为全球商界提供了宝贵的启示。韦尔奇的《杰克·韦尔奇自传》更是其管理智慧与人生哲学的集大成之作，深受全球商界精英的推崇与喜爱，成为企业管理领域不可多得的经典之作。

② 帕累托分布，由意大利经济学家维尔弗雷多·帕累托（Vilfredo Pareto）所提出，深刻描绘了社会、经济及生物等诸多领域内普遍存在的不平等现象。帕累托在探究财富分配规律的过程中，揭示了一项引人注目的法则：在多数社会中，财富呈现出高度集中的态势，具体而言，大约20%的人口掌控着80%的财富。这一"80/20 法则"不仅揭示了资源、机会在人群中的不均衡分配，也凸显了成果获取的不平等性，为我们理解复杂系统中的不平等现象提供了重要视角。

创造力，推动组织的创新和发展。由于明星员工的卓越表现，他们往往能够获得更多的资源和机会，进一步巩固他们在组织中的地位。这种资源分配的不平等性进一步加剧了幂律分布现象，使得少数员工在绩效、创新、领导力等方面持续领先，而大多数员工则处于较低水平。奥波义耳和阿吉尼斯的这项研究进一步指出，组织中绩效排名位于16%～85%区段的大多数员工仅贡献了46%的整体绩效，而排名前14%的员工则贡献了超过一半的绩效。这一现象解释了为何组织对明星员工的依赖愈发明显。

综上所述，如何发掘并最大化明星员工的潜能与价值，已成为各类组织亟需攻克的核心战略议题。明星员工的成长之路，是一条充满挑战和机遇的旅程，它要求持续的学习、不断的自我超越和适时的激励。这一过程不仅深刻影响着明星员工个人的职业发展与成就实现，更对组织整体效能的跃升与长期竞争优势的构建发挥着举足轻重的作用。鉴于此，对明星员工的进阶路径进行深入而系统的探究，显得尤为迫切且至关重要。

明星员工从平凡到卓越的进阶之路

在浩瀚的宇宙中，恒星扮演着星系心脏的角色，正如太阳，它散发的光和热是地球生命活力的源泉，而它的一生，就是一部波澜壮阔的史诗——从星际云团的最初汇聚，到原恒星的形成，再到氢核聚变点燃的瞬间，恒星诞生的过程揭示了宇宙力量的深邃神秘。它们的光芒，从核心的炽热火焰，到红巨星时期的璀璨夺目，再到最终超新星爆炸的壮丽终章，每一步都是宇宙演化故事的生动注脚。

明星员工的成长轨迹，与恒星的生命周期有着异曲同工之妙。他们在职业发展初期，通过不断的学习和实践，逐步将碎片化的知识技能汇聚成经验，正如星际尘埃在引力作用下逐渐聚集形成原恒星。随着时间的推移，这些员工通过不懈的努力和持续的积累，开始在工作中展现他们的能力和潜力，就像恒星在氢核聚变点燃后进入稳定的主序星阶段，释放出光和热。他们的职业愿景和成就动机成为推动他们前进的强大力量，就像恒星内部的核反应一样，提供着不断前进的能量。

随着时间的推移，恒星的核心氢元素逐渐消耗殆尽，它们开始经历收缩与外层膨胀冷却的过程，最终转变为红巨星或红超巨星。同样地，明星员工在职业生涯中也会面临各种变化与挑战，无论是市场环境的动荡、技术的衰变与迭代，还是组织结构的调整，都需要他们具备高度的适应性和转型能力。恒星在生命周期的末期，通过超新星爆发的壮观过程，将重元素散布至宇宙的各个角落，为新恒星的诞生创造了条件。明星员工亦是如此，他们在职业生涯的后期，通过传授知识、培养团队、推动创新等方式，将自己的价值传递给下一代，为组织的持续发展贡献力量。他们的遗产，无论是个人成就的辉煌、品牌的塑造，还是对社会的深远贡献，都将长久地影响着周围的世界。

恒星的演化周期与明星员工的成长路径，在发展的阶段和内在逻辑上呈现出惊人的相似性。两者都遵循着一个从积累知识、实现突破、达到成熟，到攀登顶峰，最终进入反思和持续追求进步的连续轨迹。这一过程又与中国古老智慧的精髓不谋而合，尤其在《易经》的"乾卦"中得到了深刻的哲学诠释。

"乾卦"始于"初九，潜龙勿用"，寓意着一段静默蓄力、厚积薄发的准备时期，恰似个体在职业生涯初期默默积累知识技能阶段；随后进入"九五，飞龙在天"，这一阶段象征着职业生涯的辉煌顶点，如同恒星闪耀于夜空。最终，"上九，亢龙有悔"则是对过往辉煌成就的深刻内省，亦是对未来持续精进与超越的不懈追求，它告诫我们，即便身处成功之巅，亦需保持谦卑之心，时刻自省，不懈探索新的突破点。这一类比不仅为我们搭建了一个深入理解明星员工成长轨迹的分析框架，更彰显了职业生涯每一阶段中积极适应环境变化、坚持学习与创新的核心价值。它启示我们，无论是天文学中恒星的璀璨历程，还是职场明星员工的辉煌之路，都是一部波澜壮阔，关于成长、超越与自我升华的宏伟史诗。在这部史诗中，既有荣耀加冕、鲜花簇拥的辉煌篇章，亦不乏荆棘密布、坎坷崎岖的艰难历程，它们共同交织成一部关于奋斗、坚持与超越的壮丽篇章。

接下来，我们将沿着《易经·乾卦》所勾勒的成长蓝图（见图1-2），揭开明星员工内心世界的神秘面纱，剖析这些杰出人物光彩照人的成就背后，隐藏着怎样鲜为人知的挑战、艰难险阻与不懈奋斗。

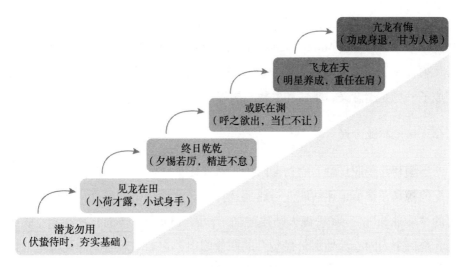

图1-2 明星员工的进阶之路

第一阶段，潜龙勿用（伏蛰待时，夯实基础）

在辉煌职业生涯的壮丽画卷缓缓展开之时，明星员工的起点往往发轫于一段看似平淡无奇的旅程之中，这便是"潜龙勿用"的阶段：一个静候时机、厚实基础的黄金时期。这一阶段是这些明日之星职业生涯的基石，是力量汇聚、技能磨砺、时机静待的重要篇章。

筑基：厚植专业素养

对于初入职场的新人来说，迅速融入新环境无疑是他们面临的首要挑战与机遇。这不仅仅意味着他们需要欣然接受岗位职责所赋予的角色期待，更需深刻理解组织文化的独特内涵，主动编织与同事间的情谊。这一阶段，作为个体在组织内部加速社会化的黄金时期，与组织融为一体、与团队成员实现无缝对接尤为关键。专业技能作为他们获得团队接纳的"敲门砖"，其重要性不言而喻。因此，新人们必须怀揣着如海绵吸水般的旺盛求知欲，不断汲取新知，磨砺专业技能，累积职业生涯中不可或缺的宝贵经验。然而，这一切努力的基础，在于他们须自觉地将个人志向与组织愿景紧密相连，让内心深处涌现出强烈的工作意义感，正如学者凯瑟琳·贝利（Catherine Bailey）和阿德里安·马登（Adrian Madden）所描述的，这种使命感不仅能够展现个人风采，还能深刻影响他人的事业追求。它让工作超越了单纯的任务执行，变成了一场充满意义、激情和梦想的旅程。

定位：锚定职业方向

当顺利跨越职场融入的初期阶段，新人接下来要从个人特质与组织需求匹配的视角，审慎地评估职业道路的选择，锁定那个引领前行、实现内心满足的"职业锚"。正如管理大师埃德加·沙因（Edgar Schein）所言："职业锚，是每个人内心深处那份最契合的职业归宿，它如同航海中的北极星，指引着我们在职业生涯中不迷失方向。"

探寻职业锚的旅程，恰似一场充满未知与挑战的远征。新人首先要深度融入实践场景，积极主动地参与到一系列具体工作任务当中，借由任务执行来切实体悟自身在能力、知识储备等方面呈现出的优势与短板，进而及时总结实操经验，形成一套可供后续借鉴的个人工作策略。与此同时，新人必须时刻保持高度的自省意识，定期回顾工作历程，有条不紊地拆解剖析自身兴趣偏好、价值观念以及专业技能体系的关键构成要素，仿若拆解精密机械般精准定位，努力找寻三者相互重叠、有机融合的关键区域，力求精准锚定那个既能充分调动个人工作热情，又能最大化施展专业所长的细分职业领域。实质上，这一过程绝非单纯的个人能力梳理，其核心价值在于深层次挖掘个体潜在优势，精准界定契合个人长远发展的职业前行轨迹，是绘制专属职业蓝图的关键步骤。尽管这一过程不乏挑战，但它正是挖掘个人潜能、明确职业航向的关键一跃。

管理学大师介绍

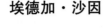

埃德加·沙因

埃德加·沙因（Edgar H. Schein）是企业文化与组织心理学领域的开创者和奠基人，被誉为"企业文化理论之父"。

个人背景

沙因于 1928 年 3 月 5 日出生于瑞士苏黎世，后来加入美国国籍，在芝加哥大学、斯坦福大学和哈佛大学分别获得教育学士、社会心理学硕士和博士学位。1956 年加入麻省理工学院斯隆管理学院，成为组织心理和管理学教授。沙因教授于 2023 年 1 月 26 日在家中去世，享年 95 岁。

主要成就

企业文化理论的奠基人。沙因提出了文化的深层次结构，强调文化不仅包括外在的符号和行为，更深层次地体现在组织成员的价值观和信念中。在《组织文化与领导》一书中，他提出了企业文化的三个层次模型。第一，表层文化——人工制品（artefacts）：可见的行为和仪式，包括物理环境、着装规范、符号、仪式和沟通风格。这些元素通常反映了组织的价值观、信仰和规范。第二，中层文化——信仰与价值（espoused values）：代表组织努力追求的愿望和理想。这些价值观通常通过使命陈述、愿景陈述和公司政策来传达。第三，深层文化——基本假设与价值（basic as-sumptions and values）：这些假设通常被视为理所当然，不容置疑，它们是随着时间的推移，通过组织内的共同经历和互动而形成的，深深扎根于组织文化中，并影响着个人对其工作环境的感知和解释。

职业锚理论。沙因认为职业锚是员工自我发展过程中动机、需求、价值观、能力等相互作用和逐步整合的结果。它不是基于测试出来的能力或价值观，而是在工作实践中，依据自省和已被证明的才干、动机、需求和价值观，现实地选择和准确地进行职业定位。沙因提出八种职业锚类型，包括技术/职能型、管理型、自主/独立型、安全/稳定型、创业型、服务型、挑战型和生活型。这些类型反映了个人在职业生涯中的不同价值取向和职业偏好。

领导力领域的贡献。沙因的思想深刻融合了权变理论与文化视角，系统阐述了权变领导力、文化领导力以及谦逊领导力之间的内在联系。他提出的谦逊领导力理念，倡导领导者在应对复杂多变的组织环境挑战时，必须具备高度的灵活性与文化敏感性同时以尊重他人深刻理解知识与判断力并非领导者独享的特权，而是广泛分布于整个组织之中。

主要著作

《组织文化与领导力》（*Organizational Culture and Leadership*）、《职业动力学：职业锚》（*Career Anchors：Discovering Your Real Values*）、《组织心理学》（*Organizational Psychology*）、《组织文化与领导力场》（*Organizational Culture and Leadership Fieldbook*）和《管理咨询的基本概念：经典版》（*Consulting Basics：The Classic Edition*）等。

学术荣誉

美国人才发展协会学习与绩效终身成就奖（1999 年）；美国管理学会杰出学者奖（2009 年）；国际领导力协会终身成就奖（2012 年）。

资料来源：图片来自麻省理工学院网站，*https：//news. mit. edu/2023/remembering-professor-emeritus-edgar-schein*-0303。

定力：驾驭资质过剩

在这一阶段，职场新人往往会面临学者道格·梅纳德（Doug Maynard）

所描述的"资质过剩感"的考验。这种感觉源于个体对自身能力超越当前岗位需要的消极体验。若处理不当，它可能导向两个极端：一是急于证明自我，盲目接受超出实际驾驭能力的任务，从而招致挫败；二是自我怀疑，沉溺于"英雄无用武之地"的消极情绪，成为工作上浅尝辄止的"蜻蜓点水者"。真正的试炼在于，如何巧妙地将这份过剩的资质转化为个人成长的强大助推器。

驾驭资质过剩的挑战，核心在于定力与主动性的双重磨砺。一方面，保持定力，不为暂时的忽视所动摇；另一方面，即便遭遇忽视，也要主动出击，积极展现自我价值。主动出击的要义，在于点燃内心的工作主动性，具体包括：

我愿意（Reason to）：深刻理解并认同工作的意义与价值，将组织目标与个人价值观紧密相连，珍视并热爱所从事的工作。

我能够（Can do）：不仅具备圆满完成任务的专业能力，更需拥有面对失败和承担机会成本的心理韧性，展现出坚韧不拔的职业精神。

我乐于（Energized to）：怀抱积极向上的能量，以热情和好奇的心态迎接每一个挑战。这种积极情绪不仅能够激发个人潜能，还能拓宽认知视野，激发创新思维，为解决新问题提供不竭的灵感源泉。例如，青年创业家梁文锋创建的 DeepSeek 团队全部由本土培养的顶尖高校应届毕业生、博士实习生及年轻才俊组成，选人的标准是热爱和好奇心。

拓展阅读

如何激发工作主动性？

激发员工的工作主动性是管理学中一个重要议题。澳大利亚科廷大学马克·格里芬（Mark A. Griffin）教授，提出了一个理论框架，阐释了工作主动行为背后的三大核心心理状态：有原因（Reason to）、有能力（Can do）及有热情（Energized to）。

有原因→我愿意：所谓事出有因，这一心理状态强调员工对工作价值的深刻认同。员工需要将个人职业目标与组织愿景对齐，从而在工作中找到意义。当员工感受到工作的重要性，并认为自己的贡献对组织有所作为时，他们更愿意投入热情和努力。这种内在的驱动力是员工愿意主动行动的基础。

有能力→我可以：这一心理状态的核心在于，员工需对自己圆满完成工作任务所依赖的专业能力和知识储备抱有坚定不移的信心。这种自我效能感，不仅根植于个人技能库的深厚积累，更源于那份勇于直面挑战、敢于承担因专注当前任务而可能错失更高价值机遇所带来的机会成本的非凡勇气与魄力。只有当员工内心确信自己能够驾驭各种复杂局面时，他们才会毫不犹豫地主动担纲重任，以满腔的热情和昂扬的姿态，毅然决然地投身于实际行动的浪潮之中。

有热情→我乐于：这一心理状态聚焦于员工在心理和情感层面的能量状态。正能量的情绪，如兴奋与好奇，能够激发员工设定更加宏伟的目标，并在解决问题的过程中更加专注与投入。同时，正面情绪还能拓宽认知视野，增强思维的宽度、深度和灵活性，从而催生出更多富有创新性的想法与解决方案。

格里芬教授的模型深刻揭示了这三大心理状态之间的紧密关联与协同作用。只有当员工在"我愿意""我可以"和"我乐于"这三个维度上都达到最佳状态，他们的工作主动性才能得到最大程度的激发与释放，进而为组织带来更为卓越的绩效与更为持久的发展动力。

第二阶段，见龙在田（小荷才露，小试身手）

在进阶的第二阶段，员工如同深埋的种子，在春雨的滋润下破土而出，开始崭露头角。正如管理学大师彼得·德鲁克（Perter Drucker）所言："成功的关键在于找到机会并抓住它。"在这一阶段，他们应学会巧妙运用自身的政治智慧和政治技能，在关键时刻挺身而出，小试身手，抓住每一个能够彰显个人能力与价值的机会。这不是为了哗众取宠，而是为了在职业生涯的早期阶段，便能引起领导的关注，遇见能够引领自己向更高层次迈进的"伯乐"。

首先，职业生涯早期得到关键人物青睐和提携的员工，更容易脱颖而出，成长为明星。伦敦大学吉迪恩·曼特尔（Giacomo Livan）团队在《自然·通讯》（*Nature Communications*）上发表的研究成果表明，与顶尖学者的早期合作对年轻学者的学术成功具有显著的推动作用。哈佛大学教授阿尔伯特·巴拉巴西（Albert Barabási）在《科学》（*Science*）杂志上的研究进一步强调了职业成功的两个关键因素：一是"选对位置，抱紧大腿"，即在职业生涯早期找到合适的位置并获得关键人物的支持；二是"出名要趁早"，因为对于那些起点较低的个体来说，在职业生涯晚期实现逆袭的难度极大。

其次，领导的赏识犹如一把开启资源与机会大门的钥匙，助力员工在职场中向上发展。正如韩愈所言："世有伯乐，然后有千里马"，这句话生动地描绘了领导赏识对于发掘和培养人才的重要性。职场中的新星通过卓越的业绩脱颖而出，吸引领导的目光，从而获得更多的资源（如资金、设备、晋升机会），这些资源的注入进一步提升了他们的工作绩效，形成了良性循环，使他们与普通员工之间的差距逐渐拉大。同时，那些赢得领导青睐的员工更容易被安排到能够充分发挥其潜力的岗位上，从而更好地施展才华。此外，根据社会学习理论，那些有幸得到领导支持的员工往往会将领导视为学习和模仿的榜样。他们通过观察、学习和模仿领导的行为和思维方式，不仅在行为上逐渐与领导保持一致，而且在内在素质上也得到了提升。这种"相似吸引法则"不仅加深了员工与领导之间的默契和亲密关系，而且在无形中促进了隐性知识的传递和信息的共享。在积极互动中，他们的工作技能和人际技能都得到了持续的提升。

第三阶段，终日乾乾（夕惕若厉，精进不怠）

在职业进阶的第三阶段，员工如旭日东升，获得领导的赏识与提携，发展舞台也随之拓宽，但这也标志着他们步入了能力展现与高标准期待并存的新时期。正如古训所云："逆水行舟，不进则退"，在晋升的荣耀光环下，员工切忌被既有的成绩所束缚，须加倍耕耘，以勤勉不懈的态度，精进技能，不断提升自我，以免陷入"江郎才尽"尴尬，或者重蹈"仲永之殇"的覆辙。

在这一至关重要的转折点上，员工的才华和贡献自然吸引了组织内众多关注的目光。地位的提升伴随着更重大的责任与更为复杂的挑战。纽约大学的乔·麦基（Joe C. Magee）教授等人的研究揭示了一个有趣的现象：员工才能的展现与卓越绩效的达成，往往会激发组织对其未来更高绩效与行为标准的期待。这些期待不仅源于员工职务职级所赋予的天然职责，更源于员工过往为组织作出杰出贡献所赢得的广泛赞誉与深厚信任。在职业生涯的这一阶段，尽管员工的地位得到了提升，但他们的行为自由度可能会受到更多的限制和监督。如果他们的绩效未能达到组织和领导的期望，不仅可能影响他们的职业声誉，还可能导致事业上的滑坡。因此，员工必须时刻保持高度的忧患意识和清醒的认识，心存敬畏，以旺盛的斗志，不断精进自我，提高解决问题的能力和工作质量。

持续精进的核心要义在于将刻意练习、刻意游戏以及跨领域练习这三者紧密融合，全力践行这一"三位一体"的学习策略，致力于将自己塑造成埃隆·马斯克（Elon Musk）那样的"专家型通才"。

刻意练习。学者卡尔·爱立信教授（Karl Ericsson）研究后发现："卓越并非一种行为，而是一种习惯。"这一洞见深刻揭示了持续进行专业技能的刻意练习，对于促进个人能力的跨越式提升与职业生涯的螺旋式上升，具有至关重要的作用。刻意练习，绝非机械式的重复劳动，而是一个集明确目标设定、系统性规划以及即时反馈于一体的复杂而精细的过程。它要求个体勇于挑战自我极限，勇于跳出舒适区，以期在技能精进与绩效突破上实现质的飞跃。正如马尔科姆·格拉德威尔（Malcolm Gladwell）在其著作《异类》中提出的"一万小时定律"所强调的那样，人们眼中的天才之所以卓越非凡，并非天资超人一等，而是付出了持续不断的努力。经过一万小时（约为每天3 小时，持续 10 年）的刻意练习，任何人都可能在某个领域达到专家水平，甚至从平凡变成世界级大师。

刻意游戏。为了有效防止练习过程转变为消磨意志力的枯燥任务，亚当·格兰特（Adam Grant）在其另一部广受好评的著作《隐藏潜力》中创造性地引入了"刻意游戏"的概念①。这一革命性的方法，通过巧妙融合游戏元素于学习设计之中，使得原本单调的练习过程变得生动有趣且易于吸收，从而大幅度提升了学习效率，成功避免了学习者的倦怠情绪。以一位语言学习者为例，他借助一款集角色扮演、积分奖励与即时反馈于一体的语言学习游戏，在轻松愉悦的氛围中迅速提升了口语表达能力。这款游戏精心设计，将复杂的语法规则和词汇记忆巧妙融入各种妙趣横生的对话场景之中，使学习者在模拟真实交流的互动体验中，自然而然地掌握了语言技能，彻底摆脱了传统语言学习的单调与乏味。

知识拓展

明星的进阶之路——专家型通才

"专家型通才"一词由贝恩咨询公司的董事长奥里特·加迪什（Orit Gadiesh）提出，指那些能够在多个领域展现广博知识，同时在特定领域具备深厚专业技能的人才。这类人才善于探索不同领域之间共通的深层次原则，并将这些原则巧妙融入其核心专业领域之中。埃隆·马斯克（Elon Musk）便是这一概念的杰出典范。

---

① 《隐藏潜力》（*Hidden Potential：The Science of Achieving Greater Things*）延续了亚当·格兰特标志性的生动有趣的叙事风格，将大量的科学研究和现实案例融为一体，对仅凭起点和天赋来预测未来成就的传统观念提出了挑战。格兰特提出了一个全新的框架，旨在帮助个人发掘潜力，提升抱负，超越自我期望。书中强调，进步更多地取决于学习的质量而非努力的量度。职场人士应当重视学习方法的优化和学习效率的提升，如通过刻意练习、反思总结、学习分享等策略，持续地吸收新知识和新技能。在性格特质的培养方面，格兰特认为好奇心、勇气、坚韧、勤奋和使命感等性格特质是成长的关键。书中还阐述了"职业锚"和"激进互助"等重要观点，为职场人士的职业选择、成长和发展提供了重要的启示和指导。

传统观念认为，要在某个领域达到卓越，就必须深入钻研并持续努力。然而，马斯克颠覆了这一认知。他的专业知识不仅涵盖火箭科学、工程学和物理学等科技领域，还跨越人工智能、太阳能等多个看似无关的领域。他的阅读兴趣广泛，涉及科幻小说、哲学、宗教，以及编程师、科学家、工程师和企业家的传记，这种广博的知识背景使他在面对问题时能够从多元化的角度进行思考，提出创新性的解决方案。

马斯克擅长迁移学习，正如爱因斯坦所言："我们不能用制造问题时的同一水平思维来解决问题。"迁移学习不仅仅是知识的简单搬运，而是将一个领域的知识、技能和理解巧妙地整合到另一个领域。马斯克将知识比作一棵语义树，强调理解基本原理（树干和大分枝）的重要性，然后再去探寻细节（树叶）。他通过解构知识，将其转化为更深层次的抽象原理，为迁移学习奠定基础。

通过观察和分析不同案例，马斯克深化对基本原理的理解，比较和对照异同点，使他能够直觉感知事物的本质，并形成独特的解读方式。在掌握了基本原理后，他将这些知识在不同领域重构和应用，从而在领域之间自由切换，跳出思维的黑箱（Think out of the box），打破常规，实现创新和突破。

从马斯克的经历中，我们可以汲取两点重要启示：首先，专业化并非通往事业成功的唯一路径；其次，成为专家型通才并非遥不可及的梦想，而是有切实可行的方法。这包括投入时间进行广泛的学习（每周至少 5 小时，遵循全球顶尖成功人士的"五小时定律"），跨领域学习核心认知模型，将这些概念与生活和世界紧密联系，并积极将其应用于我们试图解决的领域。

跨领域练习。对于渴望成为明日之星的员工而言，仅仅专注于自身专业领域的深化是不够的。他们需要拓宽视野，追求知识的整合与协同效应，增强跨学科的学习能力。迪恩·西蒙顿（Dean Simonton）的研究提供了深刻的见解。他深入探讨了20世纪59位杰出歌剧作曲家如何提升他们的艺术造诣，并挑战了一种普遍的认知，即认为顶尖表演者的成功主要依赖于严格的练习和高度的专业化。西蒙顿的研究揭示了一个不同的真相："实际上，最成功的歌剧作曲家创作了融合多种风格的作品……他们通过跨领域的练习，避免了因过度专业化（或过度训练）而导致的僵化。"通过嫁接不同领域的知识和方法，有助于打破传统思维的局限，开辟新的思路和解决方案。

总结而言，刻意练习、刻意游戏和跨领域练习三者合力，形成了一个强大的"三位一体"的思维升级引擎，在横向和纵向两个维度上相互促进，共同塑造和优化个人的能力结构。在横向层面，该模式助力个体广泛吸纳多元化的知识与经验，构筑起一座宽广且丰富的专属思维素材库，为创新思维提供更多可供剪辑的原材料；而在纵向层面，它则深化了个体的思考层次，激发其运用关联联想、远距离联想、情感共鸣、知识迁移、跨界整合、顿悟以及灵感乍现等高级认知策略，将多元知识体系融会贯通，转化为切实可行的问题解决方案。

此外，在此过程中，职场精英们还应警惕陷入依赖他人（"抱大腿"）或仅满足于辅助角色（领导的"拐棍"）的陷阱。他们应不断提升自身的领导力，为成为组织的坚实支柱而时刻准备着，从而在激烈的竞争中脱颖而出。

第四阶段，或跃在渊（呼之欲出，当仁不让）

机会如划破天际的流星，璀璨夺目却稍纵即逝，但是它是实现职业生涯蜕变的催化剂。经历了前三阶段的磨砺，职场精英们在知识技能和问题解决能力上已经打下坚实的基础，在绩效、声誉、人脉和影响力等方面初露锋芒。此时，他们正处于从优秀迈向卓越的关键节点，既要全力提升个人能力，又需在心态成熟与决策智慧上实现飞跃。

正如古语所云，"天将降大任于斯人也"，这些明日之星面临着艰难的选择：是勇敢地挺身而出，毅然担当重任，还是继续韬光养晦，静待时机成熟？《后汉书·虞诩传》中提到："志不求易，事不避难……不遇盘根错节，何以别利器乎"。这句话告诉我们，真正的志向应该是高远且具有挑战性的，无论遇到多大的困难，都应勇于面对，不回避、不逃避。那些看似盘根错节、错综复杂的困难与挑战，恰似一块磨砺利刃的砥石，只有经过它的磨砺和考验，才能展现出利刃的锋芒。同样，面对关键技术突破、重要客户关系管理、重大项目领导、组织变革等蕴含机遇的挑战，一个人如果没有经历过这些复杂多变、困难重重的环境和局面，就很难锻炼出处理复杂问题的能力。

当然，他们需要跨越两大内在障碍：首先，要避免陷入"小成即满"的心理陷阱，从而裹足不前；其次，要警惕因急于求成而忽视潜在风险的冲动行为。与此同时，培养并保持一种坚韧心态至关重要，这有助于他们跨越"挫折之谷"。

拨开"小成即满"的心理迷雾。这种满足感往往源于对失败的恐惧和对现状的依赖，导致许多人在面对新挑战时裹足不前。心理学中的"损失厌恶"效应解释了这一现象：人们往往更愿意避免损失，哪怕这意味着放弃更大的收益。想象一下，一位职场精英面临一个选择：接受一个挑战性十足的项目负责人职位，这个职位可能带来更大的职业发展机会，但同时也伴随着薪水的减少和可能的职业风险。许多人在这种情况下会选择留在自己的舒适区，因为害怕失去现有的稳定和安全感。这种守成的心态，就像电视剧《征服》中所说："给你机会你不中用啊"，它悄然间限制了个人的成长潜力。同时，过度关注潜在后果而非工作本身的"瓦伦达心态"①，也会使人在机会面前犹豫不决，错失良机。我们需要培养一种理性的决策能力，学会从多个角度审视问题，全面而客观地评估潜在收益与风险，并接受失败作为成长的必经之路，设定止损点以管理风险。只有这样，我们才能在"小成即满"的心理迷雾中找到出路，拥抱机遇，迎接新的挑战，突破自我，实现职业生涯的

---

① 瓦伦达心态，又称瓦伦达效应（Wallenda effect），是心理学上的一个概念，源自美国著名钢索表演艺术家卡尔·瓦伦达（Karl Wallenda）的真实故事。在一次重大的表演中，瓦伦达因为过度在意演出的成功而无法专注于表演本身，最终导致失足身亡。他的妻子事后回忆称，瓦伦达在出场前不断强调这次演出的重要性，与他以往的专注态度不同，这种患得患失的心态最终导致了悲剧。这个概念被心理学家用来描述那些为了达到某个目的而过分焦虑、担心失败，以至于影响到正常发挥的心态。它提醒我们，过度关注结果而非过程可能会导致不良后果。要避免瓦伦达效应，应该注重培养专心致志、熟能生巧、避免干扰和保持平常心的策略。

华丽蜕变。

　　警惕"急于求成"的盲目冲动。第四阶段恰似破茧成蝶前的最后一搏，职场精英们怀揣着强烈的动机（motivation），渴望迅速攀上事业顶峰，成为耀眼的明星。然而，正是这份迫切的渴望，有时会化作遮蔽理智的迷雾，使他们深陷急于求成的泥潭。在这种心态驱使下，他们过度聚焦于即时的机会与提示（prompt），渴望迅速抓住每一个看似诱人的机遇，却忽视了这些机遇背后可能隐藏的复杂性和挑战性，忽略破茧成蝶过程必须面对的种种艰辛。这一过程需要改变既有的工作范式，接受新的知识和价值观，并妥善处理来自社会、组织或他人的各种压力和阻碍。这需要的不仅是勇气和决心，更是时间与耐心的双重磨砺。然而，急于求成的人往往低估了抢抓机遇对所需能力（ability）的要求。根据福格行为模型（B = MAP），行为是动机（M）、能力（A）和提示（P）三者协同的结果。在速成的心态下，人们往往过于关注动机和即时的提示，而忽视了能力和长期规划的作用。这种失衡可能导致他们在行动中受挫，即便距离成功仅一步之遥，也难以跨越那"最后一公里"。

商业名著推荐

《福格行为模型》

　　该书由斯坦福大学行为设计实验室的创始人布莱恩·福格（Brian Fogg）撰写，2020 年由 Portfolio 出版（英文名：*Tiny Habits：The Small Changes That Change Everything*），2021 年由天津科学技术出版社引入国内，译者为徐毅。

　　这本书的核心思想在于揭示行为发生的三个关键要素——动机（motivation）、能力（ability）和提示（prompt），同时强调如何巧妙设计这三个要素以推动积极行为的持续发生。动机即个人内在的驱动力，涵盖渴望、需求、愿望等；能力指个人完成特定行为所需的技能、资源以及时间

等条件；提示则是触发个人执行特定行为的外部刺激或信号。福格行为模型有助于我们深入理解人类行为的本质，进而指导我们实现个人和群体的改变。借助这一模型，我们可以解释人们为何会做出某些行为，以及为何有时未能采取行动。更为重要的是，福格行为模型不仅能够促进好习惯的养成，如写日记、坚持运动以及培养批判性思维等，还能帮助我们理解并克服坏习惯，如拖延、熬夜、过度刷手机等。这一模型强调了行为设计的重要性，明确指出如果未能实现改变，问题并非出在个人身上，而是行为设计不当所致。

　　书中强调，要克服"要么做到最好，要么干脆不做"的错误观念，接纳循序渐进的正确理念。基于行为三要素，福格给出了七步行为设计操作清单：（1）明确愿望：首先明确自己想要养成的积极行为或想要消除的不良行为。（2）探索行为选项：针对愿望，思考可能的行为选项，并从动机、能力和提示三个方面进行评估。（3）为行为匹配黄金行为：找到既具有较高动机又容易做到的行为，即黄金行为。（4）从微习惯开始：将行为分解为微小的步骤，从最容易的微习惯开始培养，逐渐增加行为的难度和强度。（5）找到适合自己的提示：可以尝试不同类型的提示，如环境提示（把健身器材放在显眼位置）、时间提示（每天特定时间进行阅读）、社交提示（让朋友提醒自己完成任务）等。通过不断尝试和调整，找到最能有效触发行为的提示。（6）创造积极情绪：通过庆祝小成功等方式，创造积极情绪，增强行为的动机。（7）排除障碍：识别可能阻碍行为发生的因素，并采取措施排除这些障碍。

　　跨越"挫折之谷"的坚韧之旅。职场精英们在这一阶段还需具备强大的抗挫折能力。正如德国哲学家尼采所言："那些杀不死我的，终将使我强大。"美国西北大学王杨（Yang Wang）教授及其研究团队的研究成果更是从科学的角度印证了这一真理。他们通过对1990~2005年曾向美国国立卫生研究院（NIH）申请R01基金资助的科学家进行深入研究，发现那些虽然未能成功申请到基金，但并未被职业生涯早期的挫折所打败的科学家，往往在后期能够取得更高的科研成果，甚至会超过那些早期一帆风顺的同行。这项发表在《自然·通讯》（*Nature Communications*）的研究成果揭示了挫折的筛选机制，只有那些摆正心态、坚持不懈、勇于面对挑战的人，才有可能在机遇真的降临的时候取得更大的成功。

生物学家卡塔琳·卡里科（Katalin Karikó）的学术之路，就像一场穿越"挫折之谷"的漫长而坚韧的旅行，充满了无数的挑战与艰辛。然而，凭借着对科学的无比热爱和坚定信念，她最终站在了 2023 年诺贝尔奖的领奖台上。在她的自传《突破：我的科学人生》（*Breaking Through：My Life in Science*）中，卡里科深情地回顾了自己在科学征程上的艰难岁月。她在匈牙利开启了学术生涯，后因资金短缺困境毅然决定转战美国，继续在自己挚爱的信使核糖核酸（mRNA）领域深耕。在美国这片充满机遇与挑战的土地上，她追寻科学梦想的旅程同样布满了荆棘。她先后遭遇了合作伙伴的离去、经费的极度匮乏、职位的降级乃至解雇等一系列不可控因素的挑战。然而，正是这些艰难险阻，铸就了她内心那不灭的信念之火——"专注于可以掌控的事情，勿让不可掌控的事情羁绊前行的步伐"。

1997 年，卡里科的坚持终于迎来了命运的转折。她与免疫学家德鲁·魏斯曼（Drew Weissman）的合作开启了新的研究篇章。经过不懈的努力，他们在 2005 年实现了重大科学突破：通过将 mRNA 中的尿苷替换为假尿苷，成功降低了其免疫原性，使得 mRNA 能够不被免疫系统识别为外来物质。这一发现为 mRNA 疫苗的开发奠定了基础，使得疫苗能够激发免疫系统对病毒蛋白的记忆，为抵御真实病毒的入侵做好准备。

卡里科和魏斯曼的这一创新不仅获得了科学界的广泛认可，更在全球抗击新冠疫情中发挥了关键作用。他们的技术被应用于辉瑞 – BioNTech 和莫德纳（Moderna）的 mRNA 疫苗研发，挽救了无数生命，成为现代医学史上的一个里程碑。

第五阶段，飞龙在天（明星养成，重任在肩）

在职业生涯的第五个里程碑，那些历经风雨洗礼、不懈奋斗的明日之星，终于如同破茧而出的蝴蝶，成为组织内那颗最为耀眼的"明星"。此时一个更广阔的舞台与充满无限可能的成长空间已敞开怀抱。他们亟须通过切实有力的行动，引领众人同行，体现明星的价值，诠释卓越的本质。

这一阶段，他们已拥有显著的个人影响力，一举一动皆如蝴蝶振翅，对组织的业绩与发展轨迹产生深远影响。正如战术布局常围绕"明星球员"展开，组织也会根据这些明星员工的专长与技能，进行战略性的调整与重构，打造出以他们为核心的新型运营模式。例如，苹果公司凭借乔布斯的创新理念与设计才华，成功推出了一系列具有划时代意义的产品，不仅颠覆了科技行业的面貌，更引领了全新的潮流。随着明星员工在组织中的地位日益显赫，他们的工作方式和方法逐渐成为组织新的惯例。这些惯例不仅重新定义了组织的行为模式，也成为组织文化的一部分，影响着每一位成员的行为和期望。明星员工的行为和价值观，通过日常的工作互动和示范，潜移默化地影响着组织中的其他成员，塑造了组织的文化，并且在近端和远端都发挥着积极效应。

在近端效应上，明星员工的专业素养与积极态度如同熊熊燃烧的火炬，照亮了身边的人，激发了他们的工作热情，营造出了积极向上的工作氛围与强大的团队凝聚力。尤为重要的是，明星员工掌握着组织的隐性知识，他们通过日常的工作互动与悉心指导，将这些宝贵的知识财富传承给更多的同事，为组织的知识积累与发展注入了源源不断的动力。

在远端效应上，明星员工的影响力更是跨越了组织的边界，对整个行业乃至社会产生了深远的影响。他们的知识与经验如同强大的磁场，吸引着行业内的优秀人才，为组织的发展注入了新的活力与生机。他们的创新成果与成功经验更是推动了行业的变革与进步，成为其他组织竞相学习与效仿的典范。同时，他们的社会声誉与影响力也为组织带来了更多的关注与资源，极大地提升了组织的社会形象与品牌价值。

在这一阶段，明星员工需要继续提升自己的专业技能，同时着力培养自己的领导力和影响力。他们应该学会如何更有效地与他人合作，懂得如何管理和激励团队，以及如何将个人的成功转化为组织的成功，推动组织向着更高的目标迈进。

第六阶段，亢龙有悔（功成身退，甘为人梯）

在职业生涯的后期，明星员工正如步入生命末期的恒星，通过壮观的超新星爆发，将自身的重元素播撒至组织的每一个角落，为新星的闪耀铺路。这一过程恰如得克萨斯 A&M 大学助理教授马修·卡尔（Matthew L. Call）所言，明星员工应着重于遗产管理，实现从个人成就与地位的追求向遗产建设的深刻转变。

职业发展中的动机转变

在职业发展的不同阶段，明星员工的动机会发生显著转变。在职业生涯的早期，他们致力于建立卓越的业绩和声誉，以获得地位、权力和职业晋升。在这一时期，他们高度重视个人生产力，通过创造专利等直接方式为企业创造价值。然而，随着职业生涯的深入发展，他们的动机逐渐从个人成就转向传承和帮助同事，更加重视创新过程中的协作性。他们通过分享知识和经验，为企业的长期发展奠定基础，从而实现间接的价值创造。

马修·卡尔等人在《管理学杂志》（*Journal of Management*）上发表的研究，深入探讨了这一现象。研究聚焦于半导体、生物技术和医疗设备、通信和网络等行业的科学家，分析了 2000～2022 年间，来自 291 家上市公司的 214398 名发明家的专利活动数据，形成了 1210989 个发明家 - 年份的观测值。研究发现，在职业生涯早期，明星科学家的专利数量多于非明星科学家，且生产力稳步上升，大约在 25 年左右达到顶峰后开始下降。相比之下，非明星科学家的专利数量增长较为稳定，并在职业生涯后期略高于明星科学家。这项研究揭示了明星员工在职业发展过程中动机转变的模式，以及这种转变对企业创新和知识传承的深远影响。

知识转移模式的演变

在职业生涯早期，明星员工凭借自身的专家知识和在专业地位体系中的影响力，积极向同事转移显性知识，这不仅有助于提升自身在组织中的地位，还能吸引更多资源支持其工作。进入职业后期，明星员工更倾向于分享隐性知识，帮助同事理解创新过程中的重组机制，提升其创新能力。这种转变与他们追求传承和建立遗产的动机相符，也反映了他们对自身职业角色的重新定位。

减少显性知识溢出。职业生涯后期的明星员工面临个人产出的自然下滑。适度减少显性知识的溢出，这非但不会削弱其影响力，反而能强化其明星地位。在技术半衰期越来越短的当下，新技术的不断涌现使得往昔的知识迅速贬值。根据心理学家雷蒙德·卡特尔（Raymond Cattell）对智力类型的划分，流体智力（fluid intelligence）——即推理和解决新问题的能力——可能随着年龄的增长而不再具备绝对优势。因此，明星员工若依然固守旧知，对新人指手画脚，不仅显得与时代脱节，更无益于组织的创新与进步。反之，当明星员工达到职业巅峰，享有崇高声誉时，应如行为科学家马克·萨维卡斯（Mark L. Savickas）教授所倡导的那样，重新评估自我角色与身份，将重心转向更广泛的组织贡献及人才培养，通过传授经验、扶困解忧、培育团队等方式将自己的价值与精神传递给下一代，为组织的持续发展注入不竭动力。

增加隐性知识溢出。在职业生涯的后期，明星员工愈发重视隐性知识的传承与溢出。这些难以言表的宝贵经验和广泛的人脉资源，构成了他们为组织留下的最珍贵的财富。在这一阶段，他们的主要优势体现在晶体智力（crystallized intelligence）上，即凭借丰富的经验和深厚的文化学习积累的知识与技能。因此，明星员工应当积极参与组织的战略规划与知识管理体系的构建，以顾问、导师或思想引领者的身份，继续发挥其智慧与经验的独特价值。他们可以通过一对一的悉心指导、团队研讨会的深入交流，或是公开讲座的广泛传播等形式，将个人的隐性知识转化为组织的共同财富，使之得以在更广阔的范围内被分享和应用。此外，明星员工还可以凭借其卓越的社交能力和广泛的人脉资源，为同事和组织搭建起合作的桥梁，拓展业务的渠道。

这样的人脉遗产，无疑将为组织带来深远的影响和持久的价值。

正是这样的隐性知识传递与共享，不仅加速了同事们的成长步伐，提升了团队的整体素质，更为组织培育未来的明星员工播下了希望的种子，打下了坚实的基础。通过这样的方式，明星员工在职业生涯的尾声阶段依然能够发光发热，为组织的持续繁荣与未来发展贡献出不可或缺的力量。

正如《道德经》所言："功成名遂身退，天之道。"在职业生涯的这一重要转折点，明星员工的"亢龙有悔"不仅是对个人成就的深刻反思，更是对组织未来发展的深远考量。通过适时退位让贤，他们不仅为后来者铺路，更以自己的智慧和力量为组织的持续发展注入了新的活力。明星员工从个人英雄主义向组织领袖角色的转变，是一种从个人成就到组织贡献的华丽蜕变。

同时，组织也要认识到培养传承意识的重要性。管理者可以通过设计有效的激励机制，激发明星员工的传承意愿，促使他们更早地关注年轻同事的成长与发展。这不仅能够加速隐性知识的传递，减少对团队的潜在负面影响，还能促进团队成员之间的共同成长，为组织的长远发展奠定坚实的基础。

经典理论

雷蒙德·卡特尔和他的流体/晶体智力理论

雷蒙德·卡特尔（Raymond Cattell）是20世纪美国杰出的心理学家，他于1905年3月20日出生于英格兰斯塔福德郡。卡特尔在伦敦大学学院攻读博士学位期间，师从著名心理学家和统计学家查尔斯·斯皮尔曼（Charles Spearman）。1941年加入哈佛大学，开启了他的学术生涯。在哈佛的三年里，卡特尔首次提出，斯皮尔曼开创的因子分析方法，原本用于研究认知能力，但同样可以作为识别个性成分的有效工具。这一洞见最终催生了他广受引用的个性理论，该理论涵盖了 16 个基本特质。基于该理论开发的卡特尔 16PF 量表，至今仍广泛应用于个性评估领域。此外，卡特尔还首次区分了"流体智力"（分析新问题的能力）和"晶体智力"（将技能和知识应用于熟悉问题的能力），这一理论在智力理论中占有重要地位。1992 年，尽管卡特尔因个人原因拒绝接受，但他仍被授予美国心理学会的心理科学终身成就奖。他还被评选为 20 世纪最具影响力的心理学家之一，位列美国心理学会 100 位最具影响力心理学家名单的第 16 位。卡特尔于 1998 年 2 月 2 日在美国夏威夷逝世。

1963 年卡特尔提出了流体智力和晶体智力的理论，这一理论对理解人类智力的发展和变化有着深远的影响。他在著作《能力：结构、成长和行动》（*Ability：Its Structure，Growth and Action*）中详细阐述了这两种智力的概念和特点。流体智力是指个体在信息加工和问题解决过程中所表现出来的能力，如灵活思考、类比、演绎推理能力、形成抽象概念的能力等。它较少地依赖于文化和知识的内容，而更多地决定于个人的天赋。卡特尔观察到，人的流体智力到 30 多岁达到顶峰，40 多岁时就开始迅速衰退。晶体智力则是指通过掌握社会文化经验而获得的智力，如词汇概念、言语理解、常识等以记忆储存信息为基础的能力。晶体智力受后天的经验影响较大，主要表现为运用已有知识和技能去吸收新知识和解决新问题的能力，这些能力不随年龄的增长而减退，只是某些技能在新的社会条件下可能变得无用。

卡特尔的流体智力和晶体智力理论对于人才的二次开发具有重要的启示。比如对于年轻学习者，可以更多地侧重于培养他们的流体智力，如通过解决新问题和逻辑推理的训练来提高他们的认知能力。而对于年长的学习者，则可以侧重于晶体智力的培养，如通过积累知识和技能来增强他们的学习能力。

尽管卡特尔的理论在学术界得到了广泛的认可，但也存在一些争议和批评。一些学者认为，卡特尔的理论过于依赖因素分析方法，可能忽视了智力的动态性和环境因素的作用。此外，也有研究指出，智力的测量和评估应当更加注重个体差异和文化背景的影响。随着认知科学和神经科学的发展，对智力的研究也在不断深入。例如，有研究通过"损伤缺陷映射"方法，发现了大脑右额叶区域对于流体智力至关重要，这为理解流体智力的神经基础提供了新的证据。

资料来源：图片来自作者学术网站，https：//psychology. fas. harvard. edu/people/raymond-cattell。

本章小结

本章深度剖析了明星员工在组织中的深远影响及其进阶之路的曲折与挑战。在当前员工贡献普遍呈现幂律分布的大背景下，如何有效激励与培养明星员工，已然成为企业能否在激烈竞争中脱颖而出的核心要素。明星员工的成长轨迹，如同一场由积累、突破、成熟、巅峰到反思与持续进步的壮丽征程，与中国古老智慧《易经》中的"乾卦"哲学理念不谋而合，为我们提供了深刻的启示。

我们首先从卓越绩效、广泛知名度、丰富社交网络及显赫地位等维度，对明星员工进行了全面定义。随后，从人才贡献幂律分布的视角出发，深入阐述了发掘与培养明星员工对于企业持续发展的极端重要性。在此基础上，我们借鉴《易经》"乾卦"的智慧，将员工的职业发展划分为六大阶段：潜龙勿用的默默积累期、见龙在田的初步崭露期、终日乾乾的勤奋进取期、或跃在渊的转型挑战期、飞龙在天的巅峰闪耀期，以及亢龙有悔的反思与持续进步期。这六大阶段共同勾勒出明星员工从青涩起步到成熟巅峰的完整画卷，展现了他们在职业生涯中的不懈努力与卓越成就。在职业旅程的起点，明日之星如同勇敢的探险者，在知识的海洋中遨游，通过持续的学习与实践，将点滴积累汇聚成宝贵的经验，为未来的成功奠定坚实基础。随着时光的推移，他们在工作中逐渐崭露头角，成为团队的中流砥柱。面对职业转型的挑战，他们勇于迎接技术迭代、组织结构调整及市场环境变迁等重重考验，历经磨砺，最终成就职场辉煌。深知进退之道的他们，不仅以无私的智慧和力量引领后辈前行，更以创新的思维推动组织持续发展，让自己成为职场中永不褪色的明星。

综上所述，通过对明星员工进阶之路的深刻探索，我们不仅见证了一部关于成长、超越与自我完善的壮丽史诗，更为普通员工的个人成长提供了宝贵的行动指南。同时，这一历程也为组织在激励与开发更多明星员工、构建更加璀璨的事业平台方面提供了中国智慧与实践启示，助力企业在激烈的市场竞争中扬帆远航，共创辉煌未来。

第二章

明星员工的社交策略

百香果提拉米苏，其风味堪称独一无二，别具一格。然而，人们却依旧热衷于依照传统配方去评判它的价值。

——沃顿商学院 詹尼弗·比尔（Jennifer Beer）

在互联网行业的领军企业里，明星程序员凭借其出众的技术实力、丰富的实战经验和对公司的巨大贡献，往往能获得高达数百万元的年薪，这一薪酬水平远超普通员工，达到数倍甚至数十倍之多。为了牢牢吸引并持续激励精英人才，这些行业巨头还会采取股权激励的策略，以示对他们的高度认可与珍视。举例来说，一位引领团队打造出爆款产品的明星产品经理，除了收获丰厚的现金奖励外，还有机会获得价值惊人的公司股票期权，与之形成鲜明对比的是，普通员工通常只能领取有限的年终奖金，往往无缘股权激励的机遇。

在福利待遇方面，这种差异同样显著。以华为为例，明星员工拥有私人专属的健身空间和高端的个性化医疗服务，可享受高级别的商务出行礼遇，包括头等舱机票和豪华酒店住宿等。这些待遇无一不彰显着他们的身份与卓越贡献。相比之下，普通员工则主要享有公司提供的标准福利。

此外，不少企业还倾向于将明星员工安排到诸如岗位总师、首席专家、首席技师等核心岗位上，或赋予他们"英才计划成员""雏鹰后备人才""领域拔尖人才""行业领军人才"等荣耀头衔。同时，任职资格体系明确规定这些职位的职级，并确保他们享有与同级领导岗位相当的福利待遇。这一系列举措不仅彰显了组织对明星员工卓越贡献与价值的认同，更是强化人才发展战略、完善人才制度建设的战略举措，旨在构建更加科学、合理、高效的人才激励机制，为组织持续健康发展提供强有力的智力支撑与人才保障。

正因为他们的卓越贡献，在激励机制设计中，组织倾向于为这些拥有特殊才能或杰出成就的精英提供额外的激励，当然，这不单是为了留住并激发明星员工的潜力，还隐藏着一个更深刻的战略意图：通过投入有限的增量资源①，激发关键少数，进而唤醒那些在幂律分布长尾处"躺平"的绝大多数存量员工，最大限度地发挥激励的杠杆效应。简而言之，就是通过表彰和重奖这些明星员工，在组织内部树立起一种"见贤思齐"和"追求卓越"的鲜明导向，以期达到"增量撬动存量"的全员激励效果。

然而，理想丰满，现实却往往骨感，这可能事与愿违。

他者眼中的明星员工：实至名归还是华而不实？

过度聚焦于那些在镁光灯下熠熠生辉的精英，一个悖论便悄然而生：组织往往忽略了那些在幕后默默奉献的普通员工。随着时间的流逝，这些辛勤工作却很少得到认可的员工可能会慢慢变成激励机制中的"旁观者"，变得

---

① 增量激励，是本书提出的核心概念，是指通过提供额外的奖励，用来表彰和鼓励那些对组织做出显著贡献的明星员工或高层次人才，并借此对广大存量员工产生积极示范和带动作用的一种激励模式。在具体操作中，这种增量激励通常采取计划单列的方式，即这部分薪酬总额是独立于员工薪酬总量之外，虽被计入薪酬总量（上一年度薪酬基数与薪酬增长部分之和）之中，但不计入下年度薪酬基数，即不会作为未来薪酬增长或调整的基础。本书将在"精准激励"章节中对这一概念进行深入探讨。

对激励措施漠不关心，随波逐流，最终沦落为"平庸的大多数"。与此同时，尽管明星员工的成就令人瞩目，但过度的关注同样可能使他们陷入孤立，甚至被视为组织的"特权阶层"。天然具备优势的明星员工也更有可能在不断积累个人优势的同时，无意中扩大了与同事之间的差距，这无疑加剧了团队内部的紧张氛围。

在上一章节中，我们深入剖析了"主角"——明星员工的成长轨迹，他们所面临的挑战与奋斗。现在，我们有必要从"配角"——普通员工的角度出发，客观地审视和解读"他者眼中的明星员工"，通过这种视角的转换，我们可以从一个更为立体和多维的视角，揭示明星员工与普通员工之间的社会互动。

盛名之下，其实难副

牛津大学的杰克尔·德雷尔（Jerker Denrell）与华威大学的刘（Liu）等研究者设计了一项有趣的模拟赌博游戏实验。这项游戏共设有 50 轮，每一轮的结果非胜即败，参与者的目标是尽可能积累更多的成功。每位参与者都具有不同的赌博技能水平，他们在每一轮中获得成功的概率也各不相同。游戏的一个显著特点是，如果前一轮取得了成功，那么下一轮成功的概率将会随之增加，用 wi 表示成功概率依赖于前一轮结果的程度，用来反映"早期的成功如何通过资源和机会的积累，提高未来成功的可能性"。

实验结果揭示了一个引人深思的现象：当依赖度较高（即 wi 值高）时，个人的成功次数（即绩效）与其赌博技能（即能力）之间的联系变得模糊。例如，当依赖度为 0.9 时，技能和成功之间的相关性仅为 0.37。这表明，在依赖度高的情况下，结果很大程度上受到偶然因素的影响，如图 2－1a 所示。这意味着，初始的结果会强烈地影响后续的结果，导致那些技能水平较低但一开始运气较好的玩家可能会连续取得成功；而那些技能水平较高但一开始运气不佳的玩家则可能会连续遭遇失败。相反，当依赖性较弱（即 wi 值低）时，技能在决定结果中扮演了更为关键的角色，偶然因素的影响则相对较小。例如，当依赖度为 0.1 时，技能和成功之间的相关性高达 0.82。在这种情况下，因为技能更为重要，结果能更准确地反映玩家的技能水平，如图 2-1b 所示。

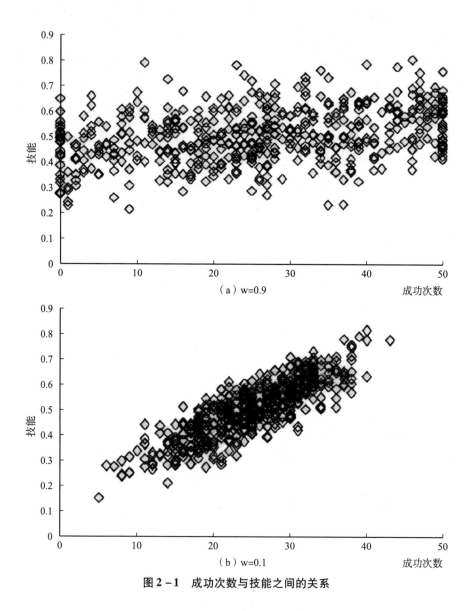

图 2-1　成功次数与技能之间的关系

该研究发表在《美国国家科学院院刊》（PNAS）上，它颠覆了一种普遍的假设：表现最突出的员工必定拥有最卓越的能力。文章深刻揭示，在人才的培育与选拔进程中，组织应当致力于构建一个既公正又能充分激发员工潜能的环境，而非仅仅将目光聚焦于员工过往的辉煌成就。尤为关键的是，组织必须清醒地认识到，即便是那些备受瞩目的明星员工，他们的成功之路也并非总是平稳且可持续的。因此，在规划激励机制与晋升路径时，必须充分考虑这种成功可能蕴含的不稳定性因素。

正因如此，同事们对于明星员工的成功往往持有一种审慎的态度，认为他们的成就并非全然源自个人的能力与付出，而是可能受到了某些外部条件的助力或是时机的青睐。同时，他们也可能因自己未能获得同样的机遇而感到不公，进而对那些看似有偏见的选拔机制与激励机制产生质疑。若这些负面情绪未能得到妥善处理，很可能会在工作环境中埋下紧张与不和的种子，破坏团队的和谐氛围。

红花虽艳，绿叶来衬

基思·默宁翰（Keith Murnighan）和唐纳德·康伦（Donald Conlon）在一项研究中创造性地提出了"第二提琴手矛盾"的概念。这一矛盾的核心，根植于第二小提琴手在团队中的独特定位：一方面，身为小提琴家族的一员，他们背负着与首席小提琴手相仿的技术重担与表演压力。他们需要具备高超的演奏技巧，以确保在合奏中不出现失误，为整个音乐的呈现贡献坚实的力量。同时，他们还要协调第三、第四小提琴手以及其他乐器演奏者，起到承上启下的关键作用。他们需要敏锐地感知音乐的节奏和情感变化，及时调整自己的演奏，以引导其他演奏者更好地融入整体音乐氛围中。另一方面，他们却常常被首席小提琴手的光芒所掩盖，容易被观众和评论家忽视。尽管他们付出了巨大的努力，但在外界的关注和赞誉上往往远远不及首席小提琴手。这种巨大的反差使得第二提琴手陷入了一种矛盾的境地：他们既要承担重要的责任，又难以获得与之相匹配的认可和回报。这种矛盾不仅影响着第二提琴手的个人心态和职业发展，也对整个团队的协作和音乐表现产生着深远的影响。如何解决"第二提琴手矛盾"，成为团队领导者和成员们共同面临的重要课题。

研究着重强调，成功的弦乐四重奏团队往往极大地仰仗于第二小提琴手的无私奉献：他们心甘情愿地隐匿于光环背后，默默专注于那些虽然不显山露水但却至关重要的任务。这就恰似篮球场上的"胶水球员"，他们的数据或许并不那么耀眼夺目，但他们在场上坚韧不拔地防守、积极主动地拼抢篮板等隐形贡献，却是构筑团队胜利不可或缺的坚实基石。同样，在组织内部，那些担任非核心角色的普通员工，虽然在公众视野中的认可度不及明星成员，但他们所提供的支持性工作对于团队的整体效能而言，同样也是无可替代的。

哈佛大学的鲍里斯·格鲁斯伯格（Boris Groysberg）所进行的另一项研究，进一步加深了我们对团队合作重要性的深刻认识。他经过深入研究后发现，那些明星证券分析师在转换到新公司之后，其绩效往往会经历一段极为显著的下滑期。尤其是当新公司的团队实力欠佳的情况下，这种影响会显得更为深远且持久。这一发现有力地证明了，明星员工的辉煌成就绝非凭空产生。他们的成就实际上是团队成员之间相互协作与支持共同铸就的丰硕果实。这一研究结论进一步深刻诠释了"红花虽红，仍需绿叶来衬托"的深刻道理。它提醒我们，在任何一个团队或组织中，明星员工的光芒固然耀眼，但他们的成功离不开团队中其他成员的默默付出与有力支持。只有当团队成员之间能够实现良好的协作与配合，共同为实现团队目标而努力奋斗时，才能够创造出更加辉煌的业绩。同时，这也启示组织管理者在重视明星员工的同时，不能忽视普通员工的价值和作用，要致力于打造一个团结协作、相互支持的团队氛围，以促进整个组织的持续发展和进步。

然而，令人遗憾的是，在现实世界中，非核心角色的战略价值往往被严重低估，普通员工的辛勤付出与贡献也时常被忽视。现行的奖励机制，并未能充分激发并认可那些在幕后默默奉献的团队成员。

欲戴王冠，必承其重

综上所述，在双重影响的作用下，处于非核心地位的普通员工往往要承受更为复杂的心理波动。正如影片《穿普拉达的女王》揭示的那样，那些围绕在时尚女魔头米兰达身边的普通员工，一方面对自身价值和地位感到迷茫与不满，他们在高强度的工作压力下，常常怀疑自己的付出是否值得；另一方面则对米兰达这样的明星员工抱持着审慎且复杂的态度。他们看到米兰达在时尚界呼风唤雨，认为她的成就并非完全源于个人能力与付出，而是受到外部资源和时机的推动，这无疑加剧了他们对自身未能获得同等机遇的不公平感。

在这种心理状态的影响下，普通员工对明星员工的看法变得复杂多变。他们既羡慕明星员工的成就，又对其心生嫉妒；既尊重他们的专业能力，又对其真实性产生怀疑。这种矛盾的情感使得他们在与明星员工相处时，可能会不自觉地产生疏离感甚至敌意。正因如此，许多同事基于人性中固有的自我服务偏见，往往认为明星员工并非如传说中那般"阳春白雪，曲高和寡"，而是"盛名之下，其实难副"。

正所谓"欲戴王冠，必承其重"，明星员工如何与普通员工打交道，管理好自身的职业形象，无疑是对他们社交智慧的重大考验。他们需要在保持自身光芒的同时，学会与普通员工建立良好的关系，以化解潜在的矛盾与冲突，共同推动团队的和谐与发展。

明星形象的社会感知：原型形象与真实形象

在人生的旅途中，我们常常面临一个困惑：是活成别人眼中的样子，还是坚定地做真实的自己？苏珊·菲斯克（Susan Fiske）的印象形成理论为我们提供了理解这一选择的独特视角。她指出，我们在形成对他人的认知时，主要依据两大社会判断维度：一是社会身份，它关乎个体所属哪个群体或组织，体现了人们的合群性（fit in）；二是个性化身份，它凸显了个体在组织中与众不同的特质，彰显了人们的独特性（stand out）。

首先，我们倾向于通过分类的过程来解读他人的社会身份，即将个体的个性特征与所属群体的典型特征进行细致对比。就像在体育赛事的现场，我们可以通过球迷的着装或脸部涂饰迅速判断他们所属的阵营一样，在组织管理的情境中，员工也会依据团队的典型特征来评估或描绘同事，从而明确其身份归属。长期的共同工作使得团队成员在价值观、认知模式、情感表达和行为方式等方面逐渐趋同，进而形成一种稳定且独特的"原型特征"。根据学者约翰·林奇（John Lynch）和杰茜卡·罗德尔（Jessica Rodell）的深刻阐述，当一个团队成员的个性特征与团队原型高度契合时，他便会给人留下难以磨灭的"原型印象"（archetypal impression）。

其次，与社会身份一样，人们也可以对他人的独特身份形成独立印象。这一过程被形象地称为个性化感知，其核心在于依据个体的性格特质及行为举止，评估其作为真实个体的程度。"真实"在此通常被界定为个体能够自如地依据自身独特的价值观与意志行动，而不受外界束缚。情绪失控的行为往往被视为非真实的，因为它游离于有意识的自我控制之外。唯有当行为的激发与调节过程深深植根于个体的自我信念之中，或与其自我实现相契合时，该行为才被视为真实的表达。因此，当目睹某人的行为展现出与众不同之处时，人们会倾向于探究这一行为是源自其内在的独特性，还是外部环境的偶然作用。在此基础上，人们会从个性化的视角出发，对该人的行为表现与其真实自我之间的一致程度形成印象，这一印象即被称为真实印象（authentic impression）。

进一步地，约翰·林奇深刻指出，员工的职业形象是由原型印象与真实印象共同交织而成的复杂画卷。原型印象映射出员工在何种程度上契合了同事心中的原型期待，而真实印象则揭示了员工被认为在多大程度上坦诚地展现了自己的真实面貌。原型印象管理，作为一种策略，旨在通过展现符合原型的自我，满足外部群体的角色预设，内化群体共有的价值观，从而在领导和同事的眼中塑造出理想化的形象。相比之下，真实印象管理则更加注重真实自我的流露，强调行为与内心世界的和谐统一，拒绝向外部压力妥协，勇于展现真实的自我或核心特质。

由原型印象与真实印象共同交织而成的职业形象，对他人乃至组织的影响都是巨大的。印度 HCL 公司的 CEO 维尼特·纳亚尔（Vineet Nayar）在其就职仪式上的亮相便是一个生动的案例。

在 21 世纪初，HCL 公司在由国际商业机器公司（IBM）、电子数据系统公司（EDS）和埃森哲（Accenture）等巨头主导的印度 IT 市场中仅是一个边缘品牌。市场扩大和客户需求的复杂化使得 HCL 面临激烈的同质化竞争和被淘汰的风险。在这个关键时刻，纳亚尔被任命为 CEO，在就职典礼上，他的形象对于安抚员工的不安情绪至关重要。

面对 4000 名员工的疑虑和担忧，纳亚尔没有选择传统的严肃演讲，而是出人意料地选择了一首流行的宝莱坞歌曲作为开场。随着音乐的响起，纳亚尔开始随着节奏晃动脑袋，扭动着笨拙的身体，他的舞蹈动作虽然滑稽，却充满了自信和活力。这种不拘一格的行为迅速点燃了在场员工的热情，他们从惊讶转为鼓掌，最终加入舞蹈，礼堂内的气氛迅速升温，变成了一场盛大的狂欢。这一刻，所有的阶层界限和身份差异都被暂时搁置，只剩下 HCL 公司员工的团结和欢乐。

纳亚尔的跳舞行为，从原型印象和真实印象的角度来看，是对传统领导形象的一种颠覆性创新。在传统认知中，CEO 或领导者的形象往往与严肃、权威和距离感相关联，这种原型印象是基于社会对高层管理人员的普遍期待和过往经验形成的。纳亚尔的跳舞行为打破了这种原型印象，创造了一个更加亲切、开放和具有亲和力的真实印象。他通过这种非传统的、接地气的行为，向员工展示了他的人性化一面，这与员工对领导者的传统印象形成了鲜明对比。纳亚尔的这种真实印象有助于建立信任和亲近感，因为它显示了他愿意打破常规，与员工站在同一阵线，共同庆祝和面对挑战。这种行为有助于打破等级界限，促进了一种更加平等和协作的企业文化。

随后，纳亚尔提出改变公司管理结构，赋予一线员工更多自主权，并鼓励员工提出意见。他的"跳舞法"在 HCL 全球的 25 场会议中重复上演，激发了员工的积极参与，为公司改革提供了宝贵建议。三年后，HCL 科技的营收增长了三倍，超越了竞争对手，成长为价值 60 亿美元的企业。纳亚尔认为，公司的成功转型源于他在内部激发的积极心态，这种心态正是通过他的舞蹈所引发的。

社交悖论：脱颖而出还是隐介藏形？

对于明星员工而言，原型自我的表达所塑造的原型印象如同一道亮丽的风景线，吸引着周围人的目光。同事出于积极自我归类的本能，将明星员工视为"圈内人"，从而给予他们更多的支持与认可，减少了排斥与隔阂。而真实所蕴含的真诚与透明，如同磁石一般，吸引着社交对象，帮助他们建立起稳固而可靠的人际关系。然而，正如沃顿商学院的詹尼弗·比尔（Jennifer Beer）所指出的那样，原型自我与真实自我并非总是保持一致，有时甚至会出现激烈的冲突。在备受瞩目的明星员工群体中，这种冲突更是显得尤为突出。他们所面临的社交困境正在于：卓尔不群，追随个性化自我表达，做真实的自己；还是毁方瓦合①，迎合团队世俗规则，符合大众的眼光？

明星员工社交困境源于原型自我与真实自我之间的冲突，更深层次的根源在于角色期待与自我追求之间存在不可调和的矛盾。

从原型印象视角看，明星员工掌控着组织关键知识的流动，同事希望在"与星共舞"中习得他们手中的默会知识，为职业发展增添动力。而领导期望明星员工发挥"头雁"效应，帮助组织打造"星光熠熠"的事业平台。这意味着，除了作为组织的引领者和核心支柱外，明星员工往往还被寄予厚望，扮演着职场中的"雷锋"（无私奉献者）、"救火队长"（危机处理专家）以及"孤胆英雄"（独自应对挑战者）等多重角色。在这样的组织文化背景下，管理层往往期望明星员工能够依据组织所推崇的原型特质来塑造自我，即要求他们摒弃可能削弱团队凝聚力的个性化元素，转而成为指引组织前进方向的"北极星"，而非只追求个人荣耀、忽视团队协作的"窃光者"。这样的期待旨在强调明星员工在组织中的引领与团结作用，促进整体目标的实现。

正因为如此，明星员工不得不在两个方面付出努力。一方面，他们需要通过人际互动来传播自己的影响力。既需要同事的鼎力支持，又需要不断在他人

---

① "毁方瓦合"这一成语源自《礼记·儒行》中的名句："慕贤而容众，毁方而瓦合，其宽裕有如此者。"其含义在于，一个人应当既要敬仰贤才，又要能够宽容地接纳众人；同时，要能够磨去自身的棱角，与他人融洽相处。这样的人，其心胸之宽广、气度之宽容，是值得称道的。这一古训给予我们的启示在于，无论是在职场还是在生活中，明星员工与普通员工之间都应当建立起一种"慕贤而容众"的和谐关系。明星员工应当不吝分享自己的经验和智慧，通过指导和帮助，促进普通员工的成长与提升；而普通员工则可以通过观察和学习，从明星员工的身上汲取动力和灵感。

对其角色的认可中巩固自己的地位。另一方面，他们还需谨慎避免因"高冷"形象而遭受职场中的隐性排斥。香港城市大学林家凤（Catherine K. Lam）等学者的研究表明，诸如散布谣言、阳奉阴违等精心策划、隐蔽性强的伤害行为，是针对明星员工的常见且极具破坏性的社交障碍。为了在这场"无声的战役"中立足，他们不得不投入大量时间和精力，周旋于职场的社交漩涡之中。

　　然而，研究揭示了一个更为深刻的真相：明星员工之所以光芒四射，往往源于他们对自我追求的执着与热爱，他们享受在挑战与探索中成长的过程。正如物理学家理查德·费曼（Richard Feynman）所言，追求自我如同剥洋葱皮，一边流泪一边剥，直到发现想要找的东西。明星员工对自己的职业生涯有着极高的珍视，他们渴望在专业领域内不断精进，而社交活动则消耗了他们宝贵的精力，使他们难以与那些缺乏追求卓越精神的人为伍。

　　理论上，明星员工或许能在展现符合组织原型印象的同时，也让同事感受到他们真实自我的自然流露。然而，一个关键问题在于，那些与角色期待高度匹配的行为，并不总能与明星员工的内心感受相契合。一旦他们未能如愿以偿地塑造出符合大众期待的形象，其"明星地位"就可能岌岌可危。但反之，若过度迎合外界的角色期待，则可能削弱他们对自我内心的忠诚与坚持。

　　那么，明星员工究竟应以何种面貌展现在同事面前呢？这一问题的答案深藏于明星员工对原型自我与真实自我之间复杂冲突的细腻权衡之中。

　　正如古典名著《红楼梦》里，贾宝玉内心的"通灵宝玉"与其"本真自我"间上演的那般激烈交锋①。无独有偶，在美国电影《永不言弃》里，主角比尔·波特（Bill Porter）同样深陷原型自我与真实自我冲突的泥沼。在波特看来，从社会常规视角投射而来的原型自我，期许身有残疾的他安于平凡、接受命运安排，做一个依赖他人怜悯度日的弱者；然而，他心底燃烧着的那团炽热真实自我，怀揣着对独立、尊严以及职业理想的执着坚守，驱动他不

---

　　① 在《红楼梦》中，贾宝玉的形象复杂而立体，他的"通灵宝玉"与"真我"之争，恰如其分地体现了原型自我与真实自我之间的张力。贾宝玉的原型自我是那个被家族和社会期望塑造的、带有"通灵宝玉"的贵族公子，而他的真实自我则是那个追求真挚情感、反对封建礼教束缚的叛逆者。

顾世俗偏见与身体局限，毅然决然踏上艰难的推销员之路，其间经历的内心
挣扎与纠葛，每一幕都直击人心，深刻诠释着两种自我间相依相伴却又剑拔
弩张的紧张关系。

因此，在审视明星员工的社交活动时，我们必须从原型自我（合群）与真
实自我（独特）这两个核心维度入手，展开全面而深刻的剖析。唯有如此，方
能真正洞悉明星员工在社交舞台上的举止言谈，以及他们内心深处所经历的挣
扎与成长轨迹。我们不应仅仅停留在表面行为的观察，而应致力于挖掘隐藏在
这些行为背后的真实自我与原型自我之间复杂微妙的关系。通过这样的深入探
究，我们不仅能更加准确地把握明星员工的行为动机，从而为他们提供更加贴
合需求的支持与帮助，还能为组织的长远发展提供宝贵的洞见与启示。

拓展阅读

在真实印象与原型印象中的极限拉扯

由史蒂芬·斯卡特尔（Steven Schacht-er）执导、荣获六项艾美奖（Emmys）的影片《永不言弃》（*Door to Door*），讲述了患有先天性脑瘫的金牌销售员比尔·波特（Bill Porter）的传奇人生。这不仅是一段感人至深的奋斗史，更是对社会身份认同的深刻剖析。

真实印象与原型印象的交织篇章

自幼患有先天性脑瘫、佝偻身躯走路宛如企鹅的比尔·波特，终其一生都在默默抗争着世人眼中身残志坚的"真实印象"。他内心深处始终燃烧着一种渴望——以实际行动颠覆社会对残疾人的固有偏见，重塑一个与普通销售员无异，平凡中见伟大的"原

型印象"。然而,这条通往梦想的道路充满了荆棘与挑战。社会常规视角下的原型自我,期望他安于平凡、接受命运的安排,却忽视了他作为独立个体所具有的坚韧与耐心。面对客户的善意帮助,比尔总是坚定而礼貌地回应:"谢谢您的好意,但我真的不需要这些。我只是想通过自己的努力来赚钱,像其他人一样。"

比尔经历了无数次跌倒与爬起,凭借耐心和坚持的精神,他赢得了客户的认可与尊重,荣膺公司年度销售冠军,成为一颗璀璨的"销售明星"。然而,荣耀背后,他再次陷入了与"身残志坚"真实印象的激烈交锋,他渴望世人能看到他作为一名普通销售员的专业与热忱,而非仅仅是一个励志符号。

时代的变迁与自我认知的觉醒

随着科技的飞速发展,曾经风靡一时的上门推销方式逐渐被网络营销所取代,比尔不得不黯然退休。幸运的是,他的事迹随后被媒体广泛报道,他那不屈不挠的奋斗精神感动了无数人。这一次,比尔终于意识到,自己一直以来抗拒的"身残志坚"标签并非他人眼中真实的自己。相反,社区对他的真实印象是那份难能可贵的"耐心"与"坚持",以及"他像一根线把每家每户联系起来"。在这一刻,比尔终于从真实印象与原型印象的极限拉扯中解脱,欣然接受了新任经理的诚挚邀请,再次穿梭于社区之中,以最真实、最独特的形象展现在世人面前。

结语:在交织与碰撞中绽放光彩

比尔·波特的故事告诉我们,每个人都有自己独特的价值和魅力。我们应勇敢面对自己的不足与挑战,珍惜自己的独特之处。在真实印象与原型印象的交织中,虽然会感到困惑和挣扎,但只要坚持自我、勇敢前行,就一定能够找到属于自己的道路和光芒。

资料来源:图片来自电影剧照。

明星员工的四种社交模式解析

基于原型自我和真实自我两个维度，我们刻画出明星员工四种社交形态（见图2-2）：离经叛道者、内圣外王者、隐介藏形者、内外交困者。

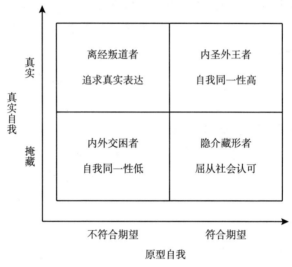

图 2-2 明星员工的四种社交形态

I 离经叛道者

这类明星员工展现出高度真实自我表达，而较少遵循群体的原型期望，即真实自我印象高，原型自我印象低。特征是他们的行为模式基于内在价值观，而非外部规范。史蒂夫·乔布斯是此类员工的典型代表，他的职业生涯充满了对常规的挑战和突破，他的信念——即世界规则不应成为个人发展的限制——深刻地影响了他的行为和决策。

离经叛道者的优势在于，他们能够将有限的心理资源专注于自己期望的工作方式，从而创造出卓越的工作绩效。由于他们的行为真实透明，与追随者之间能够建立起高质量的人际关系，这有助于团队内部的信任与合作。然而，这种独特的个性特征也可能导致他们在团队中被视为"另类"，由于不遵循团队规范，其卓尔不群的气质会使共事者倍感压力，敬而远之。当涉及利益时，更可能遭受同事的"抱团"敌对。

对于组织而言，要求离经叛道者完全遵循组织原型是不现实的。相反，组织应认识到，真实自我表达程度高的员工，其行为更具预测性，也更容易打交道。因此，组织应采取以下策略：第一，保护真实性。组织应尊重并保护离经叛道者的真实性，允许他们按照自己的方式工作和创新，以激发其创造力和潜力。第二，创新激励机制。通过创新激励机制，引导普通员工主动配合和支持离经叛道者的工作，促进团队内部的互补与合作，形成相互成就的依赖结构。第三，建立包容文化。营造一种包容性的组织文化，鼓励员工表达自己的观点和想法，减少对离经叛道者的偏见和歧视，增强团队凝聚力。

Ⅱ 内圣外王者

这种类型的明星员工，既可以沉浸于自我工作角色中，同时也能够满足群体成员的原型角色期望，即真实自我和原型自我表达程度都高。被誉为硅谷教父的比尔·坎贝尔（Bill Campbell）便是此类员工的杰出代表。坎贝尔的成功不仅源于他对形势和人性的深刻洞察，更在于他将真诚融入角色，使个人价值观与同事共享的价值观融为一体，从而赢得了广泛的信任与尊重。

内圣外王者通过主动将群体规范内化为行为的内部基准，构建了理想的自我概念，成为同事眼中的理想形象。他们既具备原型特征，易于被同事认可，又展现出真实的自我印象，进一步强化了明星地位的合法性。同时，他们自我认知能力强，对外界批评持开放态度，易于与同事交流，从而在工作中达到了威廉·卡恩（William A. Kahn）所倡导的境界——将真实的自我带入工作角色，使表演更加激荡人心。然而，光环之下亦存在阴影。

首先，内圣外王者真诚透明且人缘好，深受同事的认可和追随，无意中成为组织事实上的"领导"，导致法定领导地位被削弱，甚至沦为"提线木偶"，从而引发领导的不满。其次，他们的影响力过大会加剧组织对他们的单边依赖。随着尊重的累积，他们的"气质信用"即犯错误而被接受的自由度也随之增加，一旦他们犯错，就可能给组织带来灾难性后果。再次，正如埃米尼亚·伊贝拉（Herminia Ibarra）在《能力陷阱》中提及的那样，他们必须面对不断变化的自我认知和角色期望的挑战，在社交行为上始终保持高度的一致性和真实性会让他们感到身心俱疲。最后，根据社会比较理论，面对一个完美无缺的人，人们可能会感到自卑和有距离感；而认知失调理论也强调，当我们看到一个人非常完美时，我们的大脑会产生一种不协调感，因为人们潜意识里认为完美是不存在的。

作为组织，在享受内圣外王者带来福利的同时，务必要警惕以上问题。一方面要在正式领导与内圣外王者之间合理配置权力，形成相互制衡的权力结构；另一方面要容忍甚至适度要求内圣外王者"犯错"。正如心理学家埃里奥特·阿伦森（Elliot Aronson）揭示的出丑效应（pratfall effect）：当一个人偶尔展现出小缺点或犯些小错误时，这反而会让他们显得更加真诚和接地气，从而提升他们的人际吸引力和可信度。

知识拓展

出 丑 效 应

出丑效应（pratfall effect）又称"犯错效应"或"小瑕疵魅力"，由心理学家埃里奥特·阿伦森（Elliot Aronson）在 1966 年提出。它表明，即使是能力出众的个体，当他们偶尔展现一些小缺点或犯些小错误时，不仅无损其形象，反而能增加他们的真实感和亲和力，提升他们的吸引力和可信度。

埃里奥特·阿伦森的实验是为了探究能力与失误对人们评价他人时的影响。实验中，参与者被分为两组，分别听取了一位学生在回答问题时的录音。这位学生在两段录音中都表现出了高水平的能力，但在第二段录音中，他在回答问题的过程中不小心打翻了一杯咖啡。实验结果显示，尽管

参与者认为第一位学生（没有出现失误）非常聪明，但他们更喜欢第二位学生（出现了打翻咖啡的小失误）。这种偏好表明，一些小失误能够减少高能力个体的威胁感，使得他们显得更加真实和可接近。

这一效应可以从多个心理学理论得到解释：

真实性感知理论：人们倾向于认为犯错的人更加真实和接地气。因为犯错是人之常情，当一个人犯错时，人们更容易将其视为与自己相似的普通人，从而增加亲近感。

社会比较理论：我们倾向于与他人比较，当面对一个完美的人时，可能会感到自卑和距离感。而当这个人展现出小缺点时，这种距离感会缩小，我们会觉得"他们也有不完美的一面"，从而产生亲近感。

认知失调理论：面对一个完美的人时，我们内心可能产生不协调感，因为我们知道完美并不存在。当这个人偶尔犯错时，这种不协调感会消失，我们的心里会感到更加舒适和自然。

情感期望理论：当一个人表现得过于完美时，人们往往对其产生过高的期望。一旦这种期望无法被满足，可能会感到失望。而犯错则降低了这种期望落差，使人们更容易接受和喜欢这个人。

出丑效应提醒我们，追求完美不必成为我们的压力，偶尔的小失误反而能增加我们的人格魅力，让我们在他人眼中显得更加可亲和可信。这不仅是对个人魅力的一种提升，也是对人际关系的一种润滑。

Ⅲ 隐介藏形者

这是一种与"离经叛道者"截然对立的社交风格，其特点是原型印象程度高，而真实印象程度低。他们内化了来自外部的各种角色期望，却与真实自我渐行渐远，行为中充满了"不得不做"而非"我要做"的被动感。以约翰·斯卡利（John Sculley）为例，这位苹果公司前 CEO 在获得董事会支持方面，凭借其彬彬有礼和符合组织原型的行为，成功赢得了比乔布斯更多的青睐。尽管斯卡利并不自认为是合适的 CEO 人选，但在与乔布斯的对峙中，他依然凭借对组织期望的精准迎合，获得了董事会的支持。然而，斯卡利在苹果的表现并不成功，而他缺乏勇气请回乔布斯的事实，恰恰反映了"隐介藏形者"在自我认知与角色期望之间的深刻冲突。

"隐介藏形者"在职场中如鱼得水，他们深谙现行制度与规范，并以最符合组织价值观的方式行事。与"离经叛道者"相比，他们更贴近"大多数"，拥有广泛的群众基础，甚至成为现有制度权威的象征。斯卡利在与乔布斯的对峙中赢得董事会票选，正是这一点的有力证明。

然而，在光鲜亮丽的表象之下，隐藏着"隐介藏形者"无尽的困惑与痛苦。他们戴上职场面具，以此在职场中确立地位，却也为此付出了束缚真实自我的代价。面具与真实自我之间的割裂，使他们难以从工作中获得真正的幸福感。正如鲁迅在《论睁了眼看》中所隐喻的那样，"因为不敢正视自己，只好瞒和骗，令人更深地陷入瞒和骗的大泽中"。这种状态恰似戴着面具示人，久而久之，面具便与脸粘连在一起，若要揭下，除非扒皮抽筋，甚至脱胎换骨。

事实上，职场威严源于对规则的适应与坚守，以及对他人期望的精准洞察。然而，在竭力满足外部期望的同时，"隐介藏形者"却忽视了对自我内心的关注与审视。这种以外界肯定为驱动的工作方式，一旦遭遇外部挫折，便难以迅速恢复心理资源。当社交中的顺从导致他们承受过度期望而力不从心时，负面反馈的冲击往往会使他们的心理调节资源迅速枯竭，陷入更深的困境。长此以往，他们不仅失去了与真实自我的连接，也在职场的光环下逐渐迷失了方向。

对于组织而言，"隐介藏形者"犹如一把"双刃剑"。他们在为组织带来稳定与秩序的同时，也可能潜藏着不容忽视的负面影响。组织不应寄希望于"隐介藏形者"主动改变，而应通过增强普通员工对明星员工的认同感，并激发他们的工作积极性，来帮助"隐介藏形者"卸下精致的"面具"和不堪重负的工作"枷锁"。这种策略不仅能够缓解"隐介藏形者"的心理压力，还能促进组织内部的平衡与和谐，为个体创造更多与真实自我和解的空间。

Ⅳ内外交困者

这种类型的明星员工在隐藏真实自我的同时，也未能有效地融入和符合他人的期望，导致了一种双重的困境，即真实自我和原型自我的表达程度双低。被乔布斯评价为"最差劲CEO"的吉尔·阿梅里奥（Gil Amelio）就是这种形象的典型代表。在掌舵苹果期间，他奉行高度集权的命令式管理风格，这自然与苹果公司松散的风格格格不入。为了融入这个环境，他刻意隐藏了自己对苹果文化的不满，同时也未能提出有效的战略计划。这种言行不一的行为，使得他与下属之间的关系日益紧张。半年后苹果股价暴跌，他未能满足员工对其成为苹果"拯救者"的期望，又没能在苹果成功贯彻自己的真实想法，黯然离开苹果公司。

内外交困者通常具备卓越的专业技能和广泛的影响力，但他们却对群体规范持保留态度，不愿将时间和精力投入到烦琐的事务性工作中。他们担心社会成本会妨碍自我精进，因此选择刻意收敛光芒，压低身份，以群体规则为准绳来显示自己的行为。然而，这种刻意为之的状态却使他们的社交形象显得笨拙和不自然。

从心理学角度来看，内外交困者的问题在于他们内化群体规则的方式存在缺陷。爱德华·德西（Edward Deci）的经典著作《内在动机：自主掌控人生的力量》中指出，内化有内摄（introjection）和整合（integration）两种形式。内摄形同囫囵吞下规则但不消化。内外交困者压低身份只是内摄了群体规范——"应该这么做"而不是"我要这么做"——要求他这么做的声音来自外部而不是内心。被内摄信念控制使得明星员工做事显得"首鼠两端"，甚至"为赋新词强说愁"，让同事感觉他既不真诚也与其明星身份不符。由此带来的后果是，他们遭受着同事对其身份合法性的质疑，同时也不得不承受对自我的怀疑：为什么这么多人不接纳他？

对于组织而言，积极协助内外交困者打破内摄的控制是至关重要的。首先，组织可以通过富有仪式感的身份确认来增强他们的自信心和归属感。通过正式场合的表彰和认可，让他们感受到自己作为明星员工的价值和地位。

同时，组织还应该积极引导同事理解内外交困者的良苦用心，创造学习和模仿他们的途径和场合。这样不仅可以增强他们的社会吸引力，还可以提高他们的自我效能感，从而帮助他们更好地融入组织并发挥自己的潜力。

商业名著推荐

《内在动机：自主掌控人生的力量》

《内在动机：自主掌控人生的力量》（*Why We Do What We Do：Understanding Self-Motivation*）由爱德华·德西（Edward L. Deci）和理查德·弗拉斯特（Richard Flaste）撰写。1996 年企鹅出版社（Penguin Press）出版，2020 年机械工业出版社引进中文版，王正林翻译。

爱德华·德西是美国罗切斯特大学心理学教授，他与理查德·瑞安（Richard M. Ryan）共同创建了自我决定理论（self-determination theory），这是迄今最有影响力的人类动机理论之一。在这本书中，德西基于自己 40 余年的研究成果，深入剖析了人类行为的内在驱动力。

德西在书中阐述了自主、胜任和归属感这三大核心要素，它们是激发个体内在动机的关键。他通过丰富的实验案例和深刻的理论分析，揭示了外在奖励和控制手段如何削弱人们的内在动机，导致人们对活动的兴趣和热情减退。相反，当个体在自主、胜任和归属感的驱动下行动时，他们不仅会更加投入和专注，还能享受过程，实现个人成长和提升幸福感。

书中强调，真正的自主意味着个体能够根据自己的意愿和价值观做出选择，而不是被外部因素所左右。这种自主性能提升个体的创造力和创新能力，增强自我认同感和满足感。胜任感则是指个体在完成任务或达成目标时所获得的成就感和价值感，它激励人们不断挑战自我，提升能力，追求更高的成就。而归属感则涉及个体与他人建立亲密和真诚的联系，满足爱与被爱、关心与被关心的需求，这种联系不仅带来归属感和社交支持，还能促进合作和共同成长。

书中有一段精彩的论述："画作完成时，艺术之旅便已画上句号。故而，享受创作的过程，方为绘画之真谛。至于画作的价值几何，实非初衷所在。"这提醒我们，生活中的诸多因素都可能让我们偏离初心，感受到疏离与异化。金钱诱惑、地位追求、职称晋升……这些看似光鲜的"奖赏"，实则可能成为侵蚀我们内在动机的利刃。

因此，这不仅是一部关于人类动机的心理学著作，更是一本实用的指南，指导我们如何激发内在动力，实现自我成长。无论是企业管理者、教育工作者还是普通读者，都能从这本书中获得宝贵的启示和实用的建议。通过理解和应用内在动机的原理，我们能够更有效地掌控自己的人生，实现个人价值和幸福。

本章小结

本章深入探讨了明星员工的社会智慧——如何在满足团队期待的同时，保持自我本色。明星员工的崛起并非孤立事件，而是深深植根于团队协作与普通员工的默默奉献之中。然而，基思·默宁翰与唐纳德·康伦所提出的"第二提琴手矛盾"揭示了一个令人深思的现象：尽管普通员工同样为团队的成功贡献着不可或缺的力量，但在资源和机会上，他们往往难以与明星员工相提并论，这种现象无疑给同事间的关系带来了微妙而复杂的挑战。

首先，我们从"他者眼中的明星员工"这一视角出发，剖析了"抢尽风头的红花"（即明星员工）与落寞的"第二提琴手"（即普通员工）之间难以调和的矛盾。在此基础上，我们强调了明星员工管理好自身职业形象、学会与普通员工和谐相处的重要性。这不仅有助于缓解团队内部的紧张氛围，还能促进团队整体的和谐与进步。接着，我们深入探讨了明星员工社会感知的两个核心维度：原型自我（合群）与真实自我（独特性）。原型自我代表着个体对群体归属感的追求，而真实自我则是个体独特性和自我价值的体现。这两个维度在明星员工的社会互动中发挥着至关重要的作用，它们既相互交织又相互冲突，共同塑造了明星员工的社交形态。基于这两个维度，我们进一步描绘了四种不同的明星员工社交形态：离经叛道者、内圣外王者、内外交困者、隐介藏形者。这四种形态各具特色，既有其独特的优势，也存在相应的局限。对于组织而言，了解这些社交形态的特点和优缺点，有助于组织制定更为有效的干预策略。

综上所述，职业形象管理对于明星员工而言至关重要。它不仅能够帮助明星员工根据不同情境和需求，灵活切换展示合意的身份，走出"做回自己还是迎合大众"的社交困境；还能够通过追求积极的群体身份认同，实现自我价值的提升。同时，这也为其他员工提供了对明星员工合宜的身份期待，增进了彼此之间的认同和理解。从而在组织内形成一种由明星员工引领的相互依赖相互成就的均衡互补式团队结构。

第三章

明星员工的自尊之战

面对前来征询意见的使者，培里安德（Periander）选择了沉默，只是用行动把高出其他穗子的玉米穗砍掉，使整片玉米田变得平整。尽管使者对发生的一切茫然不解，但当他带回这一消息时，忒拉西布拉斯（Thrasybulus）却领悟到了其中的深意——他要铲除那些出类拔萃的人。

——亚里士多德（Aristotle），《政治学》

在热播剧《繁花》中，梅萍与汪小姐的职场纠葛细腻地刻画了明星员工所遭遇的嫉妒心理，以及这种嫉妒如何微妙地左右着个人的命运轨迹。

汪小姐，一位才华横溢的外贸精英，凭借宝总的鼎力支持和自身超凡的业务能力，在公司内部迅速崭露头角，成为一名冉冉上升的职场明星。与此同时，身为资深员工的梅萍，原本对晋升科长一职满怀期望，汪小姐的强势崛起却让她感受到了前所未有的威胁。梅萍一直自以为与三羊牌的范总关系更为亲近，按常理来说，那80万件订单的负责权理应归她所有。但宝总的意外介入，使得这份订单最终花落汪小姐之手。

随着金科长的即将外派，汪小姐自然成为科长职位的有力竞争者。这一变化激起了梅萍内心深处的强烈嫉妒与不满。于是，她向金科长诬告汪小姐收受价值26000元的珍珠耳环，这一举动直接导致了汪小姐科长职位的破灭，并被贬至仓库工作。面对这突如其来的打击，汪小姐虽然感到愤怒和委屈，但她并没有因此沉沦。她冷静地分析了自己的处境，决定以退为进，利用在仓库的这段时间充实自己、提升自我。在仓库的日子里，汪小姐不仅保持了良好的心态，还积极与同事们建立良好的关系，赢得了他们的尊重和支持。同时，她也利用这段时间深入学习了公司的业务流程和市场动态，为将来的发展打下了坚实的基础。

而梅萍则试图借此机会，积极向公司高层展示自己的能力和价值，以期获得晋升机会。然而，她的急功近利和策略失当，反而让她的野心暴露无遗。金科长果断地拒绝了她的晋升请求，并直言她不具备领导所需的沉稳与冷静。

职场嫉妒：看不见的硝烟

上述故事生动地展现了职场竞争的波谲云诡与人性的复杂纠葛。职场嫉妒可能源自同事间对地位的威胁、对成功的羡慕，或是对有限资源的激烈争夺。这提醒我们，在职场这个大舞台上，尽管嫉妒和暗斗是不可避免的竞争元素，但它们不应该是决定个人命运的唯一因素。明星员工在面对这些挑战时，必须学会保持冷静和理智，用自身的实力和实际行动来证明自己的价值和能力。

无论是古希腊的"砍去高高在上的玉米穗"（后来被引申为"高大罂粟花综合征"①），还是中国的古老智慧"行高于人，众必非之"，抑或是日本谚

---

① 高大罂粟花综合征（tall poppy syndrome）指的是社会对那些取得显著成功或地位上升的人持有的批判性态度。这种现象在澳大利亚和新西兰尤为常见，它反映了一种文化倾向，即人们更愿意接受平等的精神，即使这可能导致一定程度的平庸，也不愿赞颂成功。这个概念最早在1979年的学术文章《澳大利亚精英》中被提及，当时被称为cut-down-the-tall-poppy syndrome。文章作者指出，澳大利亚人倾向于接受一种平等主义精神，这有时会导致对成功者的不满或敌意。

语"伸出的钉子被敲落",这些来自东西方的箴言和故事似乎都在揭示一个深刻的社会现象:人们似乎尚未学会如何与优秀人才,尤其是那些耀眼的明星共处。

这种由嫉妒引发的破坏行为,其负面影响不容小觑。哈佛商学院的迪兰·麦诺(Dylan Minor)和肯硕(Cornerstone on Demand)首席分析官迈克·豪斯曼(Michael Housman)通过对多个行业(包括通信、客户服务、金融服务、医疗、保险和零售等)11家公司近6万名员工的大型数据组进行分析,揭示了一个令人不安的现象:一名生产率位于前1%的明星员工每年可以为公司额外创造约5000美元的利润,而一名恶意造谣、排斥孤立同事的"有毒"员工(toxic worker)[①]却可能导致公司损失约1.2万美元。这一发现凸显了这样一个事实,即一个不良员工的破坏力有可能抵消甚至超过两名明星员工的正面贡献。

职场中的嫉妒,无论是以恶意造谣、排斥孤立还是阳奉阴违的形式出现,它不仅是对明星员工个人价值和地位的直接不尊重与挑衅,更在无形中编织了一张破坏力惊人的关系网,对他们的职业生涯造成不可逆转的伤害,甚至极有可能将一颗本应璀璨夺目的职场之星推向毁灭的深渊。这种恶劣的人际环境,不仅让受害者对自身价值产生深深的怀疑,更是对个人自尊的一次严峻考验。即便嫉妒有时源自"见贤思齐"的良性动机,明星员工依然面临着巨大的挑战。他们需要在维护自身尊严与价值感的同时,应对来自同事日益激烈的竞争与追赶。这种双重压力之下,自尊成为了他们心中最脆弱的防线。一旦感受到来自同事嫉妒目光的"箭矢",他们便可能陷入一场关于自我认同与自尊保卫的内心激战。

[①] 根据迪兰·麦诺(Dylan Minor)和迈克·豪斯曼(Michael Housman)的研究,有毒员工(toxic workers)是指那些对组织产生负面影响的员工。他们的特点是:从事有害的行为,如恶意造谣、排斥孤立同事、违反公司政策、损害公司财产等;他们的行为不仅影响他们自己的工作绩效,还可能对周围同事的绩效产生连锁反应,降低团队的整体效率。这类员工类似于杰克·韦尔奇(Jack Welch)所描述的"第四类"员工,即那些业绩达标但价值观不正确的员工。韦尔奇认为,即使很难,也必须清除这类员工。这篇研究发现,避免雇佣有毒员工或将其转变为普通员工,对提升组织绩效的影响,可能比用超级明星员工替换普通员工更大。

　　自尊，对于每一个人而言，都是一道不可或缺的心理屏障，它如同坚固的盔甲，保护着我们免受外界的伤害。然而，当同事的嫉妒之箭与明星员工的自尊之盾在职场的舞台上不期而遇时，这场无声的较量究竟会催生出怎样的化学反应？是激发更强烈的斗志与自我超越，助力明星员工在挑战中不断成长，还是导致信任的破裂与关系的疏离，让职场氛围变得愈发紧张与冷漠？这不仅考验着组织的智慧和情商，也是对每位明星员工内心力量的考验。

拓展阅读

中国传统文化下的嫉妒心理与超越之道

　　在中国传统文化中，有一句警世箴言："行高于人，众必非之"。这句话以自然之理隐喻社会之态，揭示了一个深刻的社会规律：那些才华出众、德行超群的人士，常常成为非议和诋毁的对象。

　　这句箴言源自三国时期文学家李康的《运命论》。李康在文中深刻探讨了命运、机遇、个人品德及选择之间的微妙关系。他通过生动的比喻，特别是"木秀于林，风必摧之；堆出于岸，流必湍之；行高于人，众必非之"的精妙表述，揭示了才华横溢、出类拔萃之士往往容易招致非议、指责乃至嫉妒的社会现象。

　　然而，李康也强调，"然而志士仁人，犹蹈之而弗悔，操之而弗失"。那些怀有远大志向和仁爱之心的人，即便预知可能面临嫉妒和攻击，依然坚守道德信念和追求，矢志不渝，以期实现个人抱负与声誉。他通过历史上杰出人物伊尹、太公、百里奚、张良等的例子来支撑这一观点，指出这些人物尽管经历不同的命运，却都秉持坚定的信念和追求。

　　李康还剖析了那些追逐世俗名利、渴望富贵的人的心态与行为，认为他们过于专注于眼前利益，而忽略了个人品德与长远发展的重要性。这句箴言提醒我们，在追求卓越的征途中，既要勇于展现才华与德行，也需懂

> 得谨慎行事，避免无谓的纷争。同时，它也告诫我们，对他人的成就与优秀应保持正确的心态，切勿因嫉妒而盲目排斥。

嫉妒之箭与自尊之盾的交错

商业巅峰的脆弱性：明星的陨落与自尊防御

20世纪90年代，学者托马斯·内夫（Thomas Neff）与詹姆斯·希特林（James Citrin）共同评选出了50位顶尖的商业领袖，他们如同商业世界的璀璨明星，引领着各自企业的辉煌发展。然而，令人遗憾的是，仅仅十年后，这份名单中就有超过1/4的领袖因股东排斥、利益纷争或绩效下滑等种种原因而黯然离场。这一现象不仅揭示了商业竞争的残酷性，也深刻反映了权高位重之人所面临的"从高高梯子上跌落"的恐惧。

正如法国社会心理学家古斯塔夫·勒庞（Gustave Le Bon）在经典名著《乌合之众：大众心理研究》中总结的那样：昨日的英雄一旦陨落，今天便可能被众人踩踏。明星员工，作为组织的瑰宝和灵魂，他们为组织奉献了绝大多数的精力与才华，因此也理所当然地享受了不对称的礼遇和荣誉。然而，这种荣耀的背后却隐藏着因同事嫉妒而引发的非议、诽谤甚至是排挤。在光鲜亮丽的背后，明星员工往往承受着巨大的心理压力和人际关系的考验。正因为明星员工在组织中的特殊地位和贡献，他们相较于一般人拥有更加敏感的心理防御机制。他们深知，一旦失去光芒，就可能面临更加残酷的打击和排斥。因此，他们不得不筑起一道坚固的自尊之盾，以保护自己免受外界的伤害。

嫉妒：社会比较下的心理反应与自尊的挑战

嫉妒，这一普遍存在的心理现象，其根源在于与他人的社会比较。当个体发现他人拥有自己所渴望的财富、地位、才能或人际关系时，内心往往会涌起一股不愉快的感受。从生存演化的角度来看，嫉妒可以被视为弱小者为了避免与强大者正面冲突而采取的一种心理平衡机制。它帮助个体在面对比自己更强大或更成功的对手时，通过心理上的调整来维护自身的自尊和安全感。

尼尔斯·范德文（Niels Van de Ven）的研究进一步将嫉妒分为恶意嫉妒与良性嫉妒两种形式。恶意嫉妒的个体将与被嫉妒者的差距归因于对方的优越，他们往往通过贬低和破坏对方的成就来平衡自己的消极情绪。这种形式的嫉妒充满了敌意和破坏力，对被嫉妒者的自我价值构成了直接的挑战。相比之下，良性嫉妒的个体则更加关注任务本身，他们将与被嫉妒者的差距视为自身不足的表现，并希望通过自我提升来与被嫉妒者相匹敌。这种形式的嫉妒虽然同样会给被嫉妒者带来一定的压力，但它更多地激发了被嫉妒者的自我成长和进步的动力。

然而，无论是恶意嫉妒还是良性嫉妒，它们都会给被嫉妒者的自我价值带来挑战。面对这种挑战，被嫉妒者不得不启动自我保护之盾——自尊。

自尊的权变性：能力自尊与关系自尊

自尊，作为个体对自我价值的内在评价，深刻反映了人们对自我价值感和重要性的认知。詹妮弗·克罗克（Jennifer Crocker）提出的动态权变自尊模型揭示了自尊的权变性特征，即个体对影响自身价值的事件具有选择性，且这种选择主要来源于两个核心方面：能力自尊与关系自尊。

能力自尊，是个体基于自身技能、成就和地位等代表能力水平的因素所形成的自我价值感。它体现了个人对自我能力和卓越品质的极致追求。以商界劳模雷军为例，他每周工作超过 112 个小时，全年无休，不断挑战自我，以实现更高的成就。雷军的行为不仅是对事业成功的执着追求，更是对自我能力的一种深刻验证和肯定。他通过不断超越自我，满足了与能力相关的自我验证需求，从而强化了自身的能力自尊。

与能力自尊不同，关系自尊则侧重于个体从人际关系中寻求自我价值，追求情感的稳定与和谐。在商界，同样不乏通过发展并维护稳固人际关系来提升自尊的领袖人物。例如，格雷维蒂支付（Gravity Payments）公司的CEO丹·普赖斯，他自降薪酬以提高所有员工的薪资水平，这一举措不仅赢得了员工的尊敬和忠诚，也极大地提升了他的关系自尊。同样，翰斯和布恩（Haynes and Boone）公司的高管马修·德费巴赫，他捐献肾脏挽救生命垂危的老员工，这种无私奉献的行为不仅体现了他的高尚品质，也让他在同事和下属中树立了极高的威望，进一步增强了他的关系自尊。

　　根据以上分析，我们大致判断，面对职场嫉妒（恶意或良性），不同权变自尊类型（能力型或关系型）明星员工的心理反应一定会有差异。为了更深入地理解这一现象，我们构建了一个整合思维框架，将职场嫉妒类型与权变自尊类型相结合，探讨明星员工如何在自尊之战中寻求平衡与成长。据此，我们形成了一个明星员工四种应对策略组合：反击型、激励型、隐忍型、共生型，如图3-1所示。

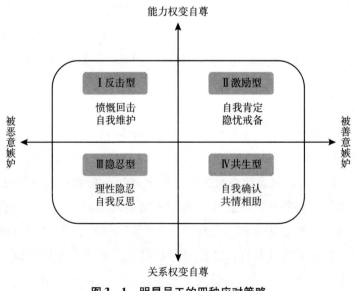

图3-1　明星员工的四种应对策略

自尊变奏曲：同事嫉妒如何塑造明星员工的行为策略

Ⅰ 反击型（能力权变自尊，被恶意嫉妒）

对于拥有能力自尊的明星员工而言，当面对恶意嫉妒时，他们会毫不犹豫地选择反击，如直接对抗、公开辩驳或寻求正义，以捍卫自己在能力方面的天赋和优势。这种维护自尊的行为被称为反击型。

恶意嫉妒常表现为破坏他人绩效和声誉以提升自我评价，包括散布谣言、诽谤、排挤等社会阻抑行为。社会阻抑被称作"看不见硝烟的战争"，既是长期蓄意干扰他人工作、破坏名誉的隐蔽行为，又是精心算计、谨慎实施的伤害行为。其对他人的不利影响是一个渐进的过程，明星员工承受的社会代价不会立即显现，这降低了嫉妒者的同理心和负疚感，使其更易突破自我约束持续阻抑。例如，嫉妒者会通过散布谣言来中伤明星员工，贬低他们的成就，甚至将其污名化为名不副实的"关系明星"或"滤镜明星"。对于能力自尊类型的明星员工来说，这不仅会侵害自身的声誉和职业形象，还会阻碍工作目标的达成。因此，他们难以抑制愤怒情绪，为了捍卫自尊，会毫不犹豫地采取对抗行为来回应恶意攻击。

苹果公司的创始人史蒂夫·乔布斯（Steve Jobs）个性张扬，从不掩饰自己的星光，同时他也是一个睚眦必报的人。在苹果公司发展的早期，随着盈利能力的大幅提升，董事会成员逐渐趋于保守，不愿继续冒险前行。然而，乔布斯却始终坚持创新，执意要在未知领域勇敢探索，这显然与食利者阶层的理念背道而驰。他那特立独行的"嚣张"气焰，引来了管理层的诋毁、污蔑、阳奉阴违甚至拆台等恶意嫉妒行为。后来，董事会联手做局投票，将他逐出苹果公司。作为创始人却被逐出自己一手创立的企业，乔布斯一气之下卖掉了所有的股份，由此可见，其自尊被伤害之深。失去乔布斯的苹果，在随后的几年里，由于创新乏力，开始被 IBM 超越，逐渐走向没落。大股东们不得不请他重新执掌大权。回归后的乔布斯强势要求清除所有反对他的董事会成员，股东会不得不答应重组董事会，苹果也由此开始真正步入辉煌。这无疑是一个典型的面对恶意嫉妒采取反击策略来维护自尊的例证。

反击型策略的优点，其一，它能够直接且高效地威慑恶意嫉妒者。当明星员工毅然采取反击行动时，那些心怀恶意嫉妒之人会明确地认识到自己的不当行为将带来严重后果，进而在一定程度上克制自己的恶意举动。其二，向组织传递了重要信号。恶意嫉妒者一旦触及明星员工的"逆鳞"，若组织此时仍不采取措施，嫉妒的漩涡便会持续扩大，甚至有吞噬整个组织的可能。总之，运用反击策略，可以精准地打击恶意嫉妒者贬低明星员工价值的图谋，对保护明星员工那无比珍贵的自尊起着重要作用。

反击型策略也存在缺点。一方面，过度的反击行为极有可能在不知不觉中加剧与恶意嫉妒者之间的敌对螺旋。过度的反击容易引发恶意嫉妒者更为强烈的反弹，致使双方的矛盾持续升级，进而陷入一种恶性循环之中。另一方面，敌对的态度也会使处于第三方的同事觉得明星员工缺乏亲和力。研究表明，能力强但亲和力弱的人往往最不被人接受。这种观念会在无形之中加深同事的疏离感，使得他们不情愿与明星员工进行配合，最终导致明星员工的工作处于悬空状态。

防范反击型策略可能带来的不良后果，从组织的角度来看，我们首先需要探明恶意嫉妒的深层动因，究竟是同事存心刁难，还是明星员工在追求个人成就的过程中忽视了人际关系。一旦明确了原因，组织必须迅速且公正地介入，以此来遏制恶意嫉妒情绪的进一步扩散。组织可以通过开展团队建设活动、提供沟通平台等方式，增进员工之间的理解与合作。从同事的角度而言，"嫉妒是心灵的毒瘤"，同事们应当深刻认识到恶意嫉妒既伤人又伤己。他们需要调整心态，勇敢地直面自己的平庸，将嫉妒转化为学习的动力，主动与明星员工和解。在衬托"红花"的同时，作为"绿叶"的他们也会在潜移默化中习得明星员工的默会知识，从而实现自我升级。从明星员工的角度来看，正如尼采在《善恶的彼岸》中所说："与恶龙缠斗过久，自身亦成为恶龙。"在进行反击时，明星员工需保持理智和克制，在传递不容侵犯的界限信号的同时，要主动发挥明星的北斗导航作用，做到内外兼修。通过提升自身的沟通能力和团队合作精神，让嫉妒者从"臣服"转化为真正的诚服，共同为组织的发展贡献力量。

拓展阅读

尼采与他的哲学巨著《善恶的彼岸》

弗里德里希·威廉·尼采（Friedrich Wilhelm Nietzsche），这位 19 世纪德国的伟大哲学家、文化批评家及诗人，以其独特的哲学见解和深邃的思想，对西方哲学、文学乃至心理学领域产生了深远且持久的影响。

尼采与《善恶的彼岸》

《善恶的彼岸》（*Beyond Good and Evil*: *Prelude to a Philosophy of the Future*）是尼采的标志性作品之一，首次出版于 1886 年。这部著作不仅是对道德哲学的深度剖析，更是对传统善恶观念的全面挑战。尼采在书中探讨了人类存在的复杂性，并对既有的道德体系提出了质疑，强调道德并非绝对，而是相对的。

核心思想与重要观点

尼采在《善恶的彼岸》中提出了诸多振聋发聩的观点，最著名的包括"当你凝视深渊时，深渊也在凝视你"。这一格言与"与恶龙缠斗过久，自身亦成为恶龙"的警示相辅相成，共同构成了尼采对道德、存在以及人性本质的深刻反思。

1. 对抗与沉浸的警示。尼采警告我们，过于执着于与负面事物的斗争可能导致自我迷失。在与"恶龙"的持续对抗中，个体可能会不自觉地

采纳对手的特质，从而在斗争的泥潭中越陷越深，最终变得与我们所反对的负面力量无异。

2. 道德的相对性。尼采认为，善恶并非一成不变的真理，而是社会与文化背景的产物。在对抗所谓的"恶"时，我们可能会不自觉地使用一些原本被视为"恶"的手段，这使得道德判断变得模糊而复杂。

3. 自我反思。尼采鼓励人们进行深刻的自我反思，质疑自己在批评和对抗他人时，是否也在某种程度上变成了我们所反对的人。他呼吁人们审视自己的价值观和信仰，思考自身的行为与动机。

总结

《善恶的彼岸》不仅是尼采哲学的经典之作，也是对人类道德观念的深刻反思。通过对传统道德观念的挑战，尼采引导我们思考自我与他人之间的复杂关系，以及在对抗中可能出现的自我迷失。他的哲学提醒我们，个人的价值与存在应当通过不断地自我审视与反思来确立，而非单纯依赖于外界的道德标准。这种独特的视角，至今仍在影响着我们的思想与行动。

资料来源：图片来自作者学术网站，https：//www.nietzsche.com/。

Ⅱ 激励型（能力权变自尊，被良性嫉妒）

视能力为自尊之盾的明星员工，当遭遇同事的良性嫉妒时，一方面，会凸显他们在能力上的优势，让他们享受众星捧月的感觉；另一方面，也会时刻激励他们要永远成为那颗最亮的星星，这种维护自尊的行为被称为激励型。

良性嫉妒源于同事对明星员工成就的钦佩以及对自身进步的向往，具有"对事不对人"的特点。从自我验证的视角来看，以能力为自尊的明星员工也倾向于寻求外部的积极评价，以验证其明星身份的合法性。值得注意的是，良性嫉妒毕竟与羡慕不同，它更关注如何复制明星员工的成功并试图超越对方。因此，良性嫉妒者强烈的进取心，也会给能力自尊的明星员工带来被超越的隐忧，从而时时激励他们努力保持能力上的领先地位。

童文，华为无线领域的首席技术官（CTO）及 5G 技术的领军科学家，拥有加拿大皇家学会与工程院双院士的头衔，其家族背景同样显赫——祖孙三代皆毕业于中国著名的东南大学，祖父更是被誉为我国建筑学界的一代宗师。自幼，童文便以其卓越的天赋和不懈的努力，成为别人口中"别人家的孩子"。在海外顶尖学府获得博士学位后，他拥有一份近乎无瑕的学习与工作经历，这样的成就让他在众人眼中熠熠生辉，却也无形中将他置于众矢之的，成为他人嫉妒的焦点。

2009 年，童文携带着对 5G 技术前瞻性的洞察——万物互联的核心理念，率领自己的精英团队加入华为。然而，这份超前的愿景、辉煌的过往以及伴随着高失败风险的巨额投资，让他初入华为便遭遇了来自四面八方的嫉妒与质疑。幸运的是，他得到了华为创始人任正非的坚定支持。任正非以"林志玲的美丽与光芒，岂是歪曲与嫉妒所能改变的?"为喻，巧妙地引导同事们将恶意的嫉妒转化为良性的竞争动力。

童文深知，真正的智者不在于孤芳自赏，而在于与群星共舞。在这个多元化且竞争激烈的行业环境中，他不仅发挥着引领行业前行的关键作用，更以一种谦逊的姿态，积极向周围的同事学习，从他们的良性嫉妒与自身所经历的挫折中汲取成长的力量。这种既能展现自我光芒，又能欣赏他人才华的胸怀，使他始终保持着耀眼星辰的地位。他的故事，不仅是科技创新的传奇，更是能力权变自尊与良性嫉妒交织下，明星员工积极应对挑战的最佳诠释。

激励型策略的优点，其一，自我驱动性强，能够鞭策明星员工始终保持领先地位。当明星员工感受到来自同事的良性嫉妒时，会激发他们内心的斗志，不断努力提升自己，以确保自己在能力上的优势不被超越。其二，在强化明星员工"领头羊"作用的同时，激活组织整体的进取心，推动组织从"众星捧月"转变为"群星共舞"的状态。

激励型策略的缺点，一是能力自尊的明星员工为了防范自身地位动摇，可能会动用知识专属权，遏制"来势汹汹"挑战者的崛起。这种行为可能会阻碍知识的传播和创新，影响组织的整体发展。二是"激励自己永远成为那颗最亮的星"，如心理学家卡罗·德维克（Carol Dweck）所言，可能会导致工作动机偏移，成为束缚自主发展的沉重枷锁。过度关注自身的领先地位，还可能会使明星员工陷入自我中心的困境，忽视团队合作和共同发展，限制自身的成长空间。

为了弥补激励型策略的缺陷，从组织角度来看，鉴于嫉妒心理作为人性的一部分难以彻底消除，组织应正视并善加利用良性嫉妒所带来的正面激励作用。通过构建"创先引领，比学赶超"的积极文化，健全激励机制、疏通职业发展通道等措施，引导员工将良性嫉妒转化为追求卓越的内在动力。从自身角度看，那些能力出众、自尊心强的明星员工，无须过分担忧被后来者超越。因为每个人的职业发展都遵循着独特的轨迹与周期，他们应更加关注如何发挥自身的引领作用，同时展现出甘为人梯、奖掖后学的育人精神。通过分享经验、指导后辈，不仅能够提升团队的整体实力，还能为自己赢得更多的尊重与支持，从而实现权力与影响力的再生。从同事角度出发，应把握"与星共舞"的学习机会，以感恩的心态支持明星员工，避免展现出过度的侵略态势。通过向明星员工学习，不断提升自己的能力，共同为组织的发展贡献力量。

Ⅲ 隐忍型（关系权变自尊，被恶意嫉妒）

关系权变自尊的明星员工，面对恶意嫉妒的侵袭，展现出一种独特的应对策略——隐忍。这一行为模式，不仅是对自我尊严的捍卫，更是对和谐人际关系的精心维护，故而被称为隐忍型。

隐忍型明星员工，内心渴望得到周围人的拥戴与支持，然而，他们亦清醒地意识到，作为职场中耀眼的明星，自己的特殊身份自带"招黑"属性，嫉妒与非议如影随形，几乎成为难以挣脱的宿命。正如日本推理小说家东野圭吾在其作品《恶意》中所深刻剖析的那样，世间总有些人，就像书中的凶犯野野口修，其怨恨如同无根之木，无端而生，这往往根植于他们内心的平庸、才学的贫瘠与碌碌无为。于是乎，他人的出类拔萃、天赋、纯真善良乃至生活的美满，都被扭曲地视为不可饶恕的"罪过"，在这些人的眼中熠熠生"恶"。

面对这样的恶意嫉妒，若采取针锋相对的"硬刚"策略，只会徒增人际关系的紧张与摩擦，带来高昂的人际成本。

因此，在权衡利弊之后，他们选择了隐忍这一更为智慧的应对策略。他们懂得，隐忍并非示弱，而是一种深沉的力量，一种在复杂环境中保护自我、维系和谐的智慧。他们选择以平和的心态面对嫉妒，用沉默或低调的方式化解冲突，避免将负面情绪扩大化。

董宇辉，一位以深厚文化底蕴和独树一帜的直播风格走红的网络名人，将普通的销售转变为一场文化盛宴，用他的优雅和才华赢得了广大网友的瞩目。在新东方的年会上，他甚至被俞敏洪特别邀请与公司高层同台，这是对他成就的肯定。然而，随着名声的增长，他也成了恶意嫉妒的目标，这些嫉妒往往伴随着无端的攻击和诋毁。东方甄选的内讧事件屡次登上热搜，从小编吐槽分配不均，暗指直播文案都是由幕后团队成员撰写；到东方小孙曝光董宇辉收入，将他的才华和名气说成是"昙花一现"，甚至将其描述成一个"只会靠口才但没有内在的人"。

面对恶意嫉妒的狂风暴雨，董宇辉深知，"当你凝视深渊时，深渊也在凝视你"（见尼采的《善恶的彼岸》），硬碰硬的对抗只会激化矛盾，嫉妒与攻击往往源于人们的不理解和偏见，带有强烈的情绪色彩，难以用简单的逻辑和事实去平息。与其在恶意嫉妒的漩涡中纠缠不清，不如以退为进，采取隐忍策略，以一种平和、理智的态度去面对。即便遭同事"背刺"，被公司领导"内涵"，董宇辉没有急于反击或辩解，而是一如既往保持隐忍、谦卑、正直，并助力公司挽回形象，展现出了大局观和职业素养。

但这种过度的忍让也给他带来了巨大的压力，他在直播生涯中遭受了无数的中伤和讽刺，为了维持形象，他不得不长期处于高压状态，导致身心疲惫。

隐忍型策略的优点，首先，这种相对克制的策略宛如纷争中的调停者，对缓解紧张局势、预防冲突升级起着举足轻重的作用。在职场的复杂环境中，恶意嫉妒往往如同暗流涌动，稍有不慎便可能引发激烈的冲突与对立。而隐忍型策略则如同一股清流，它以一种平和、理性的态度面对嫉妒与挑衅，避免了直接对抗与冲突升级的风险。通过隐忍，明星员工们能够保持冷静与理智，以更加成熟和稳健的方式处理人际关系中的矛盾与冲突，从而维护了团队的和谐与稳定。

其次，恶意嫉妒如同一面明镜，为视关系为自尊之盾的明星员工提供了自我审视与人际关系提升的契机。面对嫉妒的目光，明星员工们不得不重新审视自己的言行举止，思考如何在保持自我价值与尊严的同时，更好地融入团队、赢得他人的尊重与支持。这种自我审视的过程，不仅有助于他们发现自身的不足与短板，更能够激发他们主动改进、提升自我的动力。通过不断反思与调整，明星员工们能够不断完善自己的工作方式，提升人际关系的处理能力，从而在职场中更加游刃有余。

隐忍型策略的缺点，首先，明星员工采用隐忍策略往往需要自掩羽翼，收敛锋芒，这并非简单地以胸怀宽广来解读。事实上，"凝视深渊，但不驻足"的坚韧需要强大的心理资源作为支撑。而隐忍并非易事，它要求个体在面对恶意嫉妒时，能够保持冷静与理智，不被负面情绪所左右。然而，这种长期的情绪压抑与心理调节，无疑会损耗明星员工有限的心理资源。若缺乏足够的心理支持与调节机制，他们可能会陷入过度的压力与焦虑之中，甚至影响到工作与生活的平衡。

其次，隐忍策略往往掩盖了问题解决的初衷，使得职场嫉妒问题如同被深埋的顽石，难以被真正触动与解决。在隐忍的过程中，明星员工可能会选择沉默或低调应对，以避免直接冲突与不必要的争执。然而，这种做法虽然能够暂时缓解紧张局势，却难以从根本上解决嫉妒问题。长期来看，这种隐忍可能会让嫉妒者误以为自己的行为并未引起足够重视，从而加剧其嫉妒心理。同时，对于其他团队成员而言，也可能因为缺乏明确的解决机制而对嫉妒问题视而不见，从而阻碍了整个团队的健康发展。

更为严重的是，隐忍策略可能会削弱明星员工的价值引领作用。作为职场中的佼佼者，明星员工的行为与态度往往对团队成员产生深远影响。若他们长期采取隐忍策略，可能会让团队成员误以为在面对问题时应该选择逃避或妥协，而非积极寻求解决方案。这种消极示范不仅会降低团队成员的士气与积极性，更可能削弱整个团队的凝聚力与战斗力。

弥补隐忍型策略的缺陷，从组织角度看，应倡导健康的竞争环境，防止嫉贤妒能的风气在组织成员中蔓延。同时，组织需提供心理和情感支持，帮助明星员工积极应对恶意嫉妒。从同事角度看，利用明星员工的隐忍任由恶意嫉妒蔓延，会遭到组织的弹压，最终伤及自己，因而应学会以一种更积极、开放的心态看待明星员工的成就，并将之作为自身进步的催化剂。从明星员工角度看，关系固然重要，但不是退让的理由，面对恶意嫉妒，最好的方式是沟通和寻求组织支持。

Ⅳ 共生型（关系权变自尊，被善意嫉妒）

与面对恶意嫉妒时的隐忍不同，当关系权变自尊的明星员工遭遇良性嫉妒时，他们展现出了另一种截然不同的态度与策略——共生。相较于那些过于强调个人能力、争做最耀眼明星的员工，他们更加注重团队的整体发展与共赢。他们的出发点和落脚点都是希望带动他人一起成长，共同打造一个星光熠熠的舞台。故而被形象地称为"共生型"。

尽管良性嫉妒者倾向于将明星员工视为榜样或标杆，但科学研究揭示了嫉妒情绪的本质。日本学者高桥英彦（Hidehiko Takahashi）等人的研究表明，无论嫉妒是良性的还是出于恶意，它都会激活大脑中与"生理疼痛"相关的区域，这意味着在本质上，嫉妒被归类为一种消极的情绪体验。

拓展阅读

揭开嫉妒情绪的神经基础

日本学者高桥英彦（Hidehiko Takahashi）及其同事在 2009 年《科学》（*Science*）上发表了一篇文章，深入探索了嫉妒这一复杂社会情绪的神经基础。

该研究通过两项功能性磁共振成像（fMRI）实验，阐明了嫉妒与幸灾乐祸的神经机制。研究招募了一定数量的参与者进行 fMRI 扫描，参与者需阅读关于目标个体的信息，这些信息涉及目标个体在特定事项上的拥有程度（如财富、地位、才能等）以及与自身的相关程度（例如，一个乞丐可能不会嫉妒百万富翁，但会嫉妒拥有更多施舍的乞丐，这反映出嫉妒与目标物相关性的重要性）。研究结果显示，当目标个体的拥有程度被视为优越且与自己相关时，参与者的前扣带皮层（ACC）表现出更为显著的激活。前扣带皮层是大脑中与情绪调节、痛苦及冲突监测密切相关的区域。在此情况下，参与者报告了更强烈的嫉妒感受。这项研究的重要性在于深刻揭示了嫉妒情绪的神经基础，尤其是前扣带皮层在嫉妒情绪产生过程中的关键作用。前扣带皮层的激活反映了嫉妒情绪中的痛苦成分，这与嫉妒作为一种消极情绪的体验相契合。

此外，在第二项研究中，当嫉妒的目标个体遭遇不幸时，参与者的纹状体被激活（处理奖赏相关事务的区域），显示出参与者强烈的幸灾乐祸感。这一结果与《乌合之众：大众心理研究》的观点相一致：人们乐于见到那些高高在上的人从高处跌落。

在考虑到个体间自尊水平的多样性，特别是那些其自尊高度依赖于人际关系质量的明星员工时，我们发现他们往往将维系同事间的和谐关系置于个人福祉之上。当面对良性嫉妒时，这些员工不会对这种情绪进行恶意揣测，反而会进行换位思考。他们不仅理解这种情绪，还倾向于采取行动，主动采取措施帮助那些良性嫉妒的同事改善体验。

共生型策略并非仅仅追求表面的和谐与融洽，而是一种更为深入和实质性的互动方式。它涉及深入的沟通，有时甚至包括辩论，以不断优化和迭代彼此的关系与合作。通过这种方式，双方不仅能够在情感上实现共鸣，还能在实质上达成高水平的共生共赢。

2024 年伊始，Sora 团队横空出世，迅速吸引了业界的广泛关注。这支由

15 位精英开发者组成的年轻团队，被外界视为天之骄子。他们的成功并非偶然，而是得益于团队成员间高水平的技能组合与默契协作。

然而，尽管 Sora 团队在公众面前展现出精诚团结、默契无间的形象，其协作之路却并非一帆风顺。网络公开的视频显示，团队成员之间常常因不同的出发点展开激烈的争论。有些人追求高效执行，力求在最短时间内完成任务；有些人则专注于品质提升，追求每个细节的完美；还有人考虑成本投入，追求效能最大化。这些不同理念的碰撞，使得团队在合作过程中时常产生冲突。然而，这些冲突并非出于恶意，而是成员们坚持自己主张和捍卫真理的表现。在争论中，他们情绪激动、声音高昂，甚至采用争吵和怒吼等方式表达观点。尽管激烈的讨论在一定程度上滋生了良性嫉妒，但并未削弱团队的凝聚力。

以研发负责人蒂姆·布鲁克斯（Tim Brooks）和比尔·皮布尔斯（Bill Peebles）为例，作为团队的领头羊，他们的光芒无疑盖过了其他成员。在面对他人的模仿和质疑等良性嫉妒行为时，他们选择了以开放和包容的心态应对，而非隐匿知识或压制他人成长。通过持续的沟通交流，他们逐步调整参数和结构，对模型进行精细训练和优化。

最终，在团队成员的共同努力下，Sora 团队成功发布了首个文本生成视频（text to video）大模型。这一成果不仅震撼了全球人工智能（AI）行业，更充分展示了 Sora 团队成员之间交织融合、共同成长的力量。他们的成功，是关系权变自尊与良性嫉妒交错下采取共生型策略的典范。

共生型策略的优点。首先，它为那些怀抱进取之心的良性嫉妒者提供了一个宝贵的学习平台。在共生型策略的推动下，明星员工的默会知识得以在团队内部共享，良性嫉妒者可以通过与明星员工的深入交流，观察并学习他们的工作方式、思维方式和解决问题的策略。这种学习机会不仅有助于提升良性嫉妒者的个人能力，还能促进团队整体技能水平的提升，为团队带来更多的创新和发展动力。其次，共生型策略允许明星员工通过深入的沟通和互动来解决问题，能够有效地缓解良性嫉妒带来的不安。这种氛围有助于培养团队成员之间的信任感和归属感，增强团队的凝聚力和向心力。最后，共生型策略能够巧妙避免良性嫉妒转化为恶意嫉妒。在竞争激烈的职场环境中，良性嫉妒如果处理不当，很容易演变为恶意嫉妒，导致明星员工与团队成员之间的信任关系破裂，甚至引发冲突和对抗。

共生型策略的缺点。一是"做能者未必乐在其中"（Being a go-getter is no fun）。在共生型策略中，明星员工往往需要承担更多的责任和义务，包括帮助其他团队成员提升能力、分享知识和经验等。个体的心理资源终究有限，过度消耗自身去帮助他人，其本职工作便难免受扰。二是明星员工的过度付出可能使组织掉入"知识诅咒"的泥沼。作为团队的导航者，明星员工如果过于关注团队和谐而忽略了自己的专业成长和创新能力，可能会使组织在关键领域失去引领力。

为了弥补共生型策略的缺陷，从组织角度看，组织应明确哪些领域需要发挥明星员工的涟漪效应，即利用他们的专业知识和经验来带动团队整体提升。同时，也要识别出哪些领域需要"好钢用在刀刃"上，避免明星员工在不必要的领域浪费资源。通过合理的任务分配和角色定位，确保明星员工的资源得到最有效的利用。从同事角度看，在获得明星员工的慷慨相助后，应心怀感激，及时给予明星员工积极的反馈与肯定，在自我提升的同时不忘给明星员工的关系自尊赋能。从明星员工角度看，正视良性嫉妒，明星员工应认识到良性嫉妒是职场竞争中的常态，将其视为提升自我的契机而非单纯的胜负博弈。通过积极应对良性嫉妒带来的挑战，不断提升自己的专业能力和领导力。捍卫专业性与真理，明星员工在追求团队和谐的同时，不应沉溺于表面的人际和谐而忽视自己的专业性和真理。

本章小结

本章深入探讨了明星员工在职场中如何应对嫉妒的挑战，这场挑战关乎他们的自尊与价值。明星员工因其卓越的工作成就和显赫地位而享有特殊待遇，但这种独特性也如同"双刃剑"，既赢得了尊重，也激发了职场中的嫉妒情绪，这种情绪如同阴影般遮蔽了他们的光芒，挑战了他们的价值认同，并触发了内心深处的自尊防御机制。

　　首先我们探讨了职场嫉妒对明星员工自尊的潜在威胁，揭示了嫉妒的本质及其双重性——良性嫉妒与恶性嫉妒。接着，分析了影响个体价值认知的两大维度：能力自尊与关系自尊。在此基础上，构建了一个综合分析框架，融合职场嫉妒类型与权变自尊类型，精准识别出明星员工应对同事嫉妒的四大策略：反击型、激励型、隐忍型和共生型。反击型策略鼓励明星员工适度展示实力与沟通技巧，以维护自身尊严，但需警惕过度反击可能引发的紧张与冲突。激励型策略倡导将嫉妒转化为个人成长与进步的动力，但需确保不陷入过度竞争的泥潭，以免损害个人福祉。隐忍型策略强调低调行事以减少嫉妒的触发点，但长期隐忍可能削弱自信与价值感。共生型策略倡导团队合作与共享进步，确保个人贡献得到认可，但需巧妙平衡个人与团队的关系，避免个人价值被团队光芒所掩盖。

　　综合来看，嫉妒漩涡与权变自尊相互交织时，催生了明星员工的四种不同应对策略。每种策略都有其积极面和潜在风险，关键在于如何巧妙运用，以充分发挥其正面效用、弥补缺陷，并防范潜在不良后果。明星身份既是象征荣耀的"王冠"，也可能成为引发非议的"导火索"。只有从组织、同事和明星员工三方通盘考量，才能让明星员工在嫉妒漩涡中保持从容，永葆星光；让同事在与明星员工的互动中与星共舞，择善而从，从而在组织内打造熠熠生辉的共创平台。

第二篇
领导的艺术

【本篇导读】

代达罗斯之殇

——辉煌到沉沦

在古希腊神话中，代达罗斯以其精湛的建筑技艺和创造力而闻名，然而，他的人生轨迹却如同过山车般跌宕起伏，演绎了一场关于才能与嫉妒激烈交锋，地位与权力激烈碰撞的悲壮史诗。在本篇我们将剖析明星员工与领导者之间既微妙又复杂的纠葛关系。

领导者，凭借其职位所赋予的法定权力，掌控着组织资源的分配大权。而明星员工，以其卓越的地位和影响力，引领着组织的未来方向。本篇将引导读者从明星员工与领导者关系处理不当的历史教训中，洞察二者关系的本质，揭示如何平衡二者关系的管理智慧，探索激发明星员工创造力的领导艺术。

在"明星员工与领导者的博弈"部分，我们将从代达罗斯谋害徒弟兼侄子塔勒斯的故事切入，剖析领导者与明星员工关系处理失当的教训，揭示二者关系的本质。在"平衡明星员工与领导关系的智慧"部分，我们将从达罗斯逃至克里特岛后，在维护自尊与屈服于国王米诺斯权力之间艰难抉择的故事中，探索平衡明星员工与领导关系的智慧。在"激发明星员工创造力的领导艺术"部分，我们将通过伊卡洛斯忽视父亲警告、因飞得过高而翅膀融化坠海的悲剧故事，探讨领导者期望过高可能对明星员工创造力造成的束缚与限制。

代达罗斯的陨落，不仅深刻地揭示了领导者在处理与明星员工关系时的失当所带来的严重后果，更是权力与地位激烈冲突下无法避免的悲剧。我们将沿着代达罗斯跌宕起伏的人生轨迹，共同探寻在职位与职级并行的现代组织中，如何巧妙寻找明星员工与领导者关系相处的微妙平衡点，实现领导者与明星员工的和谐共生，相互成就。

第四章

明星员工与领导者的权力博弈

明星员工的突出表现可能会掩盖领导者的光芒，因此，领导者
嫉妒明星下属的现象可能比传统意义上同事之间的嫉妒更为普遍。

——俄亥俄州立大学 班尼特·泰珀（Bennett Tepper）

领导和明星员工作为拉动组织发展的"两驾马车"，对组织发展发挥着无可替代的作用。领导者，凭借其职位所赋予的"法定权力"，执掌着组织的战略罗盘，指引方向，激励团队，确保组织的航船能够沿着既定的航线，驶向目标的彼岸。明星员工则倚仗其独到的默会知识——那些难以言传的技艺与经验，以及他们所积累的社会资本——那些广泛的人脉与网络资源，发挥着"隐性权力"的灯塔作用，引领团队发展方向，提升组织竞争力。

理想状态下，领导者与明星员工之间的关系，犹如琴瑟和谐共鸣，彼此间相辅相成，共同成就卓越。领导者凭借其对明星员工独特价值的深刻洞察，展现出高超的识人用人的雅量和艺术。与此同时，明星员工也在领导者的明智决策与支持下，得以心无旁骛地深耕自己的专业领域，持续发挥创新引领作用，助力领导者实现规划蓝图。两者之间的紧密合作，犹如历史上的明君遇贤臣，共同谱写组织发展的"贞观之治"。

扩展阅读

贞观之治
——明君与贤臣共同谱写的华美序章

唐太宗李世民，以其深邃的政治智慧和宽广的胸襟，成为贞观之治的灵魂人物。他深谙国家昌盛之要义在于汇聚贤才、集思广益。因此，他不拘一格地选拔贤能，以开阔的胸怀和信任的态度重用他们。即便是曾与他意见相左的魏征，唐太宗并未因此疏远，反而更加器重其忠诚与才智，多次采纳他的谏言。这种基于信任和尊重的君臣关系，为贞观之治的繁荣打下了坚实的基石。

唐太宗还擅长发掘并善用贤臣之长，缔造了"房谋杜断"的美谈。房玄龄擅长谋略，能洞察秋毫，制定出高瞻远瞩的政策；杜如晦则善于决断，能在紧要关头迅速作出明智选择，确保政策的有效执行。他们相辅相成，共同推动了国家治理的效能，为贞观之治的辉煌成就提供了坚实的支撑。贞观之治还孕育了其他众多杰出的文臣武将，如长孙无忌、李靖、尉迟恭等。他们在军事、政治、文化等各个领域大放异彩，共同推动了唐朝的繁荣与进步。长孙无忌以其卓越的政治才能和坚定的忠诚，为国家的法治建设作出了不可磨灭的贡献；李靖以其非凡的军事才干，为唐朝的疆域扩张和军事胜利建立了不朽功勋；尉迟恭则以其忠勇和果敢，保障了皇室的安宁与国家的稳固。

贞观之治中唐太宗与贤臣们的相处之道，为当代组织领导者与明星员工关系的构建提供了宝贵的启示。领导者应开放包容，致力于建立信任与尊重的伙伴关系，善于发现并发挥明星员工的长处，共同推动组织的持续发展和繁荣。

然而，现实状态下，领导者与明星员工之间的关系并非总是如琴瑟般和谐共鸣，而是时常交织着不和谐的音符与冲突的暗流。正如列夫·托尔斯泰（Lev Tolstoy）在其文学巨著《战争与和平》中深刻隐喻的那样，每个灵魂都是上帝轻咬过的苹果，承载着与生俱来的瑕疵与不完美。领导者，手握权杖，掌控组织关键资源的分配权，有时难免会在心中滋生专断的倾向，对明星员工产生难以抑制的控制与驾驭的冲动。而明星员工，凭借其对组织默会知识的掌控与对组织绩效的显著贡献，往往产生一种强烈的自我意识与独立精神，他们对权力的迷恋或依赖，相较于常人，显得更为淡泊与超脱。

在这样的背景下，领导者的权力与明星员工的地位，在组织的名利场中，可能会上演一场紧张而微妙的权力博弈，甚至可能重演代达罗斯对其侄子和爱徒塔勒斯的政治谋害。总之，两者间的互动充满了复杂性和不确定性，这对领导者的智慧和平衡艺术提出了挑战。

扩展阅读

塔勒斯的遗恨

——领导与明星员工关系的失衡

在古希腊神话中，塔勒斯，这位被无数人看好的新星，其卓越的才华和无限的潜力本应成为他师傅代达罗斯的骄傲之源。然而，对于代达罗斯这位在建筑和艺术领域早已享有盛誉的大师而言，塔勒斯的崛起却如同一把双刃剑，既带来了荣耀，也带来了不安。代达罗斯的心中，对这位侄子和爱徒的才华充满了恐惧与不满，他害怕塔勒斯的成就最终会超越自己，撼动他在艺术界的至高无上地位。

在这种复杂而扭曲的情绪驱使下，代达罗斯做出了一个令人痛心的决定。他利用自己的领导权，暗中策划了一场阴谋，将塔勒斯推向了死亡的深渊。这场悲剧不仅是对一个年轻生命的扼杀，更是对人性中嫉妒与权力滥用的一次深刻揭露。

　　这一事件如同一面镜子，映照出了领导者与明星员工关系失调的严重后果。它警示我们，当领导者的自我价值感受到来自明星员工的挑战时，如果不能正确应对，可能会不自觉地采取压制和打压的行为。而这种关系处理上的失当，不仅会对个人造成伤害，更会给整个组织带来毁灭性的打击。

　　塔勒斯的故事，如同一曲悲壮的交响乐，奏响了人性中善恶交织的复杂旋律。它告诉我们，真正的领导力并非源于对他人潜力的压制，而是源于对其的激发与释放。在职位与职级并行的现代社会中，领导者与明星员工之间的关系如同天平的两端，只有找到恰当的平衡点，才能实现组织与个人的共同成功。

历史镜鉴：明星员工与领导者关系的复杂性

　　为了全面而深刻地把握明星员工与领导者之间的复杂关系，我们有必要将其置于广阔的历史与文化框架中进行审视。

　　商鞅变法是中国历史上一次极为重要的变革，它为秦国的崛起和最终统一六国奠定了基础。在秦孝公的坚定支持下，商鞅实施了一系列深远的社会经济改革，诸如推行土地私有、奖励军功、强化农业、抑制商业等举措。然而，这些改革在触动旧贵族利益的同时，也埋下了危机的种子。尽管短期内显著增强了秦国的国力，但商鞅最终因改革触怒既得利益集团而失势，甚至遭到了残酷的极刑。商鞅的悲剧性结局，不仅是对其个人命运的沉痛书写，更是对创新引领者在缺乏领导持续支持情况下，难逃历史遗憾的深刻警醒。

　　北宋时期的王安石变法同样是一次影响深远的改革尝试。在宋神宗的鼎力支持下，王安石推出了一系列旨在富国强兵的政策，诸如青苗法、募役法、市易法等，这些改革在一定程度上改善了北宋的财政状况，提升了国家的军事实力。然而，改革之路并非坦途，执行不力、用人不当、变法派内部的纷争以及保守派的强烈抵制，共同构成了改革难以持续推进的障碍。王安石变法的最终挫败，再次证明了即便是才华横溢的政治明星，若缺乏领导者的持续支持与稳健推进，其改革壮举亦可能功亏一篑。

这些历史犹如一面明镜，不仅凸显了领导决策在组织发展过程中的核心引领作用，更深刻揭示了明星员工在组织架构中所处的微妙而脆弱的地位。明星员工，凭借其卓越的绩效成果、广泛的社会影响力以及深厚的合作网络，犹如璀璨星辰，成为众人瞩目的焦点，享受着如众星捧月般的尊崇与荣耀。然而，在这耀眼的光芒背后，隐藏着一种不容忽视的脆弱性：一旦缺失了领导层坚定不移的支持与坚实的后盾，他们所有的努力与辉煌成就，都可能在瞬息之间化为泡影。

根植于本土文化沃土，明星员工与领导者之间的关系，宛如一根微妙的平衡木，既需要双方的智慧与技巧来维系，又承载着组织未来发展的重量。这种微妙平衡和紧密合作，不仅关乎明星员工职业生涯的荣辱兴衰，更是决定组织命运走向和未来发展的重要基石。

明星地位的脆弱性：文化与权力逻辑

我们首先立足中国传统文化的深厚底蕴，透过"差序格局"特征，解构组织内部错综复杂的人际关系网及其运行依傍的文化逻辑，以此来探讨明星员工在组织中地位的脆弱性。

差序格局由著名社会学家费孝通先生提出，它揭示了中国社会关系的独特面貌：纵向层面上，尊卑有序、上下分明，体现了中国社会强烈的等级观念；横向层面上，亲疏有别、远近各异，反映了中国社会在人际关系上的复杂性和多样性。这种格局不仅塑造了社会的基本框架，更在组织内部形成了独特的权力结构与人际关系网络。在此基础上，华人管理学家郑伯埙教授从"亲（疏）-忠（逆）-才（庸）"三个维度将员工细分为八类。这一分类框架不仅帮助我们深入理解领导者如何根据亲密程度、能力以及信任度进行差异化管理，还揭示了不同关系模式下资源分配、情感依附及管理行为的显著差异。具体如图 4-1 和图 4-2 所示。

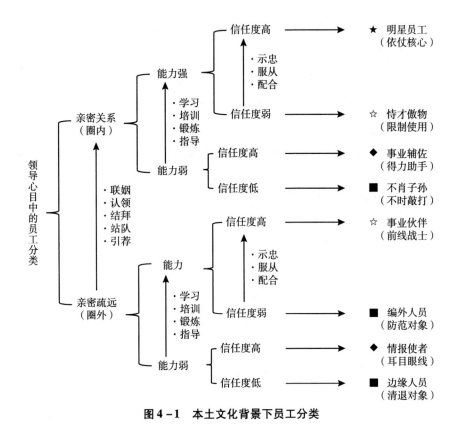

图 4-1　本土文化背景下员工分类

注：★核心圈　☆发展圈　◆培养圈　■边缘圈。

		忠		逆	
		才	庸	才	庸
亲	亲	经营核心 （亲/忠/才）	业务辅佐 （亲/忠/庸）	恃才傲物 （亲/逆/才）	不肖子孙 （亲/逆/庸）
	疏	事业伙伴 （疏/忠/才）	耳目眼线 （疏/忠/庸）	防范对象 （疏/逆/才）	边缘人员 （疏/逆/庸）

图 4-2　明星员工从"亲忠才"到"疏逆庸"的过程

注：虚线为演化路径。

经典理论

郑伯埙和他的"亲忠才"理论

郑伯埙（Bor-Shiuan Cheng），是我国台湾大学心理学系教授，华人领导学领域的杰出学者。他提出的家长式领导概念，强调了威权、仁慈和德行三个维度，为理解华人企业中的领导行为提供了新的视角。在"差序格局"理论的基础上，他进一步发展了"亲忠才"理论，描绘了领导者在选拔和任用员工时，会根据亲、忠和才三个关键标准来区分"自己人"与"外人"，并据此实施差异化管理。这一理论不仅为人才管理实践提供了深刻的洞察，也为我们理解本土文化下组织人际关系和领导策略提供了新的视角。

区分维度

亲（疏）：员工与领导者的亲近程度，基于血缘、亲缘或拟血缘关系，影响信任与默契。

忠（逆）：员工对组织或事业的忠诚程度或对组织目标的认同与努力意愿，关乎凝聚力。

才（庸）：员工认知与解决问题的素养，即才能和技能，这是推动组织发展的关键因素。

八种类型

经营核心（亲忠才）：明星员工，亲近领导，忠诚组织，才能出众，贡献最大。

事业辅佐（亲忠庸）：得力助手，亲近领导，忠诚组织，才能一般，提供稳定支持。

特才傲物（亲逆才）：约束对象，亲近领导但忠诚度低，才能出众，影响组织稳定。

不肖子孙（亲逆庸）：打压对象，亲近领导但忠诚度低且才能一般，成为组织负担。

事业伙伴（疏忠才）：潜力股，与领导疏远，忠诚组织，才能出众，需关注培养。

耳目眼线（疏忠庸）：信息来源，与领导疏远，忠诚组织，才能一般，可以提供情报。

防范对象（疏逆才）：威胁因素，与领导疏远，忠诚度低但才能出众，需防范管理。

边际人员（疏逆庸）：边缘人物，与领导疏远，忠诚度低且才能一般，贡献有限。

四个圈层

核心圈：亲密、能力强、忠诚度高的明星员工，享有更多资源和机会。

发展圈：能力强但与领导者关系不亲密或忠诚度不高的员工，需培养和激励。

培养圈：关系亲密但能力或忠诚度有待提高的员工，需培训和指导。

边缘圈：关系疏远、能力一般、忠诚度低的员工，资源和机会有限，要适时打压。

跨越圈层

联姻：与领导重视的任务深度合作，形成利益关联，展现专业与敬业，共筑目标。

认领：主动承担和认领领导关注的任务，以出色表现和展示敬业精神获得认可。

结拜：建立深厚情感联系与信任。关心领导需求，适时给予支持，共筑情感基础。

站队：明确立场，与领导保持一致。研究领导风格与决策偏好，重要问题上表明立场。

引荐：领导圈子内的熟人引荐，展示专业能力和个人魅力，给领导留下深刻印象。

资料来源：图片来自作者学术网站，http://www.psy.ntu.edu.tw/index.php embers faculty/e-meritus-faculty/2662-cheng-bor-shiuan。

显然，那些在领导眼中能力出众、关系密切、忠于事业的员工，无疑是领导心目中的"明星员工"。然而，领导与员工的关系犹如潮汐，受多种因素的涌动而起伏，这些因素包括个人品德的彰显、能力的展现、实际贡献的大小、互动模式的和谐与否、潜在的利益冲突、价值观的契合度以及领导者独有的管理风格等。这些因素错综复杂地交织在一起，可能使明星员工在一夜之间，从备受重视的"亲忠才"转变为被边缘化的"疏逆庸"，其地位如流星般陨落，正如图4-2所描绘的那样。

首先，从"亲"至"疏"的微妙转变，是情感依赖与现实挑战相互碰撞的必然结果。明星员工因过往的辉煌成就与深厚沉淀，与组织之间建立了难以割舍的情感纽带。然而，若这种情感不能随着时代的变迁而不断进化，就可能成为束缚他们与新环境、新挑战接轨的枷锁。

当市场风云突变、组织面临深刻变革，或是领导层经历更迭之时，明星员工若未能及时从组织过往的影响力遗产（又称"组织幽灵效应"）中抽离，调整心态以适应新的规则与要求，他们原有的地位与广泛影响力或将逐渐削弱。

以领导更替为例，在新领导接掌大局之际，明星员工不仅要面对工作范式与领导风格的双重调整，还需应对利益格局的重新划分，以及来自竞争对手对明星地位的激烈争夺。

此时，明星员工需经历一段深刻的心理重建之旅，以增强自身的心理韧性。他们可能会以旧领导为标杆，以近乎挑剔的目光审视新领导的每一个决策与行动。正如学者杰弗里·贝德纳（Jeffrey Bednar）与雅克布·布朗（Jacob A. Brown）所揭示的，前任领导者以一种"幽灵式邂逅"的方式，持续且深刻地影响着当下组织成员。对于明星员工而言，作为老领导心目中的"亲信干将"或"前朝重臣"，他们往往将老领导视为理想原型。当新领导的战略眼光、决策风格或管理能力与他们的预期存在偏差时，他们不自觉地会以前任领导的标准来衡量现有领导，从而不自觉地产生排斥与对立情绪。这意味着，一旦明星员工感受到自身地位受到威胁，若未能及时采取应对措施，这种情绪将逐渐侵蚀他们的忠诚度，使他们从组织的"核心经营"降格为"事业伙伴"，关系也由亲近转为疏远。

其次，从"忠"到"逆"的惊人蜕变，背后有着权力博弈与心理层面较量的复杂成因。即使处于"事业伙伴"（疏忠才）这样微妙的境地，明星员工因其突出的才能以及所拥有的资源优势，依然会吸引众多目光。这在为他们带来荣誉的同时，也引发了其他成员的负面情绪。尤其是在明星员工与领导的关系由亲近趋向疏远时，其他员工取而代之的想法会愈发显著。此时，若明星员工不能洞察局势、妥善处理这些错综复杂的人际关系，依旧按照自己的想法行事，甚至凭借自身的影响力去干扰和妨碍其他员工开展工作，那么极有可能从原本对组织及事业满怀忠诚的状态，逐步转变为在他人眼中的"叛逆者"形象，进而成为同事和领导需要加以防范的对象（疏逆才）。

最终，从"才"到"庸"的无奈沉沦，是机遇丧失与能力退化的必然结果。正如清华大学罗家德教授的深刻研究所揭示的那样，领导更倾向于培养那些既擅长做事又懂得做人的下属。一旦明星员工在"疏远"与"叛逆"的双重压力下逐渐被领导边缘化，成为"圈外人"，他们便失去了展现才华的广阔舞台与宝贵机会。根据南卡罗来纳大学的马修·卡尔（Matthew Call）教授等人的研究，能力、动机与机会是构成明星地位不可或缺的三大要素。失去机会，就意味着失去了成长的肥沃土壤，明星员工终将逐渐黯淡无光，沦为"巅峰之上的朽木"，即众人眼中的"疏逆庸"。

值得我们深思的是，从"亲忠才"到"疏逆庸"的这一过程环环相扣、紧密相连，其中究竟蕴含着怎样的深刻变化与复杂机制呢？

扩展阅读

前任领导的"组织幽灵"效应

杨百翰大学的杰弗里·贝德纳（Jeffrey Bednar）与伊利诺伊大学的雅克布·布朗（Jacob A. Brown）于 2024 年在《管理学会杂志》（*Academy of Management Journal*）上发表的文章，在探讨前任领导者留下的超越其任期的影响力遗产的基础上，创造性地提出了"组织幽灵"（organizational ghosts）的概念，为我们揭示了前任领导者如何以一种"幽灵式邂逅"（ghostly encounters）的方式，对当下组织成员产生持续且深远的影响。

"组织幽灵"概念，生动形象地描绘了那些虽已离职，却在组织中留下了不可磨灭印记的前任领导者。他们的影响力如同幽灵般，通过决策传统、组织文化印记或未完全落地的理念等，以无形的方式继续左右着组织内现有成员的思维方式和行动模式。当这些"幽灵"被组织制度化后，它们便能被"激活"，并与当前成员发生"幽灵式邂逅"。这种邂逅，往往是通过成员对前任领导者的回忆、想象或模仿来实现的，使得成员们在面对新情境时，会不自觉地回想起前任领导者的处理方式，或设想如果他们面对当前情况会如何决策。

"组织幽灵"的影响力机制，植根于它们在组织内部的制度化和传承过程。当这些"幽灵"被组织接纳并融入其文化体系时，它们便转化为组织价值观和身份认同的核心原型。这种原型效应促使当前成员在面对新情境时，自然而然地将现状与前任领导者所倡导的价值观进行对照，确保组织在发展的道路上始终遵循既定的价值轨迹。通过这种方式，组织不仅保持了其传统的连续性，而且强化了成员对组织文化的认同感和归属感。

"幽灵式邂逅"对组织产生的影响是多方面的。首先，它有助于维护组织的稳定性和连贯性，使组织能够沿着被验证过有效的价值轨道发展，避免陷入混乱或做出违背自身传统的决策。其次，这种邂逅还能为组织成员提供心理上的慰藉。在面对不确定性或变革时，成员们可以回想起那些代表着积极价值观的"组织幽灵"，从而感受到组织的深厚底蕴和榜样力量，进而缓解焦虑等负面情绪。最后，"幽灵式邂逅"还能在一定程度上削弱那些与既有价值不符或相悖的其他价值体系在组织内的影响力，使组织内部的价值认知更加统一和坚定。

这种心理机制和文化背景揭示了明星员工可能排斥新任领导的原因。首先，"组织幽灵"效应揭示了前任领导者对组织成员的深远影响。明星员工作为组织中的佼佼者，往往与前任领导者建立了紧密的联系和深厚的情感纽带。因此，当新任领导上任时，明星员工可能会不自觉地以前任领导者的标准来衡量和评判新任领导，导致对新任领导产生排斥或对立情绪。这种情绪的产生，部分源于对前任领导者所代表的价值观和领导风格的怀念，以及对新任领导可能带来的变革和不确定性的担忧。其次，"幽灵式邂逅"现象进一步解释了明星员工排斥新任领导的心理机制。明星员工在面对新任领导时，可能会通过回忆、想象或模仿前任领导者的方式来处理与现任领导的关系。这种处理方式往往带有主观性和选择性，容易使明星员工忽视新任领导的优点和贡献，而过分关注其与前任领导者的差异和不足。这种心理机制的存在，使得明星员工在面对新任领导时更容易产生排斥情绪。特别是，当组织文化被前任领导者所塑造并制度化后，它便成为组织成员行为和决策的原型。明星员工作为组织文化的传承者，往往对组织文化有着深厚的认同感和归属感。因此，当新任领导试图引入新的价值观时，明星员工可能会感到不适和排斥，因为他们认为这违背了组织文化的传统和原则。

综上所述，这篇文章通过"组织幽灵"效应和"幽灵式邂逅"现象，为我们提供了深入理解明星员工可能排斥新任领导的心理机制和文化背景的视角。它提醒我们，在组织变革和领导更迭的过程中，应充分关注明星员工的心理变化和情感需求，通过有效的沟通和引导，帮助他们适应新任领导的领导风格和组织文化的变革，从而确保组织的稳定和持续发展。

三棱镜折射：权力与地位的博弈

在文化洞察的基础上，我们切换至社会互动的现实视角，进一步探索明星员工在组织地位中所展现出的脆弱性特征。

通常情况下，领导者都期待明星员工能发挥引领作用，扩大部门或团队影响力、提升绩效水平，为自己的职业晋升之路铺上红地毯。然而，微妙的人际关系动态往往成为合作的潜在绊脚石。为了深入理解领导与明星员工的关系，我们引入了哥伦比亚大学海蒂·哈尔沃森（Heidi Halvorson）教授提出的关系建构透镜模型。这一模型如同三棱镜，将人际关系的建立过程折射为三个核心透镜：信任透镜、自我透镜和权力透镜。它们从不同角度揭示了人们在评估、选择与他人交往方式时的内在逻辑。

信任透镜：亲和力与能力的双重考量

在信任透镜下，人们往往根据他人的亲和力和能力两个社会认知维度来形成对他人的整体评价，作为接下来是否进行社会交往的信息基础。根据学者苏珊·菲斯克（Susan Fiske）提出的刻板印象内容模型，亲和力如同温暖的阳光，让人感受到对方的友好与接纳；而能力则如同坚实的基石，让人信赖对方能够胜任任务。在人们形成对他人的整体评价时，往往坚持亲和优先原则，即倾向于先判断一个人是否友好、值得信赖，然后再考虑其能力水平。

然而，现实往往不尽如人意。宾夕法尼亚大学的安妮·麦基（Annie McKee）指出，明星员工因业绩和荣誉的光环，往往滋生自我优越感，对权力的迷恋程度较低，更像逐水草而栖的"游牧一族"，忠诚于自己的事业而非组织。这种特性使得他们在与领导交往时显得矜持，缺乏必要的亲和力，容易引发领导者的威胁感、嫉妒和不满。

自我透镜：自尊与认可的双重追求

当信任遭遇挑战，领导者不得不启用"自我透镜"来重新审视明星员工。在这一透镜下，个体考察的是对方与自身的相关性，以判断能否获得对方的认可，进而维护和增强自尊，主导关系的发展。对于领导者而言，他们在意自己在下属心目中的形象，尤其是需要"立威"的领导。明星员工若能顺势接受并融入领导的"圈子"，即使地位高于领导，他们也能以"强将手下无弱兵"的正当理由来维护自尊。然而，一旦明星员工表现出"水平敌意"，质疑领导的水平和权威，双方的紧张关系便如箭在弦上，一触即发。特别是当领导潜意识里渴望明星员工作出"愿竭股肱之力，效忠贞之节"之类的承诺时，这种渴望反而可能加剧明星员工的敌意，形成恶性循环。

经典理论

海蒂·哈尔沃森和她的透镜理论

海蒂·哈尔沃森（Heidi G. Halvorson）是社会心理学领域的杰出学者，她曾师从著名心理学家卡罗尔·德韦克（Carol S. Dweck），目前担任哥伦比亚大学动机科学中心副主任。哈尔沃森博士的研究聚焦于动机、目标设定以及自我认知等多个维度，她深刻阐述了个人对自身行为与动机的深刻理解，以及在人际交往中所扮演的核心角色。

哈尔沃森博士还是一位才华横溢的作家。她的著作《给人好印象的秘

诀》（*No One Understands You and What to Do About It*）探讨了人们如何被他人感知，以及如何有效地传递自己的想法和意图。在这本书中，哈尔沃森博士提出了透镜（lenses）理论，阐释了人们在形成对他人的第一印象时，是如何通过三种关键的"观察透镜"来筛选信息、塑造我们对他人的认知与评价。

信任透镜（你是朋友还是敌人）关注于判断对方是否值得信赖，其核心在于辨识个体是否流露出温暖与可靠的特质。根据她的研究，他人对我们的看法是正面还是负面，90%取决于我们展现出的亲和力和能力。假设你是一位经理，观察到一位新人在与同事交流时总是面带微笑，倾听他人意见时表现出极大的耐心和关注，且在回答问题时条理清晰、专业性强。这会让你感受到他值得信赖。权力透镜（你对我产生多大影响）则关注权力地位如何影响他人对自己的看法，有权势的观察者倾向于通过权势透镜来评估我们对他的实际价值。一位研究经验丰富的教授在评估学生的研究能力时，可能会更看重那些与自己研究方向相近、能够提出有深度见解的学生，因为这些学生更有可能为他的研究项目带来实质性的贡献。自我透镜（你威胁到我的自尊了吗）则关乎个体如何通过自我展示来塑造他人对自己的印象，其核心在于保护与提升观察者的自尊，使他们在审视外界时感受到自身的卓越与出众。在一场朋友聚会中，你遇到了一位平时不太自信的朋友。为了让他感受到自己的价值，你在聊天时主动提及他最近在工作或生活中取得的一些小成就，并表达出真诚的赞赏和祝贺。这样做不仅让你的朋友感受到了被重视和认可，也通过自我透镜的作用，保护了他的自尊心，让他在聚会中更加自信和开朗。同时，你的这种正面反馈也加强了你们之间的友谊和信任。

在《给人好印象的秘诀》一书中，哈尔沃森博士详尽阐述了这些透镜如何影响我们对他人的判断与行为。她指出，通过深入理解和巧妙运用这些透镜，我们不仅能够获得理解他人如何看待自己的全新视角，还能掌握实用的沟通技巧，更有效地建立信任。这有助于我们在职场与日常生活中塑造更积极、更准确的个人形象，提升个人影响力，实现更加卓越的成就。

资料来源：图片来自作者学术网站，https：//grant. socialpsychology. org/files。

经典理论

苏珊·菲斯克和她的刻板印象内容模型

　　苏珊·菲斯克（Susan Fiske）教授是社会心理学领域的杰出学者，她在 1978 年获得哈佛大学社会心理学博士学位。现为美国普林斯顿大学的"尤金·希金斯"心理学教授，美国国家科学院和美国艺术与科学院的院士。她的学术生涯中，曾担任心理科学协会（APS）、人格与社会心理学会（SPSP）以及行为与脑科学联合会的主席，并荣获包括古根海姆学者奖（2009 年）、美国心理科学协会的威廉·詹姆士奖（2009 年）、美国心理学协会（APA）心理学杰出科学贡献奖（2010 年）以及社会与人格心理学会的唐纳德·坎贝尔奖（2010 年）在内的多项殊荣。

　　刻板印象内容模型（stereotype content model，SCM）是苏珊·菲斯克在 1999 年提出的一个理论框架，它解释了人们如何根据他人的亲和力和能力来形成对他们的整体评价。该模型认为，亲和力和能力是构成社会认知的两个基本维度。

　　亲和力维度（warmth）：关乎个体或群体的社交意图，如友善、真诚和道德等，是我们评估他人是否值得信任的关键。当他人展现出亲和特质时，我们往往会主动提供帮助或寻求建立友好关系；而缺乏亲和力的个体则可能面临排斥或反对。

能力维度（competence）：着眼于个体或群体实现自身意图的能力，涵盖了智力、技能、效率和创造力等方面。那些被认为具备高能力的群体通常会获得尊重和合作的机会，而那些被认为缺乏能力的群体则可能遭遇忽视或轻视。

而亲和优先原则进一步强调了亲和力在形成对他人的整体评价中的首要地位，即人们倾向于先判断一个人是否友好、值得信赖，然后再考虑其能力水平。菲斯克教授的模型还揭示了这两个维度与社会结构因素之间的联系：通常社会地位较高的群体被认为具有较高的能力，而处于竞争关系的群体则可能被认为缺乏亲和力。

SCM 模型通过进一步细分为四个象限，构建了一个 2×2 的双维四象限坐标体系。这一体系根据热情和能力的高低，将社会群体划分为四类：高亲和力-高能力、低亲和力-高能力、高亲和力-低能力和低亲和力-低能力。这些分类对应着人们可能产生的不同情感反应，如钦佩、嫉妒、同情和蔑视。

除了 SCM，菲斯克教授还提出了群际情绪-刻板印象-行为趋向系统模型（behaviors from intergroup affect and stereotypes map，BIAS map）。这一模型展示了热情和能力的不同组合如何引发多样的行为反应模式，包括主动促进行为（如提供帮助）和主动伤害行为（如骚扰），以及被动促进行为（如默默支持合作）和被动伤害行为（如冷漠忽视）。

菲斯克教授的这些理论不仅在学术界产生了深远的影响，也为理解和改善人际关系、减少偏见和歧视提供了重要的理论基础。

资料来源：图片来自作者学术网站，https：//psych. princeton. edu/people/susan-fiske。

权力透镜：价值与地位的双重权衡

一旦以上两种情况相互交融、层层累积，就必然促使领导启动"权力透镜"，来重新考量与明星员工的关系。在这独特的透镜视角下，领导会审慎评估对方的价值能否为己所用。倘若可用，便会积极增进或者优化彼此关系，努力将其吸纳进自己的核心"阵营"；若不可用，便会遵循"亲 - 忠 - 才"的逻辑，基于次优策略考量明星员工对组织的忠诚程度，以次等策略来考察明星员工对组织的忠诚水平。一旦在价值可利用性与忠诚度这两个方面都无法满足期望，领导将会毅然决然地将明星员工排斥在组织的核心圈层之外。一旦明星员工被驱逐出领导的关注范围，他们大概率会从原本的"亲忠才"状态迅速滑落至"疏逆庸"境地。在这场激烈的"权力"与"地位"的博弈交锋中，最终常常会以双方皆遭受重创的悲剧形式落下帷幕。

总之，领导与明星员工的关系定位，犹如三棱镜下的艺术，既需要洞察人心的智慧，也需要权衡利弊的果断。

隐形战场：权力（领导）与地位（明星员工）的对撞

事实上，权力与地位对撞引发的组织"宫斗"比想象的更为严重。俄亥俄州立大学班尼特·泰珀教授（Bennett Tepper）等人的研究揭示，领导嫉妒明星下属的现象可能比传统意义上同事之间的嫉妒更为普遍。

软硬权力之争

在现代复杂的组织架构之中，权力的运行轨迹宛如一张隐秘而至关重要的脉络，它贯穿于每一项决策和每一次行动之中。美国社会学家阿米泰·埃奇奥尼（Amitai Etzioni）教授在其著作《积极的社会》里，点出一个不容忽视的现实：即便行动者手握领导的正式授权，并具备深厚的专业知识，但在追求组织目标的过程中，权力的巧妙运用仍然是决定成败的关键因素。这一观点为我们理解组织内部的权力结构及其运作提供了重要视角。

在组织的复杂生态中，硬权力与软权力构成了权力体系的两极。硬权力，作为基于特定职位的正式权力，能够直接控制他人的行为，确保组织规范与流程的严格执行。相对而言，软权力则是一种更为微妙且非正式的影响力，它源于他人的认可与尊重，往往由个人的专业地位、人格魅力以及在组织中的非正式网络所构成。明星员工，作为组织中的佼佼者，他们凭借独特的知识与技能，在推动组织发展的同时，也超越了传统职责的界限，需要调动更多资源（如时间、信息、人员、技术等）以支持其创新性的工作。这种基于个人能力与贡献所形成的软权力，虽未明文规定，却在实践中发挥着举足轻重的作用，成为一种隐性的心理契约。然而，当领导层的决策与明星员工的利益发生冲突时，这种基于信任与尊重的隐性契约便可能遭受严峻考验。领导层可能出于维护组织稳定、遵循既定战略或应对外部压力等考量，而明星员工则可能坚持自己的专业判断与道德立场。此时，软硬权力之间的争夺便可能愈演愈烈，导致效率的下降甚至组织的分裂和失控。

当然，在面对由组织法定原则所赋予的硬核权力时，明星员工所依赖的专业技术所带来的软权力往往显得脆弱不堪，甚至可能瞬间土崩瓦解。这恰恰揭示了明星员工在组织结构中地位的一种潜在脆弱性。回望航天领域那场震撼人心的灾难——挑战者号航天飞机爆炸事件，我们得以深刻洞察软硬权力博弈失控后的毁灭性后果。

1986 年，美国的航天飞机技术已步入相对成熟的阶段，挑战者号航天飞机作为该国正式启用的第二架航天器，已经圆满完成了多次飞行任务。在这一次飞行计划中，挑战者号将搭载一位来自新罕布什尔州康科德的女子中学教师克里斯塔·麦考利夫（Christa McAuliffe），她将成为历史上首位进入太空的平民，并从浩瀚的宇宙中向全球的孩子们进行现场教学。这一前所未有的构想旨在点燃孩子们对科学的热情，激发他们对太空的无尽好奇，同时也是人类探索宇宙奥秘、普及科学知识的一次勇敢尝试。全球各地的教育机构、科研单位乃至千家万户，都满怀期待地准备迎接这场来自太空的独特课堂。孩子们满怀憧憬和期待，渴望从遥远的天际传来宇航员们的亲切声音，感受那超越地球界限的宏伟与神奇。

然而，就在发射前夜，这份期待与梦想的背后却隐藏着巨大的危机。作为技术领域的佼佼者，明星工程师罗格·鲍伊斯杰利（Roger Boisjoly）内心充满了焦虑。他凭借丰富的经验，坚信低温环境将对航天飞机的安全构成严重威胁，因此坚决反对发射计划。然而，管理层此时正面临着巨大的压力：既定的发射计划已经涉及众多环节，资源也已全部到位，各界人士都翘首以盼。要取消发射，必须有确凿的数据作为支撑。遗憾的是，工程师们虽有预感，却缺乏有力的数据支持。在焦虑与无奈中，鲍伊斯杰利的情绪失控，他试图以发脾气的方式表达抗议，但在管理层眼中，这一行为却从"理性的抗争"变成了"无理的取闹"，最终他被无情地逐出会场。

工程副总裁鲍勃·伦德（Bob Lund）原本与鲍伊斯杰利看法一致，从专业视角出发，深知发射风险巨大；但手握权力的高级副总裁杰瑞·梅森（Jerry Mason）强势介入，一句"摘掉你的工程师帽子（角色），戴上你的管理者的帽子（职责）"，宛如一道"紧箍咒"，彻底改变了局势。伦德身份多重，身为副总裁，在硬权力的威慑与层级压力下，无奈抛弃工程技术人员严谨求是的思维定式，被迫附和高层经理的意见。悲剧就此酿成，航天飞机发射73秒后爆炸解体，火光冲天里，不仅价值连城的飞行器灰飞烟灭，更使七条鲜活生命消逝，以及无数科研心血付诸东流。

综上所述，软硬权力之争是组织内部一种复杂的动态现象，除了软硬权力之间的互补性外，潜在冲突更是常态。

掌控力之争

权力本质上来说是影响和控制他人的能力。正如约翰·麦克斯韦尔（John Maxwell）在其著作《领导力的五个层次》中所深刻剖析的那样，真正的领导力并非仅仅植根于职位或头衔的赋予，而更多地体现在领导者能否以高效的方式影响和激励团队成员。

然而，在组织的运作机制中，明星员工常常对领导者的掌控力构成不容忽视的挑战。明星员工，作为组织内部的技术权威，其言行举止在权威的暗示效应下，往往被普通员工视为标杆，进行跟随、模仿和学习。这种现象导致了一个有趣而微妙的局面：在普通员工的心目中，领导的正式指令和规定，有时竟不如明星员工的一句口头建议来得有分量。这种情形无疑大大削弱了领导者在组织内部的权威和影响力。

当组织中出现一位能够一呼百应的明星员工时，领导者的地位便会受到一定程度的冲击。这不仅意味着领导者在组织层级中的相对地位有所下降，更预示着领导者由权力基础所支撑的控制力正面临着被侵蚀的风险。南加利福尼亚大学的纳撒尼尔·法斯特（Nathanael Fast）等学者通过深入研究揭示了一个令人深思的现象：那些缺乏足够地位的权力拥有者，往往更容易对身边的人产生贬低行为。这在一定程度上映射出他们在权力失衡状态下的心理失衡与不安。

商业名著推荐

《领导力的五个层次》

《领导力的五个层次》（*The 5 Levels of Leadership：Proven Steps to Maximize Your Potential*）由全球知名的领导力大师、演说家及作家约翰·麦克斯韦尔（John Maxwell）所著。2011 年由中央街（Center Street）出版社首次出版，2017 年 1 月由金城出版社引进，译者为任世杰。

麦克斯韦尔是《纽约时报》《华尔街日报》和《商业周刊》一致认可的畅销书作者，他在 2007 年和 2008 年连续被评为世界最具影响力的领导力专家。《领导力的五个层次》是他的一部经典之作，书中提出了一个关于领导力发展的模型，阐述了领导力的五个不同层次，每个层次都代表了领导者影响力的不同阶段。

职位（position）：这是领导力的最基础层次，人们追随你是因为他们必须这么做。在这个层次，领导者的权威主要来自于他们的职位或头衔。

认同（permission）：在这一层次，人们追随你是因为他们愿意这么做。

领导者通过建立信任和尊重来赢得团队的认同。

生产（production）：领导者在这一层次通过实现目标和产出结果来建立领导力。人们追随你是因为你为组织所做出的贡献。

育人（people development）：在这个层次，领导者关注于个人和团队的发展。人们追随你是因为你对他们付出了心血，帮助他们成长和提升自己的能力。

巅峰（pinnacle）：这是领导力的最高层次，人们追随你是因为你是谁以及你所代表的东西。在这个层次，领导者的品格、愿景和影响力成为他们追随的主要原因。

在阐述每个层次时，作者都提供了丰富的案例和实用的建议。例如，在职位层次，他强调了职位本身所赋予的权力是有限的，真正的领导力需要超越职位的束缚；在认同层次，他指出了建立信任、关系和情感联系的重要性；在生产层次，他强调了领导者的业绩和成果对组织的影响力；在育人层次，他提倡领导者要关注团队成员的成长和发展；而在巅峰层次，他则强调了领导者需要具备卓越的领导能力和影响力，成为团队和组织的核心和灵魂。

此外，作者还强调，领导力是一个成长的过程，每个领导者都应该不断地自我提升，从低层次向高层次发展。他强调，真正的领导力不在于拥有一个职位或头衔，而在于能够影响和激励他人，以及培养和授权下一代领导者。通过《领导力的五个层次》这本书，麦克斯韦尔提供了一个清晰的框架，帮助领导者识别自己当前的层次，并指导他们如何迈向更高的领导力层次，最终成为更富有影响力、更受人尊敬和更加成功的领导者。

而杜克大学的亚伦·凯（Aaron Kay）教授及其研究团队则进一步深入探讨了领导者对于掌控力的认知问题。他们指出，领导者通常倾向于认为自己对下属的掌控力与组织所赋予的法定权力是相辅相成的。然而，一旦这种平衡状态被打破，比如明星员工的崛起对领导者的掌控力构成了实质性的挑战，领导者便会感受到强烈的不公平感和被忽视的尊严伤害。在这种情境下，领导者更有可能采取贬抑下属的行为来捍卫自己的权威和地位。这一点又与中国传统的逻辑一致。

拓展阅读

权重望寡引发辱虐管理

在 2020 年 11 月，河南某市市委书记在机关食堂掴市政府秘书长的事件引发了广泛关注。这一无视他人尊严、肆意动用暴力的行为，不仅令人震惊，更深刻地揭示了当领导者的个人修养与威望无法与其权力相匹配时，可能给组织内外带来的巨大负面影响。

这起事件并非孤立存在，它背后折射出的是一个更为深刻的社会现象：当领导者的德行不足以支撑其高位，或者智慧与能力不足以担当重任时，往往会引发一系列的问题。正如《周易·系辞下》所言，"德不配位，必有灾殃。德薄而位尊，智小而谋大，力小而任重，鲜不及矣"，很少有人能够避免由此产生的种种祸端。

笔者的团队 2022 年发表在《心理学报》上的文章《权重望寡：如何化解低地位领导的补偿性辱虐管理行为？》揭示了这一现象。研究发现，当领导者面临权力大而威望不足的局面时，他们会感受到来自多方面的威胁。下属的反抗、敷衍甚至越权行为，以及无视权威、自行其是的态度，都会使领导者陷入心理损耗的境地。在这种状态下，领导者更容易采用浅层认知处理方式，将下属的不敬行为视为人际挑衅，进而产生报复的冲动。辱虐管理在这种情况下成为一种手段，用以迫使下属服从，增强领导者的影响力和控制感。同时，受到辱虐管理的下属自尊感降低，间接提升了领导者的自我价值感。

因此，权力大但地位低的领导者，在控制感和自我价值受损的情况下，容易因认知偏差而采取辱虐管理行为，以重拾控制力和自我价值。为了打破这一困境，我们的研究提出，提升正念水平和引入高层信任干预是至关重要的解决路径。正念能够帮助领导者更有意识地控制自己的行为，保持清醒的意识，客观评估情况，从而将注意力集中在部门的发展上，而非陷入内部纷争的泥潭。此外，建立高层领导干预制度也是至关重要的。高层领导应主动为这些领导者赋能，公开确认其权力的合法性和指挥的权威性，从而增强他们的控制感和自我价值。这样的干预措施不仅能够保护下属免受不必要的辱虐之苦，更能够帮助领导者避免因自我损耗而做出不理智的决策。

中国传统文化历来强调权重望崇（见杜光庭《虬髯客传》），即领导者的权力与威望应当相匹配。领导者不仅要有足够的权力来管理和指导团队，还需要有高尚的品德和卓越的才能来赢得下属的尊重和信任。这种威望不是靠权力本身获得的，而是需要领导者通过自身的言行举止、道德品质以及领导才能来逐步树立。相反，"德不配位，必有灾殃"（见《周易·系辞下》）。身居要职手握权力却德薄望寡，那么他们很可能会失去下属的尊重和信任，进而导致团队的混乱和不稳定。这种不稳定不仅会影响团队的绩效，还可能给领导者自身带来灾难性的后果。

我们团队的研究也支持了这些传统观念。当领导者的权势虽然很大，但威望不足时，他们往往会遇到下属的轻视和针对性的抵触。这种抵触不仅会导致领导者的号令难以执行，还可能引发团队内部的矛盾和冲突。为了维护自己的权威和地位，领导者可能会采取打压下属的行为，但这种行为往往会进一步加剧团队的紧张和不稳定。

自尊威胁之争

西阿拉巴马大学的马克·戴维斯（Mark Davis）等学者的研究成果揭示，领导往往能从下属那里感受到更多的觊觎与竞争压力。特别是当明星员工的行为开始模糊组织的层级界限，不尊重领导者的权威与感受时，领导者的威胁感知会显著增强。这些明星员工凭借出色的业绩和影响力，风头甚至盖过了领导者，这无疑加剧了领导者所面临的自尊威胁。明星员工的这种我行我素的行事风格，不仅破坏了领导者法定的统一指挥原则，还严重削弱了领导者在其他下属心中的权威与地位。这种对领导者自尊的伤害是深远的，它触及了领导者在组织中的根本立足点和价值认同。根据俄亥俄州立大学的布拉德·布什曼教授（Brad Bushman）等人的研究，当高地位者感受到不被尊重时，他们更有可能采取攻击性补偿行为来维护自己的尊严和价值。这种行为往往具有"杀鸡儆猴"的意味，旨在通过展示力量来重塑自己在组织中的权威和敬畏。

因此，在自尊威胁之争中，领导者为了消除来自明星员工的威胁，恢复自己在组织中的自尊和地位，很可能会采取攻击性行为。这种行为既是对明星员工的一种反击，也是对自己权威和地位的一种维护和重塑。这场较量不仅关乎个人的面子和尊严，更涉及组织内部的权力平衡和稳定。

本章小结

本章深入分析了领导者与明星员工之间的复杂互动关系。透过历史的眼眸，我们可以看到"贞观之治"中明君与贤臣的和谐共融，这体现了权力与地位的协调统一。相对地，古希腊神话中塔勒斯的故事则提醒我们，在现实的挑战面前，权力与地位的斗争可能导致这种关系的脆弱性。

本章首先从中国传统文化的角度出发，通过"差序格局"和"亲忠才"的概念，重新审视了组织内部上下级关系的复杂性及其背后的文化逻辑，探讨了明星员工地位的不稳定性及面临的权力挑战。然后，我们从社会互动的角度，利用信任透镜、自我透镜和权力透镜这三个核心视角，讨论了领导者如何评估和选择与明星员工的互动方式，进一步揭示了明星员工地位的脆弱性。最后，本章探讨了权力与地位博弈中的软硬权力之争、掌控力之争和自尊威胁之争，阐释了领导者与明星员工在权力、地位和自尊方面的复杂互动。

这些互动不仅影响个人的职业发展，也对组织效能产生重要影响。

　　总结来说，本章强调了领导者与明星员工之间建立"相互成就"的新型关系的重要性，并指出明星员工虽然具有显著的贡献和影响力，但他们的地位并非不可动摇。市场变化、组织变革或领导层更迭等因素，都可能导致明星员工失去领导层的支持，从而影响其原有的地位和影响力。这为后续探索领导者和明星员工如何在权力与地位的博弈中展现智慧，在积极互动中寻求平衡，提供了基础。

第五章

明星员工与领导关系的平衡艺术

夫运筹策帷帐之中，决胜于千里之外，吾不如子房。镇国家，抚百姓，给馈饷，不绝粮道，吾不如萧何。连百万之军，战必胜，攻必取，吾不如韩信。此三者，皆人杰也，吾能用之，此吾所以取天下也。

——司马迁，《史记·高祖本纪》

代达罗斯在犯下杀害徒弟塔勒斯的罪行后，逃亡至克里特岛。在那里，国王米诺斯赏识他的才能，委托他建造一个迷宫，用以囚禁怪物米诺陶洛斯。这个迷宫设计得极其复杂，以至于进入的人几乎无法找到出路。作为米诺斯国王信赖的建筑师，代达罗斯在建造迷宫时展现了他超高的智慧和精湛的技艺。然而，当迷宫竣工之际，他却愕然发现自己也陷入了这座迷宫之中，失去了宝贵的自由。

代达罗斯的故事隐喻了领导与明星员工之间复杂而微妙的关系。领导者往往依赖明星员工的卓越才能来实现目标，为自己的晋升铺设红毯。然而他们又时常担忧明星员工功高盖主，掩盖自己的风采，甚至威胁到自己的地位。正如社会互赖理论（social interdependence theory）揭示的那样，双方存在合作性目标（共同推动组织发展，彼此成就）互赖、竞争性目标（支配权、荣誉与地位等稀缺资源）冲突的矛盾关系。

换言之，组织就像一辆战车，由两匹性格迥异的骏马驱动。一匹马代表领导者，它遵循规则和程序；另一匹马则代表明星员工，它渴望打破常规，追求创新和实现自我。如果组织不能有效地协调这两股力量，就可能面临瓦解的风险。因此，如何促进领导者与明星员工之间的融合，已经成为组织战略中的一个重要议题。组织迫切需要寻找一种平衡的方法，既能充分发挥明星员工的才能，又能保证领导者的地位不受威胁，确保组织的稳定和持续发展。

权力的傲慢与地位的脆弱性

领导与明星员工关于权力与地位的激烈对撞，实质上是资源"开关权"与技术"诀窍"的深刻较量。明星员工控制组织的关键知识和信息中枢，运用技术"诀窍"发挥创新引领作用，然而，领导者作为最终决策者，控制着员工推进其创意想法所需的审批权和资源分配"开关"，在他们身上发生组织"宫斗"，不仅可能导致双方元气大伤，更可能使整个组织体系摇摇欲坠。

经典理论

库尔特·勒温和他的社会互赖理论

库尔特·勒温（Kurt Lewin），德国心理学家，被誉为"社会心理学之父"，以其群体动力学理论和场论在心理学领域留下了深远的影响。勒温认为，群体不仅仅是个体的简单集合，而是一个具有独特特征和行为模式的整体。群体中的成员相互影响、相互作用，形成了一种动态的关系。

他引入了物理学中的"场"概念，提出了场论，强调人的心理活动和行为是在个人内在因素与周围环境因素相互作用的"心理场"中发生的。

社会互赖理论（social interdependence theory）的起源可以追溯到格式塔心理学派的库尔特·考夫卡（Kurt Koffka），他提出了群体动力整体性的观点，强调个体间的相互作用和互动。勒温在此基础上进一步发展，明确指出群体的本质在于成员间的相互依赖，这种依赖关系是由共同目标所激发的"紧张状态"。勒温的弟子莫顿·多伊奇（Morton Deutsch）进一步扩展了勒温的研究，他在1949年发表了两篇奠基性文章，清晰界定了合作与竞争的概念及其逻辑框架，并提出群体成员之间的相互依赖是由共同目标所创造，完成目标的动力可以在群体内部激发积极的（合作）和消极的（竞争）两种主要的互赖类型。

社会相互依赖理论为我们提供了一个框架，用以理解领导与明星员工之间复杂的关系动态。在这一理论框架下，领导与明星员工之间存在着两种基本的目标依赖关系：合作性目标依赖关系和竞争性目标依赖关系。

合作性目标依赖关系指的是领导和明星员工可以通过共享和对齐他们的共同目标来增强合作。在这种关系中，双方的目标是协同一致的，都致力于实现团队的整体成功。领导可能会依赖明星员工的专业技能、创新能力和高效执行力来推动团队向前发展，而明星员工则可能依赖领导的战略指导、资源分配和团队协调能力来发挥自己的最大潜力。这种合作性目标依赖关系有助于建立信任、增强团队凝聚力，并促进团队成员之间的积极互动。

竞争性目标依赖关系则揭示了领导与明星员工之间在个人权力与地位分配上的潜在冲突。在这种关系中，双方的目标可能存在一定的竞争性或对立性。领导可能希望维护自己的权威地位，确保对团队的控制和影响力；

而明星员工则可能渴望获得更多的自主权、晋升机会和认可，以提升自己的职业地位和影响力。这种竞争性目标依赖关系可能导致双方之间的紧张关系、权力斗争甚至冲突。

社会相互依赖理论强调，领导与明星员工之间的关系并非一成不变，而是随着情境的变化而动态发展。在某些情况下，双方可能更多地表现出合作性目标依赖关系，共同推动团队向前发展；而在其他情况下，则可能更多地表现出竞争性目标依赖关系，导致双方之间的冲突和紧张。因此，理解并管理这两种目标依赖关系对于优化领导与明星员工之间的合作、提升团队整体绩效具有重要意义。

资料来源：图片来自作者学术网站，https：//famouspsychologists.net/kurt-lewin/。

史蒂文·赛尚（Steven Sasson）是一位杰出的工程师，因发明世界上第一台数码相机而被誉为"数码相机之父"。他在 1973 年加入柯达公司，成为应用电子研究中心的一名工程师。1974 年，他被赋予了一项看似简单的任务：评估一项能将光线转化为数字信息的前沿发明是否具备商业化的潜力。赛尚凭借其深厚的技术功底和非凡的创新能力，迅速研发出一款能够捕捉图像并以数字形式实时显示在屏幕上的突破性设备，他对此充满热情，渴望能立即向公司的决策层展示这一划时代的成果。然而，在通向创新的道路上，赛尚遭遇了来自公司内部的一场意料之外的斗争。他将这项技术命名为"无胶卷摄影"，这一称谓虽然直观且准确地描述了技术的核心特点，却无意中触动了那些职业生涯与胶卷产业紧密相连的高管们的敏感神经。作为柯达公司的领导者，这些高管的权力基础、职业荣誉乃至个人财富都与胶卷业务的兴衰紧密相连。赛尚的"无胶卷摄影"理念对他们而言，无异于一场对传统业务模式的直接挑战。

在这场明星员工与高层领导者的较量中，尽管赛尚在技术上占据绝对优势，但在公司内部错综复杂的政治博弈中，他显得孤立无援。他的提案屡次被束之高阁，甚至遭受了来自高层的冷漠与忽视。尽管他竭尽全力地阐述与游说，试图让高管们认识到数字摄影技术的无限前景，但那些深陷胶卷时代思维泥潭的领导者们，却难以挣脱自身利益的束缚，去拥抱一个看似会撼动他们现有地位的新技术。

与此同时，外界的竞争对手们正密切关注着柯达的一举一动。他们敏锐地捕捉到了数字摄影技术的巨大潜力，并迅速投入研发，试图抢占这一新兴市场的先机。索尼、佳能等公司凭借其敏锐的市场洞察力与强大的研发实力，迅速推出了自己的数字相机产品，并逐渐在市场上赢得了消费者的青睐与认可。随着竞争对手的崛起和市场的快速变化，柯达公司终于意识到自己在数字摄影领域的落后。然而，此时的他们已经错过了最佳的转型时机，面临着技术落后、市场份额被蚕食的严峻局面。尽管柯达后来也尝试推出自己的数字相机产品，但已经无法挽回失去的市场优势，逐渐失去了在摄影行业的领先地位。

最终，这场斗争以柯达公司领导层的保守态度和对新技术的忽视而告终。而史蒂文·赛尚，这位曾满怀激情地推动数字摄影技术革新的年轻工程师，也不得不面对自己努力付诸东流的残酷现实。这一事件，不仅成为了柯达公司历史上一个令人痛心的转折点，更深刻地揭示了技术创新与保守利益之间复杂而微妙的斗争关系，以及明星员工地位的脆弱性。

这一案例展示了明星员工在面对权力傲慢时的无奈，导致企业战略偏离轨道。从组织运作层面来看，明星员工与领导者的"宫斗"，带来的是资源的错配与管理体系的失衡。组织日常运行所依赖的惯例，包括技术操作规范、业务流程以及人员调配布局等，常常是围绕明星员工所掌握的默会知识和独特诀窍逐步构建而成。一旦领导与明星员工关系交恶，领导凭借手中掌控的资源分配权力，故意限制明星员工可获取的资源，转而将珍贵的资源交付给能力相对有限的普通员工。如此一来，稀缺的组织资源如同被锁入暗箱，无法释放其最大价值潜力；而那些失去资源支撑的明星员工，仿佛折翼的雄鹰，空有一身本领却难以施展，人才资源被极大地浪费。

特别是，一些政治手腕高明的领导者可能会采用"以事羁縻"① 的策略来限制明星员工的影响力。这种做法可能包括故意分配给明星员工过多或过于复杂的工作任务，目的是让他们忙于应对，从而没有时间和精力去挑战领导的权威或在组织中发挥更大的作用。这种策略不仅给明星员工带来沉重的压力，还可能影响他们的工作效率和质量，进而对整个团队的绩效产生负面影响。此外，这些领导者可能会在明星员工的工作路径上故意设置障碍，例如，提供不准确的信息、拖延审批流程或拒绝提供必要的资源支持。这些行为旨在削弱明星员工的执行力，使他们在完成任务时遭遇挫折，从而降低他们在团队中的影响力和威望。

地位的强势反击与"逼宫"行为

与此同时，那些在组织中功绩卓越、威望颇高的明星员工也不会默默忍受被边缘化的境遇。他们凭借自身对组织内外关键资源流动脉络的精准把握，发起"逼宫行动"，使领导发布的政令石沉大海，领导本人也被孤立，成为徒有虚名的"孤家寡人"。例如，在一家全球知名的互联网巨头中，陈博士（化名）以其卓越的编程能力和对前沿技术的深刻理解，为公司创造了无数价值，被誉为公司的"技术大脑"。然而，随着公司规模的扩大和领导层的更迭，他发现自己逐渐失去了在技术决策中的话语权，甚至被排挤到了公司的边缘地带。面对这一不公，陈博士并未选择沉默。他利用自己在公司内外的广泛人脉和影响力，联合了一群同样对公司现状不满的技术精英，共同发

---

① "羁縻"一词，源自《史记·司马相如传·索隐》，原指控制牲畜的工具："羁"为马的辔头，"縻"是牛的牵引绳，均用于驾驭和控制。这一概念后来被引申为笼络和控制的手段。"以事羁縻"这一表述，源自清代文人宋湘的《观南诏碑有感》，诗中写道："圣人守四夷，不在略远方。所以事羁縻，意使天下康。"这句话揭示了中央政权为巩固边疆控制而采取的既控制又抚慰的策略，旨在维护国家的稳定与和谐。在现代管理学的语境中，"以事羁縻"被引申为一种高超的政治手腕。精通此道的领导者深知，通过安排事务性工作，不仅能够填满组织成员的时间，更是一种巧妙掌控组织发展节奏的艺术。他们如同棋艺精湛的棋手，面对棋盘上的错综复杂，精心为每个棋子（即组织成员）分配特定的任务。每个成员都像棋子一样，在各自的位置上忙碌而有序地工作，而整个组织则如同一盘生动的棋局，在领导者的精心布局下，朝着领导者预期和利益的方向稳步前进。

起了一场"起义"。他们通过社交媒体、行业论坛等渠道，公开质疑公司的技术决策和管理方式，并呼吁员工共同抵制。在这场"起义"中，陈博士和他的团队不仅展示了他们在技术领域的深厚功底，还巧妙地利用了舆论的力量，使得公司的领导层陷入了前所未有的危机之中。领导的政令在技术部门内部几乎无法得到有效执行，而领导本人也因为失去了技术团队的支持而陷入了孤立无援的境地。最终，在公司高层的紧急介入和协商下，陈博士和他的团队赢得了更多的技术决策权，而领导层也不得不重新审视与明星员工的关系，寻求更加和谐、共赢的合作方式。

虽然明星员工在某些情况下通过"起义"或"逼宫"行动能够促使公司重视其技术权益，推动内部改革，但这些行为同样潜藏着不容忽视的严重后患。一部分明星员工可能会将离职作为谈判筹码，向更高层级的领导施加压力，要求撤换现任领导，并推举自己心仪的人选上位。这种强势干预不仅会导致组织管理体系陷入混乱与失衡的危局，还可能严重破坏组织的稳定性和凝聚力。

更为严重的是，当明星员工在组织中缺乏有效制衡时，他们可能会在追求专业卓越的过程中忽视任务预算、时间限制、流程规范以及项目进展等至关重要的现实约束，一味沉迷于对完美的极致追求，却忽略了那些更为切实可行且能够推动组织发展的解决方案。这种脱离实际、盲目追求完美的行为，无疑会将组织推向风险四伏的边缘，甚至可能引发不可预知的严重后果。

"宫斗"风暴：领导与明星员工冲突下的双输格局

领导：负面情绪与偏激行为的泥潭

对于领导个体而言，"宫斗"如同一场心灵的暴风雨，滋生出一系列负面情绪以及偏激行为，其中嫉妒心理和给明星员工"穿小鞋"的现象尤为突出。美国西北大学莉·汤普森（Leigh Thompson）等人的研究揭示，嫉妒如同毒瘤，不仅会侵蚀组织内部和谐的人际关系，更会严重拉低组织绩效水平。

当领导者陷入对明星员工的嫉妒之中时，自身的自尊心也遭受沉重打击。毕竟，嫉妒与故意刁难员工这类行为本身就是自损形象的举动，会让下属在心底对领导者的人品产生质疑，认为其心胸狭隘、毫无容人之量，进而觉得这样的领导不值得追随与拥护。倘若任由这种消极情绪肆意蔓延生长，领导者会逐渐变得偏执孤僻，开始蔑视下属、疏远团队。长此以往，无异于亲手断送自己的职业前程，在更高层领导眼中也会沦为不堪重用之人。

明星员工：进退失据的尴尬境地

对于明星员工个体而言，与上级领导的直接冲突，无疑是一场利弊悬殊的较量，将他们置于一个进退维谷、左右为难的微妙境遇之中。首要的是，资源与机遇构成了明星员工成长与进步的基石，一旦与领导产生摩擦或斗争，他们赖以生存与发展的资源根基便岌岌可危。恰似战场上失去士兵拥护的将领，若无资源的坚实后盾，他们终将难逃泯然众人的命运，只是时间早晚之别。

再者，尽管明星员工在人才市场中犹如璀璨星辰，备受瞩目与青睐，但这并不意味着他们可以轻率地挥别旧东家，另寻高枝。他们的成长轨迹与成就，早已与原组织中的团队协作和资源支撑深度绑定，难以割舍。加拿大艾维商学院杰出领导力教授格伦·罗（Glenn Rowe）在"探寻明日之星：领导力传承与明星培养之洞察"专题研讨会上，一针见血地指出：被猎头公司盯上的明星员工，在新环境中复制过往辉煌的概率微乎其微。这是因为，明星员工的成功往往植根于原公司的独特运营生态与团队支持之中，而非单纯个人能力的简单外化。此外，哈佛大学学者博瑞斯·格罗斯伯格（Boris Groysberg）等人的研究亦揭示了这一现象：众多明星员工在跳槽后，普遍面临着业绩下滑的严峻挑战，更有甚者，从此一落千丈，成为转瞬即逝的"流星"，再难重现昔日辉煌。

普通员工：选边站队的无奈选择

普通员工在这场组织"宫斗"风暴中也无法置身事外，"宫斗"引发了他们的选边站队现象。当领导与明星员工如同两虎激烈相争时，普通员工这些"吃瓜群众"也不得不根据自身的利益"小目标"做出抉择。"从政派"员工认为在这多事之秋、用人之际，正是向领导靠拢、表达忠心的绝佳时机。于是他们积极充当领导的马前卒，对明星员工采取各种阻碍抑制行为；"技术派"员工因痴迷于明星员工的独特技能，选择与明星员工站在同一阵营，结成"死党"，他们不仅全力支持明星员工，还可能怂恿明星员工与领导死磕到底甚至带领他们一同跳槽；"阴谋派"员工则怀揣着不可告人的心思，妄图在这场混乱中谋取私利。他们认为双方两败俱伤之时便是自己"上位"的天赐良机，因此不断拨弄是非，制造出波谲云诡的组织氛围，以便趁乱崛起；而"实干派"员工一心忠诚于组织本身，面对这混乱不堪的"宫斗"局面，他们深感无力回天。不仅如此，他们还极易成为领导与明星员工双方发泄怒火的"踢狗"对象，在无奈与失落之中，最终只能选择离开这个曾经充满希望的组织。

根源剖析：领导与明星员工冲突的深层缘由

为了彻底化解领导与明星员工之间的"宫斗"，我们需要深入挖掘冲突的根源。这场冲突虽然表面上看是关于权力和地位的争夺，但实际上它反映了双方在职位职级并行体系中的功能和角色定位上的差异，以及这些差异所引发的价值追求分歧。而不均衡的激励机制进一步加剧了这些差异。因此，要有效地缓和并解决这些冲突，就需要我们从价值认同、职位与角色定位、激励机制等多个维度进行综合考虑和改进。

首要因素：价值追求的分歧

埃默里大学的罗伯特·德拉津（Robert Drazin）教授的研究指出，价值追求的不同是引发二者冲突的根本原因。明星员工，作为组织内的专业人士，他们对个人成长和在专业领域内建立声誉有着强烈的渴望。他们致力于通过提升技能和专业知识来获得行业内部的认可和尊重。相对地，领导者则更专注于如何带领团队在既定的时间框架、流程和预算内完成任务，以实现组织的整体目标。

这种价值追求上的根本差异导致了双方在"价值体系"和"评估原则"上的分歧，从而引发了潜在的冲突。领导者倾向于追求风险可控性和流程的规范性，以确保项目的顺利完成，并为自己在组织中的晋升创造条件。而明星员工则更倾向于追求工作的自主性和创新性，他们愿意为了个人职业的发展和成功，采取技术变革和创新，哪怕这可能会带来项目的不确定性和风险。

次要因素：职位与专长的分离

领导与明星员工在职位与专长上的分离，也是导致冲突的重要因素。由于双方面临的任务情境不同，他们对如何更好地完成任务有着截然不同的理解。哈佛商学院教授特雷莎·阿马比尔（Teresa Amabile）用"白鼠走迷宫"的隐喻生动地描绘了这一困境。当创新充满不确定性时，组织往往将尽快逃出迷宫作为首要目标，而领导们则倾向于选择最安全和最直接的路径。然而，创造性的解决方案往往需要像"北斗星"一样的指引，为组织深入迷宫机理探寻更多新的路径和快捷出口。因此，职位与专长的错位导致了领导与明星员工在组织发展路径上的分歧，这种分歧背后又与双方自我发展路径的不同密切相关。

根本因素：激励模式的扭曲

在众多组织中，为了规避领导与下属在资源方面的争夺问题，常常对领导者采用较为固定的年薪制。固定薪酬具有鲜明的特点，它不受超额贡献的影响，但一旦未能达到既定标准，将会按照一定比例进行倒扣。正如心理框架效应所揭示的那样，人类具有损失厌恶的天性，这种固定薪酬模式无疑强化了领导者的守成心理，使得他们在工作过程中尽可能地规避风险、避免采取激进的策略。

而对于明星员工，组织为了将其牢牢留住，通常会给予远高于市场平均水平的薪酬待遇。但同时，为了确保投资能够获得相应的回报，组织一般会设定较高的绩效目标，即实行弹性工资制。这就使得明星员工为了证明自身价值、获取高额薪酬回报，更倾向于冒险尝试。

激励制度的巨大差异犹如一道鸿沟，不断扩大领导和明星员工之间的裂痕。如之前所提及的软硬权力的博弈以及掌控力的争夺等现象，归根结底皆源于此。在高薪酬、高期待的背景下，明星员工为了能够避开请示、协调、审批等烦琐的科层官僚成本，高效地完成任务，有时会凭借自身的软权力做出一些越权、越级的行为。不可否认，从完成任务的角度来看，这些行为或许对组织是有利的，但却在无形之中模糊了组织内部清晰的权力界限以及统一指挥的原则，使得领导陷入尴尬境地。

极端恶果：两虎相争，满盘皆输

尤为值得警觉的是，根本价值观上不可弥合的分歧，在不当的激励机制强化下，若不及时进行沟通或者由更高层领导介入干预，明星员工与领导者间表面的不和，或将急剧升级为自我封闭冲突（self-encapsulating conflicts），届时，整个组织便如同被两匹桀骜不驯的烈马所拖拽，难以驾驭。

自我封闭冲突概念，由社会学家阿米泰·埃齐奥尼（Amitai Etzioni）提出，用以描绘冲突不断升级的现象。其特征有四：一是认知刚性。冲突双方——领导者与明星员工，在信念与立场上愈发固执己见，排斥其他可能性及对方观点。二是沟通障碍。随着时间推移，双方沟通日益减少，误解与偏见随之加深，冲突愈发激烈。三是利益板结。各方愈发坚信自身原则立场与利益至高无上，忽视了冲突可能给双方乃至整个组织带来的共同伤害。四是第三方调解受阻。由于冲突的封闭性，同事或更高层领导等第三方调解者难以介入，即便介入也难以被冲突双方接受，因为其往往拒绝外部调解或解决方案。如此，必将导致"两虎相争，全局皆输"的惨烈后果。因此，推动双方关系重建的重任，已赫然摆在高层领导的案头，亟待解决。

关系构建：权力与地位的和谐共融

为规避"双输"的不利局面，构建明星员工与领导之间积极和建设性的关系成为破解难题的关键所在。如前所述，权力与地位之间的对抗，其根源在于双方内心深处感受到的来自对方的潜在威胁。而破解这一困局的关键在于搭建起畅通无阻的沟通桥梁，展开深入且富有成效的互动交流。

明星员工不仅凭借卓越的绩效、广泛的社会关系、强大的影响力或高曝光度彰显其"明星"实力，他们更渴望在组织的正式场合中，得到领导对其明星"地位"明确且合法的认可。同样，领导也需要借助明星员工的显赫地位来为其权力背书，从而彰显其权力来源与行使的正当性。如果此时明星员工能够带头服从领导的安排，这将极大地提升领导者的威望与地位，进而引领众人纷纷追随、服从。

充满仪式感的身份确认

关系认同理论指出，关系建构的首要步骤是身份确认。然而，明星员工天生的"矜持"使他们不愿轻易放下身价，通过某种"投名状"来换取领导法理上的认可。领导需要超越"自我透镜"，充分认识到明星员工表现出的"水平敌意"并非不接纳，而是作为等待方，在期盼一场富有仪式感的身份确认和接纳。因此，领导应淡化"权力透镜"，重拾"信任透镜"来定位与明星员工的关系。通过精心创设特定情境，先于明星员工的"水平敌意"启动身份"仪式"，在公司层面明确他们的"明星"地位。

例如，美国得州仪器公司的经理鲍比·马汀帕尔，他作为一名空降而来的领导者，尽管自身是技术专家出身，但在公司会议上每当有人提出问题时，他总是让公司的明星员工雅明·杜兰尼率先进行解答。这种做法看似平常且无特定的仪式流程，但实际上却充满了强烈的仪式感，是一种典型的身份确认"仪式"。其目的在于让公司全体成员清晰且明确地认识到"明星就是明星"，而这一举措也成功赢得了杜兰尼甘之如饴的追随。

综上所述，作为掌握权力的一方，领导需要潜心钻研并修炼与明星员工这类独特个体的相处艺术。正如古代先贤老子所说："是以圣人终不为大，故能成其大"（《道德经·第六十三章》），富有智慧的领导者能够以谦逊、虚静的姿态对待下属，而不盲目自大，如此方能赢得下属的真心归附与拥戴。因此，通过创设场景赋予明星员工应有的地位，不仅不会对领导的自尊构成威胁，反而有助于增强其权力的再生性，这种再生性的影响力不受外部因素干扰，还能增加领导内心的亲切感。

把握自我调节和转换适应的艺术

对于拥有地位优势的明星员工而言，同样需要积极主动地修炼与领导和谐共处之道。把握自我调节技能，对于实现与领导的顺利磨合以及构建和谐关系起着举足轻重的作用。

与领导的磨合期可以细分为转换适应和恢复适应两个阶段。转换适应阶段，主要是通过认知层面的重塑，有力地抑制先前那些可能与新组织规则和秩序不相契合的认知模式与行为方式；恢复适应阶段则是指在经历转换适应后的再学习与进一步提升的过程。根据德国埃尔朗根－纽伦堡大学的科妮莉亚·尼森（Cornelia Niessen）等人的研究，自我调节技能能够助力明星员工通过有效控制消极情绪以及聚焦核心任务，平稳且顺利地度过这两个重要的适应期。

有效控制消极情绪能够促使明星员工将注意力从过度关注自我认知，逐步转移到密切留意新组织惯例所带来的规则和秩序变化上。变化往往具有两面性，威胁与挑战并存。管理专家杰夫·海曼（Jeff Hyman）在《瞄准明星员工》一书中提到，明星员工最为关注的并非物质报酬，而是充满吸引力与挑战性的任务，他们对未曾尝试过的事物总是充满探索的热情与兴趣。

基于此，除了明星员工自身需要主动进行情绪管控之外，领导若能够礼贤下士，积极与他们共同商讨新的发展规划与方向，也将有助于化解他们内心的消极情绪，从而将其注意力成功引导至全新的挑战领域。挑战就如同强力的磁石，有助于将这些秉持专业主义的明星员工注意力的焦点吸引至展示自我能力的任务竞技舞台。而聚焦任务又能够进一步引导他们全心投入到学习新知识、新技能当中，进而构建起适应新规范和秩序的认知架构，以及形成应对新挑战的深层次处理策略。反过来，在新秩序下实现的能力升级又有助于明星员工赢得领导的高度认可，进而消解潜在的情绪困扰。可见，"三个有助于"巧妙地形成了一个紧密相连、良性循环的有效闭环，不仅能够助力明星员工散发应有的"耀眼"光芒，更为关键的是能够将原本与领导的"宫斗"关系，顺利地转化为"相互成就"的理想状态。

察纳雅言与躬身力行

在权力与地位的冲突中，领导者和明星员工往往对同一问题有着迥异的解读和表达。这种差异的根源在于他们各自的价值追求：领导者承担着维护组织整体利益的重任，从权力的行使中获得掌控的满足感；而明星员工则更注重个人的成长和专业技能的提升，从个人成就中获得自我实现的满足。

基于组织设计的法定原则，领导者在组织结构中占据核心位置，这要求明星员工采取主动策略，与领导者建立有效互动。借鉴德雷塞尔大学丽莎·巴恩斯（Liza Barnes）等人的研究，我们可以从三个阶段，来促进明星员工与领导者建设性关系的创建。

人际学习阶段：明星员工需要展现出高度的敏锐性和开放性，通过观察和学习领导者的行为模式、决策偏好以及思维模式，来深入理解其领导风格和工作方式。这一阶段的"察纳雅言"至关重要，它要求明星员工不仅要倾听，更要能够接纳并内化领导者的有价值意见，从而建立起对领导者行为模式的深刻认知，为后续的有效互动奠定坚实基础。

代理角色阶段：明星员工需要积极寻找机会，代表领导者在组织内部发声和行动。这包括参与领导者缺席的会议，传达其愿景和决策意图，以及收集并整合组织内部的反馈信息，反馈给领导者。通过这一阶段的互动，不仅增强了领导者的法定权力和影响范围，同时也提升了明星员工在组织中的地位和作用，实现了双方的共赢。

视角拓展阶段：明星员工需要勇于挑战自我，跳出原有的思维框架，向领导者提出不同的观点和反馈。这一阶段的"躬身力行"尤为关键，它要求明星员工通过实际行动来支持并影响领导者的决策过程，为其领导力赋能。通过提出建设性的批评和建议，明星员工可以帮助领导者识别认知盲点和行为的潜在影响，从而促进其决策过程的科学性和合理性。

综上所述，通过这三个阶段的互动和学习，明星员工不仅能够与领导者建立起积极的合作关系，还能够在组织中发挥更大的影响力。这种互动不仅有助于提升组织的整体效能和竞争力，还能够促进领导者和明星员工个人的成长和发展。

角色升华与情感同步

要从根本上化解因差异引发的冲突矛盾，在双方对彼此关系边界达成默契之后，还需进一步跨越正式角色的固有边界，构建起角色升华的深层次关系。

通过对行为拟态的深入研究发现，在社会互动中，人们常常会在不经意间（且通常是无意识的）根据他人的身体动作来灵活调整自己的行为，以便更好地适应伙伴的节奏。进一步研究表明，社会生活和组织管理中普遍存在社会同步现象，即个体在社会互动中倾向于主动调整自身行动，以与他人的行为节奏达成一致。美国西北大学的莎莉·布朗特（Sally Blount）教授的研究表明，当个体深切体验到与他人同步时，他们对彼此互动的融洽感和流畅感会显著提升，这更有利于构建稳定且紧密的社会关系。换言之，若组织中执掌权力的领导者与拥有显赫地位的明星员工之间能够建立同步关系，便实现了角色的升华，如同强强联手，上下齐心，汇聚力量于一处。

实现角色升华，通常需要满足三个不可或缺的条件。

第一，共同愿望：双方均怀有从工作关系进阶为友谊关系的强烈意愿。

第二，非正式联系：在正式工作范畴之外积极增进彼此联系。

第三，共同考验：在面对外部压力时，双方能够经受住更高水准的考验。

若要从单纯的工作关系升华至志同道合的朋友关系，需要领导和明星员工双方齐心协力、共同付出努力。一旦角色成功升华形成深厚友谊，正式角色关系便会从工作场所自然延伸至非工作场所，领导与明星员工之间就不再仅仅局限于利益层面的关联，而是在情感层面深度融合形成共同体，产生强烈共振，最终铸就"权力"与"地位"之间相互倚重、彼此成就的至高境界。

正如美国学者莱斯利·贝克斯特（Leslie Baxter）所言，人际关系的核心价值在于人们如何处理矛盾与张力。掌握硬权力的领导者与处于高地位的明星员工之间存在矛盾并不罕见，但若处理不当，权力与地位便会如脱缰野马般激烈冲突，最终导致"明星黯淡、领导蒙羞、组织受损"的三输局面。唯有深谙人际关系构建的三重维度，通过"身份确认仪式—转换适应与再提升—察纳雅言与躬身力行—角色升华与情感同步"的四部曲，重建心理与关系纽带，才能打破明星员工陨落的颓势，延续其耀眼星光，同时助力组织在更高层次上建立相互成就的新型领导关系。

制度创新：构建领导与明星员工和谐关系的桥梁

建立高层干预制度

鉴于领导与明星员工因价值追求差异而可能产生的矛盾冲突，根据美国社会心理学家弗里茨·海德尔（Fritz Heider）的权力平衡理论，引入更具权威性和影响力的第三方介入，对稳定双方关系意义重大。如图 5 - 1a 所示，部门领导与明星员工都是备受高层领导器重的左膀右臂，若二者不合，相互拆台，必然会导致三者关系失衡。高层领导适时适度地介入，从三个方面进行干预，有助于构建如三角形般稳固的关系结构（见图 5 - 1b）。

其一，针对因语义表达差异等引发的软性冲突，高层领导可精心营造富有仪式感的活动场合，以此促进双方情感深度交融，增进彼此对对方语言体系的理解。通过工作之外的互动交流活动，能够有效消除双方感知到的威胁感，助力部门领导与明星员工突破正式角色的限制，建立起深厚的友谊。例如，组织户外团建活动、文化交流活动等，让双方在轻松愉悦的氛围中增进了解。

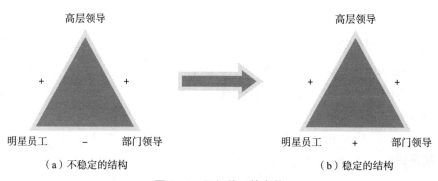

图 5-1　组织关系的变革

其二，若冲突源于部门领导的恶性嫉妒心理，可采取明升暗降的策略，将其调离原岗位，从而减少矛盾源头。这样既给了领导一定的体面，又能从根本上解决问题，避免矛盾进一步激化影响团队氛围和工作效率。

其三，一旦明星员工过度沉溺于技术"洁癖"，将其置于组织利益之上且毫无改变之意时，高层领导必须有刮骨疗毒的果敢。对于那些被学者诺曼·费瑟（Norman Feather）喻为"高大罂粟花"——外表夺目实则有害的明星员工，要坚决将其从组织中剔除。为让他们能不失体面地离开，同时又不致使辞退成本过高，较为稳妥的办法是组织借助猎头公司，把他们"请走"，毕竟这类明星员工通常不缺追逐者。

完善双职业通道制度

为解决职位与专长分离带来的问题，关键在于搭建互通的职位职级并行通道。鉴于领导者追求仕途晋升，而明星员工是技术控，建立职务职级并行制度，并遵循透明预期原则，能够让双方清晰地看到各自的职业发展路径。明星员工可沿着专业技术路线逐步晋升，领导者则沿着行政路径发展。同时，组织提供横向贯通和斜向晋升的机会，即当明星员工具备一定领导能力时，可晋升至相应管理岗位。

当这两大并行的职业生涯通道被有效打通后，便能激发出相互成就的正面效应。正如汉高祖刘邦凭借其运筹帷幄的智谋，使得张良、萧何、韩信等一众文臣武将得以心无旁骛地发挥其才能。领导者的高效统筹和规划，能够让明星员工摆脱烦琐事务的束缚，专注于自己的核心业务，从而最大化地发挥他们的知识和专业优势。同时，明星员工的卓越表现也会为领导者带来荣耀，增加晋升的资本。双方在相互依赖和促进中，权力与地位得以融合，共同为组织发展贡献力量。

拓展阅读

从"运筹帷幄"看领导者如何管理明星员工

据《史记·高祖本纪》记载，刘邦在洛阳南宫的宴席上，掷地有声地提出："吾何以得天下，而项籍何以失之？"这一问题背后，是他对领导本质的独到见解。他谦逊地指出，之所以能克敌制胜，一统天下，关键在于他善于汇聚并善用人才，尤其是张良、萧何、韩信这三位人中之杰。刘邦自省道："夫运筹策帷帐之中，决胜于千里之外，吾不如子房。镇国家，抚百姓，给馈饷，不绝粮道，吾不如萧何。连百万之军，战必胜，攻必取，吾不如韩信。此三者，皆人杰也，吾能用之，此吾所以取天下也。"

这段话不仅展示了刘邦的自知之明，也体现了他对激发"明星"下属的才能有深刻的认识。刘邦明白自己的局限，并能够根据张良、萧何和韩信各自的特长来分配任务和责任。这种领导风格和用人之道，对现代组织中领导者与明星员工关系的构建有着重要的启示。

首先，领导者与明星员工应各司其职，形成互补互助的良性生态。在职位职级体系内，双方既相互独立，又相互依存、相互监督，还相互贯通。领导者需明确自身定位，不越俎代庖，而是成为团队的指引者与支持者。其次，领导者应具备慧眼识珠的能力，善于挖掘并善用人才。这不仅要求领导者对每位明星员工的个性、专长有深入了解，更要能根据组织战略与项目需求，合理调配资源，为明星员工搭建展现才华的广阔舞台。再者，领导者应致力于营造开放包容、鼓励创新的工作氛围，激励明星员工在挑战中成长，在创新中发光。同时，通过提供持续的学习与发展机会，为他们铺设职业晋升的阶梯，实现个人价值与组织目标的双赢。

健全"扭麻花"式交叉型激励机制

鉴于当前激励机制的不合理进一步激化了领导者与明星员工的内部冲突，将双方的利益像"扭麻花"一样紧密结合在一起至关重要。正如著名心理学家爱德华·德西（Edward Deci）所深刻洞察，有效的激励必须与岗位的固有属性相适配，并且要充分满足个人内在的心理需求。当这些基本心理需要得到有效满足时，个体的内在动机才会被激发起来，进而更有可能产生积极的行为表现，同时提升自身的幸福感。

根据这些原理，具体设计思路如下（见图 5 - 2）。

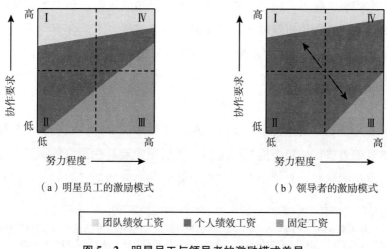

（a）明星员工的激励模式　　　（b）领导者的激励模式

▨ 团队绩效工资　　■ 个人绩效工资　　▨ 固定工资

图 5 - 2　明星员工与领导者的激励模式差异

如图 5 - 2a 所示，当明星员工积极努力，且组织期望他们发挥个人创造力时，应推行以固定工资为核心的薪酬模式，如协议工资制。这样做能够减少绩效工资对他们内在创新动力的抑制①（参照图 5 - 2a 象限Ⅲ）。

当组织需要他们引领团队发展时，适宜采用以个人绩效工资为主体的薪酬模式，以此激励他们发挥示范引领作用，同时配合团队绩效工资制度，促使他们承担起更多团队辅导的职责（见图 5 - 2a 象限Ⅳ）。当然，倘若明星员工工作态度消极、缺乏努力，则运用绩效工资制度对其进行督促倒逼（见图 5 - 2a 象限Ⅱ）。在合作需求较高的情况下，适合采用团队与个人绩效工资混合的制度（见图 5 - 2a 象限Ⅰ）。

再看图 5 - 2b 中关于部门领导的激励模式。在领导者努力勤勉的前提下，若团队协作要求较低，领导者主要承担监督者职责，工作内容相对单一常规，此时宜采用以固定工资为主的激励模式（见图 5 - 2b 象限Ⅲ）；若领导者需要更多地协调团队节奏步伐，则应以个人绩效工资为基础，增强分选效果，挑选出业绩更为出色的领导与明星员工协同合作。此时，绩效工资的范围应适当扩大，向上向下拓展。如此一来，领导与明星员工的利益便如同"扭麻花"般紧密相连——明星员工的创新引领作用越强，团队绩效越高，领导所获得的报酬也就越多；反之，领导的管理水平越高，明星员工的工作环境越舒适，其发挥的作用也就越大，进而形成一个良性循环的闭环（见图 5 - 2b 象限Ⅳ）。当然，若领导者出现不作为或不努力的情况，则同样采用个人和团队绩效工资制度对其进行倒逼（见图 5 - 2b 象限Ⅰ、Ⅱ）。

正如积极心理学家乔纳森·海特（Jonathan Haidt）在经典著作《象与骑象人》里所表达的那般见解，现代组织，既迫切需要那些充满激情、拥有敏锐直觉且带着些许独特个性的明星员工去引领发展浪潮，也离不开理性且擅长审时度势的领导者来把控全局走向。我们务必清晰地认识到，不管是手握

---

① 绩效工资（pay for performance）是一种薪酬模式，其核心在于将员工的收益直接与其贡献挂钩，旨在将个人目标与组织目标紧密联结，并将部分风险转移至员工身上。其特点是要求员工在特定的考核周期内，遵循既定的考核标准，达成既定的考核目标，才能获得相应的报酬。这一理念与古语"食君之禄，忠君之事"相呼应，体现了绩效工资的控制性。这一点已得到大量研究的证实，具体可以参见爱德华·德西的《内在动机：自主掌控人生的力量》、艾尔菲·科恩（Alfie Kohn）的《奖励的惩罚》（Punished by Rewards），以及马君和闫嘉妮发表在《管理世界》上的文章《正面反馈的盛名综合症效应：正向激励何以加剧绩效报酬对创造力的抑制？》。

资源控制权的领导者，抑或是能够掌控关键资源流动走向的明星员工，他们皆仿若"被上帝咬过的苹果"，诚然存在缺陷，然而各自又独具非凡价值。正因这般情形，通过完善组织机制设计，尤其是打造"扭麻花"式的交叉型激励机制，能够让因职位与专长分离所造成的个体缺陷在相互协同、彼此补充的过程中转化成为积极有益的元素，从根本上杜绝组织优质资源在无价值的"宫斗"里白白浪费，实现领导与明星员工关系的和谐共生，助推组织持续健康地发展壮大。

本章小结

本章深入探讨了明星员工与领导者之间关系的平衡艺术。恰如拉动组织战车的两匹性格鲜明的骏马，一者代表领导者，恪守规则与程序，稳健前行；另一者则象征明星员工，勇于探索，追求创新突破。为维持组织的稳定与发展，我们亟须探索一种平衡之道，既能充分发挥明星员工的独特才能，又不影响领导者的核心地位。

本章首先从资源"开关权"与技术"诀窍"的交锋出发，剖析了明星员工与领导者在权力格局与地位争夺中的微妙博弈，以及这场无声较量对组织氛围、同事关系及当事人自身的潜在伤害。随后，从价值追求的差异、职位与专业技能的脱节、激励机制的严重扭曲这三个深层次维度，深入挖掘了二者冲突产生的根源所在。在此基础上，本章进一步提出了通过"充满仪式感的身份认同构建""精准把握自我调节与转换适应的艺术""察纳雅言与躬身力行""角色升华与情感共鸣的同步推进"这四个关键的社会互动环节，来重构明星员工与领导者之间关系的有效路径。同时，还着重探讨了通过"构建高层介入与协调机制""优化双职业通道发展体系""完善'麻花式'交叉激励模式"这三项核心举措，以制度创新为驱动，展现平衡明星员工与领导者关系的管理智慧。

总体来看，平衡明星员工与领导者之间的关系是一项复杂而至关重要的组织任务。这要求我们在多个关键领域共同努力：要认识到冲突的潜在危害；

深入剖析冲突的根本原因；通过开展建设性的对话和合作来缓解矛盾；最后通过制度创新来促进双方的关系。通过综合施策，我们有望打造一个更加和谐、高效的工作环境，进而在更高层面上构建一种以"相互成就"为核心的新型领导与明星员工关系，共同推动组织目标的实现与超越。

第六章

激发明星员工创造力的领导艺术

若你想造一艘船舶，无须劳师动众地四处搜集材料，更不必对工匠颐指气使地发号施令。你只需点燃他们内心深处对那浩渺无垠大海的憧憬与向往。

——安东尼·德·圣埃克苏佩里（Antoine de Saint-Exupéry）

在代达罗斯发现自己深陷自己所建造的迷宫之后，设计并制造了一对能够飞翔的翅膀，决定带着儿子伊卡洛斯（Icarus）一起逃离克里特岛。在飞行前，代达罗斯郑重地警告儿子，翅膀是用蜡将羽毛粘合而成的，不要飞得太高，因为太阳会熔化翅膀上的蜡，也不要飞得太低，以免翅膀被海水打湿，影响飞行。然而，年轻的伊卡洛斯在飞行的过程中，被自由飞翔的快感所冲昏头脑，他忘记了父亲的警告，越飞越高，直到接近太阳。最终，翅膀上的蜡因无法承受高温而熔化，伊卡洛斯也因此失去了翅膀的保护，坠入了大海，不幸身亡。

这个故事对明星员工的管理提供了重要的启示。首先,它强调了能力与责任相匹配的重要性。明星员工,尽管才华横溢,也必须确保他们的能力与所承担的责任相称。如果期望过高,可能会导致他们承担超出自己能力范围的风险,正如伊卡洛斯没有听从父亲的忠告,导致了他的不幸。

其次,故事揭示了明星员工面临的内心期望放大的问题,这是诱发绩效导向行为的典型因素。伊卡洛斯可能就是为了证明自己的能力,而忽视了安全飞行的基本原则。在职场中,明星员工可能会因为过分关注绩效或者为了验证他人对自己的期望而忽视了自身学习和发展的重要性。斯坦福大学著名心理学家卡罗尔·德维克(Carol S. Dweck)的研究区分了绩效导向和学习导向两种心态。绩效导向的人在面对失败时会感到尴尬,而学习导向的人则会将失败视为成长和学习的机会,从而更加努力。明星员工被寄予的厚望可能正是诱发绩效导向的典型因素。他们在追求展现绩效的行为中,忽视了个人成长和学习的本质,这可能导致他们无法持续发展,甚至可能因为过度追求短期目标而遭遇职业上的挫折。

人才诅咒与高期望陷阱

天才儿童的悲剧

瑞士影片《想飞的钢琴少年》以细腻的笔触,成功刻画出智商高达 180 的天才少年维达斯(Vitus)的形象。他不仅以稚嫩之龄创立了自己的企业,还别出心裁地让祖父担任总裁一职,更令人惊叹的是,为了挽救被解雇的父亲,他毅然收购了父亲的公司,并由他掌舵,这一系列壮举皆源自他阳台上的那次意外跌落。正是这一跌,奇迹般地让他规避了神童常陷的"仲永之殇",开启了一段截然不同的人生篇章。

维达斯自幼便展现出惊人的天赋与才华,初触琴键便能流畅地演绎旋律,其他领域亦是游刃有余,甚至在某些方面超越了师长的认知,这份超群使得他难以融入同龄人的世界。天赋的光芒虽为他铺设了通往成功的坦途,却也成了沉重的枷锁，母亲的全身心投入与期望，将他推向了成为钢琴巨匠的既定轨道，而父母的功利心态与师长的殷切期盼，更是如巨石般压在他的心头，让他倍感压抑。于是，维达斯精心策划了一场"坠落"，从阳台一跃而下，假借脑部受伤之名，让母亲那塑造天才儿子的梦想化为泡影。从此，他远离了聚光灯，做回了自己，开启了另一段"开挂"的人生。

影片不仅揭示了"天才"光环下的自我救赎之路，更微妙地展示了天才与普通人身份转换的界限。这一界限，与心理学家艾丽斯·米勒（Alice Miller）提出的"天才儿童的悲剧"观点不谋而合。米勒深刻指出，天资聪颖且求知欲旺盛的孩子，往往会迎合过度溺爱与高期望值的父母，不自觉地压抑并隐藏自己的真实情感与内在需求。长此以往，他们逐渐失去了对自我情感与需求的深刻认知与理解，陷入了一种空虚感与疏离感之中。这种心理状态，在职场中明星员工的身上同样存在：才能的认可，反而成了才能消失的催化剂，构成了一个看似矛盾的悖论。实际上，他们的才能并未消失，只是被那些情感疏离、要求苛刻的组织"父母"所占据，不再真正属于他们自己。

正因如此，那些才华横溢、备受瞩目的明星员工，在职场中往往难以将内在的智慧、经验与技能转化为真正的创造力。这一现象，不仅值得领导者深思，更成为考验组织领导力的重要议题。如何激励明星员工的创新思维和创造力，如何在高期望与人才诅咒之间找到平衡，是每一个追求卓越的领导者必须面对的挑战。

人才诅咒

欧洲英士国际商学院（INSEAD）的珍妮佛·彼崔格里利（Jennifer Petriglieri）与詹比耶洛·彼崔格里利（Gianpiero Petriglieri）在《哈佛商业评论》上发表了一篇引人深思的文章，首次提出了"人才诅咒"这一独特概念。这一概念深刻揭示了那些被众人誉为才华横溢、潜力无限的员工所面临的困境。

这些员工，因其出众的才能而被组织及他人寄予厚望，被视为公司未来的中流砥柱。他们自身也往往沉浸在这种光环之中，认同并追逐着这种被理想化的才能标签。然而，正是这种认同，可能悄然成为他们成长的绊脚石。在"人才诅咒"的阴影下，这些员工过分依赖自己的天赋，却忽视了个人成长与全面发展的重要性。他们为了满足外界塑造的"理想"形象，不惜牺牲真实的自我，委曲求全，只为迎合他人的期待。他们像陀螺一样旋转在证明自己能力的舞台上，疲于奔命，只为验证自己明星身份的合法性。

文章通过一位名叫托马斯的员工案例，生动展现了"人才诅咒"的残酷现实。托马斯，这位公司中最耀眼的员工，他的才华甚至赢得了竞争对手的赞誉。然而，在看似光鲜亮丽的职业生涯背后，他却承受着难以言喻的身心疲惫。为了满足外界对他"理想"形象的期待，他不得不戴上伪装的面具，隐藏真实的自我，不断地在证明与表现之间挣扎。这种持续的压力与挣扎，让他逐渐迷失了方向，工作的意义与目标变得模糊不清，甚至开始公开质疑自己的能力。

托马斯的故事并非个例，在人才管理领域，"人才诅咒"的现象屡见不鲜。它提醒我们，才华与潜力虽然宝贵，但过度的期望与压力却可能成为阻碍个人成长的隐形枷锁。因此，如何打破这一诅咒，让才华真正成为推动个人与组织共同成长的助力，值得我们深入思考与探索。

昔日的天才员工李之（化名）之所以离开某通信科技公司，据称是为了摆脱"接班人"的重负，真正地闯荡出一番属于自己的事业。李之年少成名，27 岁便坐稳了该公司副总裁宝座。当年他带领研发团队主导了全球 2G 的发展，仅用五年的时间，将公司的估值推升了 50 倍。他独特的眼光和才华赢得了企业领导人的赏识，甚至被当作公司"接班人"来培养。李之离开公司，在当时引发震动，甚至有媒体有"叛逃""反噬"甚至"反目成仇"等说法。真相无从知晓，不知道是否是因为没有了企业领导人"严父般"的提点和规约，一个客观事实是，李之在随后的创业征途中历经坎坷，甚至因涉嫌内幕交易罪入狱，让人唏嘘不已。今天，洗尽铅华的他在新能源领域默默耕耘。

这些案例表明，那些被寄予厚望的明星员工往往承受着巨大的工作压力和心理负担。这种压力源自维持高绩效的期望以及对失败的恐惧。这里涉及两个社会心理机制：他人如何看待你，以及你如何看待他人对你的看法。

自我实现预言：活成别人期望的样子

皮格马利翁（Pygmalion），这位古希腊神话中的塞浦路斯国王，以其精湛的雕刻技艺而闻名。他曾雕刻出一个栩栩如生的美少女雕像，并深深地爱上了她。每日，他都向爱神阿佛洛狄忒虔诚祈求，希望雕像能够复活。最终，他的真诚感动了爱神，雕像化为了真正的少女，成为了他的皇后。后来，人们将"寄予美好期望就能收获奇迹"的现象，称之为"皮格马利翁效应"，抑或称为自我应验预言。它揭示了一个深刻的道理：一个人对另一个人的期望，往往能够成为其自我实现的预言。

管理学家斯特林·利文斯顿（Sterlin Livingston）在《哈佛商业评论》上发表的经典文献，深入剖析了管理中的皮格马利翁效应。他提到，纽约大都会保险公司曾对人员结构进行调整，将业绩最优秀的寿险代理员分到一组，次等的分到另一组，以此类推。一年后，业绩最好的一组不仅人员团结，战斗力也超强，几乎贡献了全部业绩的一半。而由差等员工构成的团队则内讧不断，业绩垫底。这一结果充分证明了"看好你"的感染力，以及向下属寄予美好期望的重要性。优秀的管理者应该传递积极的期望，而不是消极的"你不行"。

从自我验证的角度来看，背负着高绩效期待的明星员工也有动力通过努力来证明自己的地位。他们害怕从"高高的梯子上坠落"，被那些觊觎他们位置的人所取代。今天，明星员工作为创新的主力军，领导者期望他们发挥创造力，引领团队应对数字时代的挑战。然而，在这一过程中，有三个问题值得我们深思。

首先，高绩效期望是领导者通过向下属传递实现高绩效目标的期待，用来激发下属抱负的一种隐性的心理契约。它虽然不具有刚性的约束作用，但却暗含着心照不宣的奖惩机制。如果领导者的厚望落空，根据前面提到的关系透镜理论，他们会通过信任、自尊和权力三面透镜重新审视与明星员工之间的关系。一旦伤及领导自尊，不仅会失去领导的信任，还可能面临领导的权力弹压。

其次，创造力是在实现目标过程中为解决遇到的难题而产生的新颖且有用的想法和方法。它蕴含着高失败风险和高不确定性，即使投入大量的时间和精力也未必能成功。因此，当领导者期望明星员工实现高目标时，这些目标往往成为模糊且不确定性的挑战。出于安全考虑，明星员工可能会远离这些行为，不愿意尝试采用新方法改变已有的工作范式和流程。除非外部因素能够降低这些活动带来的心理风险，否则他们可能会选择保守的策略。

最后，自我验证具有三个特点：从事能表明自己优势的活动；选择性地接受能证明自己睿智的信息；试图使他人相信自己拥有才能。在寄予厚望的背景下，明星员工可能不得不从高期望目标本身蕴藏的乐趣中脱离出来，想方设法利用自己的优势和一切能够凸显自己成就的方法来应验领导的期望。这种恐惧失败的心理可能会抑制他们尝试新方法和想法的勇气，使他们疲于奔命、委曲求全甚至迷失自我，陷入"人才诅咒"和"高期待陷阱"之中。这一切的背后，都源于明星员工的心理框架效应在作祟。

心理框架效应：一鸟在手还是二鸟在林？

诺贝尔经济学奖得主丹尼尔·卡尼曼（Daniel Kahneman）和他的同事阿莫斯·特沃斯基（Amos Tversky）提出的心理框架效应，为我们理解"人才诅咒"和"高期待陷阱"背后的决策机制提供了深刻的洞见。这一效应揭示了，在作出策略选择之前，个体会基于损失厌恶原则（即"一鸟在手胜过二鸟在林"）进行心理算计，倾向于选择简单易行的目标以避免损失。

高绩效期望的初衷是积极的，领导者通过设定宏伟的绩效目标和传递殷切的期待，旨在激发下属的抱负和挑战自我。然而，这些目标往往具有挑战性和开放性，实现起来困难重重，标准模糊，难以量化。对于明星员工来说，如果能够精准把握领导的意图和偏好，并采取自己擅长的方式，就能大大提高达成领导期望的概率，这无疑是一种诱惑。

然而，收益型心理框架可能触发三种认知偏转：第一，偏好逆转，从高价值、高风险的创造活动转向安全和防御型活动；第二，动机偏转，从关注任务本身的乐趣转向关注外在评价因素；第三，目标偏转，从自主发展的学习目标转向追求表面工作的表现目标。这些偏转从两个方面抑制了创造力。

其一，过度迎合领导期望导致思维的带宽变窄，认知锁定在领导感兴趣的视点上，产生隧道视野，抑制创造力。

心理学家理查德·怀斯曼（Richard Wiseman）曾做过一个有趣的实验，要求志愿者数出一份报纸中的照片数量。研究发现，不认真的个体要比那些专注度高的个体用时更少。因为他们更容易跳出格式化思维，从报纸的中缝中直接找到已经提供的答案。

管理学大师介绍

丹尼尔·卡尼曼

丹尼尔·卡尼曼（Daniel Kahneman），行为经济学与认知心理学领域无可争议的先驱与奠基者，被誉为"行为经济学之父"，被美国白官描述为"心理学的先驱"。因其在行为经济学领域的卓越贡献，于2002年荣获诺贝尔经济学奖。

个人背景

丹尼尔·卡尼曼1934年3月5日出生于以色列特拉维夫，1954年在以色列希伯来大学获得了心理学和数学学士学位。1961年在加州大学伯克利分校荣获心理学博士学位。1993年成为普林斯顿大学聘为尤金·希金斯心理学教授，同时担任伍德罗·威尔逊公共与国际事务学院的公共事务教授，直至2007年退休，荣膺名誉教授之职。普林斯顿大学网站和《纽约时报》同时报道，他于2024年3月27日逝世，享年90岁。

主要成就

他的最大贡献是与合作者阿莫斯·特沃斯基（Amos Tversky）共同提出前景理论（prospect theory），颠覆了传统经济学对人类决策行为的认知。该理论深刻揭示了人们在面对风险时的复杂决策过程，指出决策不仅依赖于预期效用，更受到参照点、损失厌恶等多重心理因素的影响。前景理论包含两个核心阶段：编辑阶段与评估阶段。在编辑阶段，个人会对选择方案进行初步的描述和框架设定，这一过程深受框架效应的影响，即同一决策问题的不同表述方式可能导致截然不同的选择结果。卡尼曼教授在《思考，快与慢》一书中，通过生动的案例和深入浅出的分析，进一步阐述了框架效应对人类决策行为的深远影响。他指出，人们在面对复杂问题时，往往依赖于直觉和启发式思维，而这些思维方式容易受到信息呈现方式的影响，从而导致判断偏差。

评估阶段则包括价值函数（value function）和概率权重函数（probability weighting function）两个关键组成部分。价值函数描述了人们对收益和损失的主观感受，人们对损失的厌恶程度远大于对同等收益的喜好。而概率权重函数则揭示了人们对概率的非线性感知，即对小概率事件过度关注，而对大概率事件则估计不足。

主要著作

《思考，快与慢》（*Thinking，Fast and Slow*）、《噪声：人类判断的缺陷》（*Noise：A Flaw in Human Judgment*）、《不确定下的判断：启发式与偏差》（*Judgment under Uncertainty：Heuristics and Biases*）、《选择、价值和框架》（*Choices，Values，and Frames*）、《行为经济学的进展》（*Advances in Behavioral Economics*）等多部重要著作。

荣誉与奖项

先后荣获美国心理学协会杰出科学贡献奖（1982 年）、实验心理学家协会沃伦奖（1995 年）、希尔加德职业生涯贡献奖（1995 年）、诺贝尔经济学奖（2002 年）、格劳梅耶奖（2002 年）、美国心理学协会终身贡献奖（2007 年）、美国艺术与科学学会塔尔科特·帕森斯奖（2011 年）、美国总统自由勋章（2013 年）以及美国经济协会杰出学者奖（2015 年）等多项殊荣。

　　资料来源：图片来自作者学术网站，https：//kahneman. socialpsychology. org/files。

　　其二，过度迎合领导期望强化了计划思维和功利导向，从深入问题"迷宫"内部探索更多路径，转向尽快找到"迷宫"出口，从而抑制创造力。

　　近期，网上流传埃隆·马斯克在社交平台 X 上揶揄雷军声称其 SU7 在参数指标上超越特斯拉 Model 3 的段子。大意是"对任何技术进行评分的正确方法不是将其与竞争对手进行比较（这太容易了），而是将其与物理极限进行比较"。事后证明这句话出自马斯克回应一名技术专家对用光速描述系统延迟合理性的质疑。马斯克用星链（Starlink）举例说，尽管它比其他卫星互联网服务延迟低很多，但是与物理极限相比仍有巨大改进空间。总之，马斯克的本意是，对标竞争对手，是典型的计划思维，完成这类目标，形同掷飞镖游戏，一切为了正中靶心，这对人类的创新来说毫无意义。

　　杰弗里·辛顿（Geoffrey Hinton）[①]，作为 2024 年诺贝尔物理学奖和图灵奖的双料得主，在荣获诺贝尔奖后分享了他的研究心路历程。他坦言，他的

---

　　① 瑞典皇家科学院决定将 2024 年诺贝尔物理学奖授予约翰·霍普菲尔德（John J. Hopfield）和杰弗里·辛顿（Geoffrey E. Hinton），以表彰他们通过人工神经网络实现机器学习的基础性发现和发明。杰弗里·辛顿被誉为"深度学习教父"，他的研究极大地推动了现代人工智能的发展。他于 1947 年 12 月 6 日出生于英国温布尔登，在剑桥大学获得了实验心理学学士学位，并在爱丁堡大学获得了人工智能学博士学位。在 20 世纪 80~90 年代，辛顿在多伦多大学担任计算机科学系教授，其间他的研究为深度学习的发展奠定了基础。辛顿的主要学术成就包括推广了被称为"反向传播"的算法，这一算法是现代神经网络学习过程的核心。他与合作者在 1986 年发表的两篇里程碑式的论文中，提出了反向传播算法，使得具有多个隐藏层的神经网络能够有效地学习。辛顿的另一项重要贡献是发明了玻尔兹曼机，这是一种随机神经网络模型，能够通过随机过程学习数据的复杂模式。这些研究成果为深度学习的发展提供了重要的理论基础。尽管辛顿在人工智能领域的成就非凡，但他也对人工智能的未来发展表达了担忧。他警告说，如果不加以适当的控制，人工智能可能会对人类社会造成威胁，体现了辛顿作为科学家的责任感和对未来的深刻洞察。

研究起点并非旨在直接构建现代神经网络。实际上，他最初的目标是深入探索大脑的运作机制和认知科学的深层原理，特别是人类大脑神经元如何处理信息这一根本性问题。在对这些基础科学问题进行深入挖掘的过程中，他意外地发现了一些模型和算法，这些成果后来在人工智能领域扮演了关键角色，成为现代神经网络的核心组成部分。尽管这些发现对人工智能的发展产生了深远影响，但这并不是他一开始就计划好的目标。

OpenAI 的两位科学家肯尼斯·斯坦利（Kenneth Stanley）和乔尔·雷曼（Joel Lehman）在其著作《为什么伟大不能被计划》中分享了他们如何颠覆传统创新方法开发出 ChartGPT 的过程，表达了同样的观点。

商业名著推荐

《为什么伟大不能被计划》

《为什么伟大不能被计划》（*Why Greatness Cannot Be Planned：The Myth of the Objective*）作者为人工智能领域的杰出科学家、OpenAI 研究员肯尼斯·斯坦利（Kenneth Stanley）和乔尔·雷曼（Joel Lehman）。2015 年由施普林格出版社（Springer）出版，2023 年由中译出版社引入国内，译者为彭相珍。

这本书是两位作者在科学研究的过程中意外收获的灵感之作。他们通过人工智能领域的最新研究，提出了对人类约定俗成的思维方式的全新颠覆。书中指出，传统的依靠目标和计划成事的文化基因可能限制了人们的创新活力。作者通过丰富的案例分析，展示了那些能够适应变化、拥抱不确定性的组织和个人是如何取得成功的。具体来说，书中提出了以下核心观点：

质疑目标：作者质疑了目标存在的必要性，认为目标可能只是一种模糊的感觉。他们指出，过度依赖目标和计划可能会限制我们的行动，使我

们错失那些并非预期内的、却极具价值的机会。

新奇性探索：书中提倡一种更加开放的思维方式，鼓励我们减少过度计划，增加探索的自由度。作者认为，许多领域的创新都是源于探索过程中的偶然发现，这些发现最初并没有任何特定的应用目的。

踏脚石模型：作者通过"踏脚石模型"解释了创新的过程。在这个模型中，创新者需要不断寻找新的踏脚石，以拓展自己的认知边界和探索范围。这些踏脚石可能是新的理论、技术或方法，它们为创新者提供了前进的支撑和动力。

失败的价值：作者强调失败不是计划的失败，而是学习和成长的机会。他们鼓励我们接受失败作为创新过程中的一个自然部分，并从中汲取经验和教训。

这本书以其深刻的洞察力和颠覆性的思维，挑战了人们对目标和计划的传统认知。它告诉我们，伟大的成就往往不是计划出来的，而是在不断地探索、实验和适应中自然形成的。《为什么伟大不能被计划》不仅为个人的成长提供了宝贵的指导，也为组织的管理和创新提供了新的哲学思考，是每一位追求创新和卓越的个人和组织不可或缺的读物。

传统的人工智能（AI）算法开发路径倾向于预先设定明确的演化目标，随后在每一次迭代过程中实施严格的筛选机制：那些与目标相近的方案会获得正面评价并得以保留，而偏离目标的方案则会被淘汰。这种策略的最终目的是逐步逼近预设目标。然而，这种"目标导向"的方法存在一个显著缺陷：它过分聚焦最终成果的获取和呈现，却往往忽视了在探索历程中所遇见的独特风景及其潜在价值，就好比旅行中只关注终点而忽略了沿途的美景。

为了克服这一局限，研究者们创新性地开发了一种名为"新奇搜索法"的算法策略。该策略的核心在于，首先随机生成一系列多样化的解决方案作为起点，随后依据这些方案的新颖程度进行评估，优先保留那些展现出高度创新性的方案。这一过程类似于自然界的生物演化，保留下的方案会作为

"种子"，在后续的迭代中自然产生变异，进一步探索解决方案的广阔空间。这一循环不断重复，直至达到预设的迭代次数或是成功找到问题的终极解决方案。

简而言之，"新奇搜索法"不以"优劣"为评判标准，而是将"新颖性"视为首要考量。这种方法鼓励算法在未知的领域内大胆探索，发掘可能被传统目标导向方法所忽视的新思路和解法，从而在解决问题的同时，也拓宽了我们对问题本身及其可能解决方案的认知边界。

综上所述，真正的创造力源于对新颖性的探索和持续学习。领导者对明星员工的高期望，虽然意在激发他们的创造激情，却可能因为忽视了明星员工对失败的恐惧而适得其反。这种恐惧激发了他们的守成心理，迫使他们远离风险，从而抑制了创造力，不仅消耗了他们的潜力，也错失了创新的机遇。因此，领导者需要重新考虑如何平衡期望与员工的心理框架效应，以激发真正的创新和成长。

如何化解"高期望陷阱"

领导者要力避"以爱之名，折其羽翼"

在绩效贡献呈现幂律分布而非正态分布的今天，领导者将约80%的时间和精力倾注于前20%的高绩效员工，尤其是那些出类拔萃的明星员工，期望他们贡献80%的业绩，这本无可厚非。然而，这种做法可能无意中触发了明星员工的"收益性（守成）心理框架"，导致他们偏离创新轨道，失去原有的活力与创造力。

领导者需要深刻认识到这一点，并合理引导预期。他们应该鼓励明星员工摆脱他人的期许，成为自己行为的亲历者而非旁观者。只有这样，才能真正激发明星员工的内在动力，让他们在工作中保持持久的热情和创造力。这不仅是人才激励的核心价值所在，也是组织持续创新和发展的源泉。由此，领导者应审慎行事，减少在公开场合表达"器重""加担子"等空洞说辞以及不切实际的升职承诺，转而为他们提供更多自我提升与精进的空间。

英伟达创始人黄仁勋的管理哲学便是一个值得学习的范例。他从不为公司明星员工制订详尽的计划或远景规划，而是仅分享战略方向；他甚至不阅读他们的周报，因为他深知这些报告往往经过精心提炼与修饰，难以反映真实情况。相反，他鼓励员工通过邮件与他分享他们当前最为关注、最为重要的五项工作进展、发现或学习心得。尽管在他的"显微镜"下工作确实有压力，但许多人坦言，这种简约而高效的管理方式确实有助于他们"跳出箱式思维"（Think outside the box），心无羁绊地投入创新创造之中。

明星员工需涵养"怀瑾握瑜，风禾尽起"的心境

作为明星员工，他们应怀揣瑰宝，心怀大志。首要之务是学会以平和的心态看待外界对自己的评价，正视领导的高期望。他们应清醒地认识到，若过度迎合领导的期望，专注于保守且常规的收益行为，回避可能带来失败与错误风险的创造性活动，从长远来看，将不利于自身的知识积累与技能提升。其次，他们应明确自己的职业定位与长远目标。正如史蒂夫·乔布斯所言："你的工作将占据生活的大部分，而唯一能让你感到满意的方法，就是去做你认为伟大的工作。而唯一能让你做出伟大工作的方法，就是热爱你所做的一切。"因此，设定符合个人职业发展、既具挑战性又可实现的目标，是保持工作热情与动力的关键。最后，他们应妥善平衡领导期望中的"雄心壮志"与自身精进目标之间的关系，既要能够"举得起"，也要能够"放得下"，将战略重点置于推动组织创新发展的关键环节上，静待时机成熟，自然能够"风禾尽起，才华尽显"。

组织要拯救那些"被自己的伟大而毁灭的伟大人物"

古希腊哲学家亚里士多德在《诗学》中对英雄的悲剧性缺陷（hamartia）的刻画揭示了一个跨越时代的深刻主题：伟大的人物往往因其自身的卓越而走向毁灭。这一洞见不仅深刻影响着我们对古典悲剧英雄的认知，也为现代组织内明星员工的命运提供了宝贵的启示。

在现代组织中，那些才华横溢的明星员工，一旦置身于过度强调目标、对失败施以严惩的文化氛围中，即便这背后隐藏着关爱与厚望，也可能走向另一极端。这种文化如同无形的枷锁，将他们的独特才能与卓越品质深深束缚于无尽的忙碌与重压之下，最终导致创造力枯竭，甚至促使他们选择离开这片曾给予他们舞台的土地。组织要意识到，"伟大的成功并没有所谓的成功脚本"，现实的职场并非如"知遇之恩，当肝脑涂地"般感人至深，更非"皮格马利翁效应"般浪漫美好。因此，在设计激励机制时，应兼具柔性与张力。对掌握组织核心知识的明星员工寄予厚望是理所当然的，但绝不能因此设定过于严苛的目标导向或唯结果论英雄。在创新的道路上，组织应具备宽广的胸怀，合理引导预期，鼓励他们既能够成为"寻宝者"，又能够成为"垫脚石收集者"。

本章小结

本章深入剖析了领导者对明星员工的高期望可能带来的"双刃剑"效应，以及有效激发明星员工创造力的策略。正如"上涨的潮水能托起所有的船"，领导者对明星员工寄予厚望是情理之中的，但关键在于精准把握期望与压力之间的微妙平衡。这不仅是追求卓越领导者必须跨越的门槛，更是管理艺术的核心所在。

开篇，我们借助伊卡洛斯的神话与"天才儿童的悲剧"现象，揭示了过高期望可能对明星员工造成的潜在伤害。随后，我们引入了"人才诅咒"的概念，深入剖析了不当激励机制对明星员工表现的潜在负面影响。紧接着，我们从"皮格马利翁效应"（即自我实现的预言）与"心理框架"效应的角度出发，探讨了高期望如何不经意间导致明星员工创造力的流失，并据此从组织、明星员工及领导者三个维度提出了优化激励策略的具体建议。本篇印证了文学作品《无声的告白》中所揭示的深刻道理，"我们终其一生，就是为了摆脱他人的期待，找到真正的自己"。对于明星员工来说，领导者的期望有时可能变成一种隐性的束缚，无意中引导他们的认知发生偏转，侵蚀了他们宝贵的创造力，使得原本充满激情和创新的工作变得平淡无奇。

综上所述，领导者应全面认识明星员工的潜力与价值，给予他们充分的信任与支持，同时警惕过度期望与控制可能带来的危害。通过科学引导与有效激发明星员工的内在动力，助力他们在组织中发挥更大的潜能，为组织的持续发展与创新注入不竭动力。

第三篇

组织的协同

【本篇导读】

阿波罗的和弦

——秩序与和谐

在古希腊神话中，阿波罗不仅是太阳神，更是音乐之神，他用里拉琴的悠扬旋律调和万物，赋予世界以秩序与和谐。如果将组织比作一场盛大的音乐会，那么明星员工无疑是这场音乐会中的首席小提琴手，他们的每一次演奏都激荡着组织的激情与活力。然而，正如一场完美的音乐会离不开所有乐器的和谐共鸣，组织的繁荣发展亦需每一位成员的共同努力。本篇将从阿波罗的和弦故事中汲取灵感，探索的主题是"明星员工如何引领组织协同发展"。

首先，我们从音乐会中每个声部都有其独特的角色和旋律线获得灵感，探索明星员工与团队成员之间如何巧妙地演绎"主角与配角"的和谐平衡，推动每个成员都能在团队中找到自我定位；其次，我们从和谐的乐章并非仅靠高音独奏，普通员工的稳定与支持至关重要中得到启发，探索普通员工如何"通过选窝效应避免生态位重叠，寻找自己合适的定位"，从而与明星员工结成高水平的依赖式互补结构；最后，我们从不同声部演奏者之间的关系出发，探索了"不同明星员工之间的竞争与融合关系"，探索如何让明星员工们在相互学习与激励中携手成长，共同编织出团队成长的和弦力量。

阿波罗的和弦故事表明，组织中的每个成员都像是不可或缺的音符，共同奏响和谐的乐章。这带给组织的启示是，通过发挥明星员工的引领作用，帮助团队成员找准定位，促进彼此间紧密协作，同时激励明星员工相互之间建立高水平的合作与融合关系，推动信息自由流动和资源有效整合，唯有如此，组织方能谱写出一曲协同创新的壮丽乐章，成就辉煌篇章。

第七章
明星员工与配角的和弦共鸣

当我们翻开历史的篇章，映入眼帘的往往是这些精英们的辉煌事迹与传奇故事，他们的名字与功绩被镌刻在了岁月的长卷之中。相比之下，那些构成了社会庞大基石的农民群体，他们的日常生活——日复一日地挑水灌溉、耕田种地，这些看似平凡却至关重要的劳作，却鲜少在历史的长河中留下痕迹。

——尤瓦尔·赫拉利（Yuval N. Harari），《人类简史》

在一场气势磅礴的交响乐演出中，随着乐队指挥的精准手势，首席演奏家与乐队成员们共同谱写了"主角与配角"之间的和谐篇章。首席小提琴手，作为乐队的灵魂，凭借精湛的技艺，为乐队带来灵感并指引着音乐的方向。乐队的其他成员虽未站在舞台的中央，却以他们稳健的节奏和深沉的和声，为演出奠定了坚实的基础。他们彼此间默契配合，共同铸就了一曲震撼人心的交响乐章。

然而，首席或主角可能因为身心的疲惫需要暂时离开舞台休息，或者因为意外的发生而无法登台，这对于一个乐队或团队来说，这不仅是对其他成员能力的一次严峻考验，更是对整个团队协作和应对突发事件能力的挑战。

美国贝勒大学的约翰·陈（John Chen）等学者深入研究了美国国家篮球协会（NBA）中明星球员因伤缺席后复出，对球队表现产生的独特影响。他们揭示了一个饶有趣味的现象：明星球员回归后，球队的整体表现往往超越了其缺席前的水准。这一现象背后的核心逻辑在于，原先的战术体系往往高度聚焦于明星球员，而他们的暂时离场促使其他队员不得不接过更多的责任与重担，这一过程意外地促进了他们技能与领导力的成长。

面对明星球员的空缺，球队教练团队不得不依据现有阵容的特点，重新规划战术布局，调整角色分配，逐步建立起一套全新的组织运作惯例。当明星球员伤愈归来时，球队能够巧妙地将这些新形成的惯例与原有的战术体系相融合，这样的融合不仅优化了团队合作，还显著提升了球队的整体表现。

此外，明星球员缺席的这段时间，球队内部沟通与协作的紧密程度达到了前所未有的高度。面对共同的挑战，队员们更加珍视彼此间的支持与配合，这种团结与凝聚力在明星球员回归后仍得以延续。值得一提的是，明星球员在康复期间投入了大量的时间与精力进行个人训练与体能恢复，力求以最佳的身体状态和精神面貌重返赛场。他们的回归，不仅意味着个人技能的精进，更带来了更加成熟的心态，为球队注入了新的活力与竞争力。

主角与配角悖论

社会学家欧文·戈夫曼（Erving Goffman）在其拟剧理论（dramaturgical theory）中，将社会与人类生活比作一座气势恢宏的剧场。在这座剧场中，每位社会成员都化身为不可或缺的演员，各自演绎着独一无二的角色。在组织的舞台上，由于任务重要性的差异、岗位设计的独特性以及组织惯例的深刻影响，组织内部自然而然地形成了一种鲜明的角色分层现象——"红花与绿叶"相映成趣，"主角与配角"各司其职。

一方面，那些肩负组织关键目标任务、对组织发展具有举足轻重作用的员工，被赋予了高价值的角色定位，如同剧场中的核心角色，光芒四射，引领着整个剧情的走向，这就是明星员工。而另一方面，为核心角色提供坚实后盾、默默从事远离团队决策和关键任务工作的员工，则被赋予了相对低价值的角色定位，他们如同剧场中的绿叶，尽管不那么引人注目，却是整个舞台布景中不可或缺的一部分，被视为非核心成员或普通成员。这种角色分层既体现了组织内部结构的复杂性，也揭示了员工在组织中扮演角色的多样性和差异性。每个角色都有其独特的价值和意义，共同构成了这个庞大而复杂的系统。组织要实现绩效最优化，需要战略核心成员和非核心成员相互依存、有效协作。

然而，为了简化学习过程，组织往往围绕明星员工形成惯例。这种做法导致组织产生一种"近视症"：过分依赖明星员工，而忽视了其他团队成员的贡献和潜在创新。因此，形成了"主角与配角"以及"绿叶与红花"的角色悖论：尽管每个角色都有其存在的价值和独特贡献，但组织往往更加关注表现突出或具有较高能见度的明星员工。

为了解开这一悖论，促进明星员工与普通员工的协同合作，减轻明星员工的负担，同时激发普通员工的责任感与成长潜力，并为明星员工可能的离职做好准备，我们有必要深入探讨明星员工与非明星员工之间的"主角与配角"关系，洞悉他们各自的经历与内心世界。

主角的困境：从能者多劳到能者多"牢"

披着枷锁的舞者

从实践看，领导者作为"导演"，其核心执导目标是达成部门绩效标准或实现个人职位的晋升。在这样的背景下，他们自然而然地将舞台的聚光灯投向那些才华横溢、能力超群的"主角"。这些明星员工，凭借着卓越的表现，常常不负众望，成为舞台上的焦点。当新的"剧目"启幕，这些"主角"自然而然地成为领导的首选，即便某些角色可能并不完全符合他们的特质与能力。甚至为了确保演出的精彩纷呈与多元性，"导演们"不惜为明星员工增加"戏份"，要求他们一人分饰多角，甚至独挑大梁。领导们给出的理由似乎无可挑剔：通过赋予更多的责任与挑战，拓宽他们的角色范围，以此激发明星员工的潜能，加速他们的成长步伐。

在组织层面，构建以明星员工为中心的组织惯例已成为一种普遍现象；而从员工层面来看，他们渴望在与明星员工共舞的过程中，汲取他们的隐性知识与宝贵经验，为自己的成长添翼。这些需求使得明星员工在履行主责主业之外，还需额外承担更多的角色外行为或者组织公民行为①。然而，这些要求有时却超出了明星员工的实际承受能力。

面对这些不合理的要求，明星员工面临着三种选择：自愿承担、拒绝承担或强迫自己承担。他们的决策往往取决于对利弊的权衡与策略性考量。

凯斯西储大学的黛安·伯杰龙（Diane Bergeron）研究指出，"好公民"的角色背后隐藏着相应的代价。从特定需求引发的动机来看，明星员工无论是出于维持高地位的渴望还是自我提升的追求，都缺乏主动承担与自身绩效无直接关联的角色外行为的内在驱动力。但这并不意味着他们会轻易拒绝，因为拒绝往往伴随着高昂的代价。正如物理学中的阻尼效应所示，速度越快，阻力越大。在工作上高速运转的明星员工所遭遇的潜在阻力，往往比正常人更为显著。他们在贡献卓越绩效的同时，也享受着高规格的礼遇，这在一定程度上形成了刻板印象——他们被视为照亮组织前行道路的"北斗星"，而

---

① 组织公民行为（organizational citizenship behavior，OCB），这一概念由美国印第安纳大学的丹尼斯·奥根（Dennis Organ）教授及其同事们于1983年首次提出。他们对OCB的定义是：那些未被薪酬体系明确认定、自发的个体行为，换言之，这些行为超越了员工的职责范围，不受正式奖励体系的约束，也非职责所明确要求，但是对提升组织效能具有积极影响。OCB的研究揭示了其多个维度，包括但不限于以下几个方面：利他行为（altruism），即员工无私地协助同事完成任务或预防工作中可能出现的问题。尽职行为（conscientiousness），即员工的表现超越了组织的基本要求，例如提前规划工作和设定完成工作的目标时间。运动家精神（sportsmanship），即员工在面对不利条件时保持积极态度，不发牢骚，坚守岗位。谦恭有礼（courtesy），即员工以尊重和礼貌的态度对待他人。公民道德（civic virtue），即员工积极投身于组织的各类活动，表现出对组织的高度关注和参与。这些维度共同构成了OCB的框架，反映了员工对组织的忠诚、责任感以及愿意为组织的成功做出额外贡献的意愿。

不是集万千宠爱于一身的"窈光者",一旦拒绝承担组织公民行为,他们不仅要面对同事对其身份合法性的质疑,还可能遭遇领导的排挤与打压。

因此,无论是出于印象管理的需要,以满足公众对"能者"的角色期待,还是迫于领导和同事的压力,明星员工在主观上都认为有必要承担更多的组织公民行为。于是,他们"强作欢笑",毅然戴上沉重的枷锁,在舞台上演绎着属于自己的精彩与无奈。

能者多"牢"

明星员工的"主角光环"承载着难以言喻的责任与压力。正如古语所言,"欲戴皇冠,必承其重"[1],他们背负着组织与团队的期望,经受如同古代圣贤所经历的磨砺一般:"天将降大任于斯人也,必先苦其心志,劳其筋骨,饿其体肤,空乏其身,行拂乱其所为,所以动心忍性,曾益其所不能。"[2] 作家陈彦更是在其荣获第十届茅盾文学奖作品《主角》中,直白地揭示了主角的辛酸:"谁让你要当主角呢。主角就是自己把自己架到火上去烤的那个人。"[3]

主角光环背后,却隐藏着职业倦怠的阴影。情感枯竭、成就感缺失与去个性化,如同三道冰冷的枷锁,悄然束缚住了明星员工的灵魂。

情感枯竭(emotional exhaustion),是首当其冲的挑战。昔日那股推动他

---

[1] 这句话来源于英国谚语:"He who wants to wear the crown must bear the weight."在莎士比亚的《亨利四世》中也有相近表达"uneasy lies the head that wears a crown."其寓意为追求崇高地位、权力或荣誉者,需承担相应责任、压力与困难。

[2] 出自《孟子·告子下》。寓意是:上天若将重大使命赋予某人,必先使其历经内心煎熬、身体劳累、饥寒困苦以及诸事不顺等磨难,从而锤炼其心智,坚定其性格,增益其原本所不具备的才能。

[3] 第十届茅盾文学奖获奖作品《主角》刻画了秦腔名角忆秦娥充满坎坷与波折的一生。她在艺术道路上虽成就斐然,成为众人瞩目的明星,但生活却给予她一连串沉重的打击。她的爱情之路坎坷,最终被迫进入一段充满背叛的婚姻;而儿子的悲剧更是让她承受了难以言说的痛苦。除此之外,她还必须面对流言蜚语的侵扰、演出中的意外挫折、名誉的丧失以及深爱之人的离世。更令人痛心的是,她倾尽心血培养的养女,最终取代了她,成为舞台上的主角,这无疑是对她职业生涯的又一次沉重打击。这一系列的不幸事件,如同浓重的阴霾,笼罩着忆秦娥的生活,仿佛是命运对她这位舞台上的主角的无情嘲讽。它们展现了人生的无常和无奈,同时也让读者深刻体会到忆秦娥在命运的波折中所展现出的坚韧与执着。

们走向辉煌的激情与活力，在日复一日、高强度的工作重压下，逐渐消逝殆尽。情感资源如同干涸的泉眼，每一日的工作都化作了无休止的战斗。紧张的项目、频繁的角色转换，宛如一个吞噬精力的无底深渊，而恢复与喘息的片刻却可遇不可求，令他们身心俱疲，心力交瘁。长此以往，他们或许会在某个不堪重负的瞬间轰然倒塌。

成就感的缺失（reduced personal accomplishment），则是另一种沉重的负担。主角的光环如同沉重的镣铐，限制了他们的步伐，让他们在追求卓越的路上步履维艰。为了迎合外界的期望，他们不得不拘泥于既定的框架，恐惧于任何可能损害形象的失败。这种恐惧如同无形的枷锁，束缚了他们的创造力与视野。他们开始质疑自己的价值，感到努力与回报之间的鸿沟难以逾越，成功似乎变得遥不可及。持续的自我怀疑与价值否定，如同利刃般割裂了他们的自信，让他们在追求卓越的道路上迷失了方向，内心世界逐渐荒芜。

而去个性化（depersonalization），则是压垮他们的最后一根稻草。他们经历了一个"能者多劳→多感疲劳→多发牢骚→画地为牢"的残酷逻辑链条：因为能干而承担了更多的工作，进而导致了过度的疲劳；疲劳累积之下，自我调节机制失衡，难免生出诸多怨言；而这些怨言，却如同自掘的陷阱，将他们推向了组织的对立面，将自己牢牢束缚。遭受从能者多劳到能者多"牢"的打击之下，他们开始以一种犬儒主义（愤世嫉俗和玩世不恭）的态度面对工作与同事，失去了与工作相关的同情心和热情。这种心理上的疏离感，使他们在人际交往中变得冷漠。这种冷漠不仅使得他们在团队中的影响力逐渐减弱，重要的是加剧了他们的孤独感和隔离感，慢慢沦为舞台上的"孤独的主角"。

配角的困境：贡献低估与平庸的恶性循环

在影视剧中，配角们虽受角色设定和曝光率的限制，却常常能以独特的魅力抢镜。就像在周星驰执导的作品中，配角的风采甚至超越主角，成为观众心中不可磨灭的亮点。然而，当镜头切换至现实的职场舞台，配角们的处境却显得格外艰难。

隐匿的贡献

在《人类简史》中,尤瓦尔·赫拉利(Yuval N. Harari)动情地写道,在现代文明的曙光到来之前,超过九成的人口皆为农民,他们每日日出而作,辛勤耕耘,双手布满老茧。正是这些征收来的多余食粮,养活了一小撮精英群体,包括国王、官员、战士、牧师、艺术家以及思想家。历史所记载的几乎全是这些人的事迹,而绝大多数人的生活却只是不断地挑水耕田。在现代组织中,同样的故事仍在上演。

在组织中,非核心员工常被视作默默无闻的"幕后英雄"。他们肩负着后勤支持、日常运维、数据收集等基础而繁重的任务。这些工作虽然看似平凡,却是组织稳定运行和高效运作的坚实基础。正如在一场成功的手术中,除了主刀医生这一明星角色外,助理医生、麻醉师、器械护士、巡回护士,以及负责电力保障的配电工,每个人都是手术成功不可或缺的一部分。学者罗伯特·哈克曼(Robert Huckman)和加里·皮萨诺(Gary Pisano)的研究进一步证实了这一点。

随着对外科医生的需求不断增长,外科医生常常需要在不同的医院之间穿梭进行手术。哈克曼和皮萨诺两位教授因此开展了一项为期两年的研究,旨在深入探究外科医生的技术水平是否随着手术经验的积累而稳步提高,以及这种提高是否具有普遍性和可迁移性。研究团队细致追踪了 203 名心脏外科医生在 43 家医院完成的 38577 例手术案例,特别关注了冠状动脉旁路搭桥术这一高复杂性、高代表性的手术类型。通过详尽的数据收集和严谨的数据分析,研究旨在揭示外科医生技术水平与手术数量之间的相关性。

研究结果出人意料:外科医生的技术水平并没有随着广泛的实践经验而普遍提高。他们只在特定的医院环境中表现出更优的表现。具体来说,每当外科医生在某一固定医院完成一台手术,患者的死亡风险就会降低 1%。但是,当他们在其他医院进行手术时,死亡率并没有显著下降。这一发现有力地证明,外科医师技术水平的提升并非普遍存在,而是与特定的手术团队成员以及医院环境之间存在着紧密联系。

该研究进一步揭示了外科医师与手术团队成员之间协作的重要性。外科医师需要与特定的护士、麻醉师等手术团队成员建立并维持紧密的合作关系，深入了解他们的专长与局限，以便在手术过程中能够更为默契地配合，从而有效降低手术风险，提升手术的成功率。

然而，这些非核心员工的付出与贡献往往被忽视，即便他们在团队协作和关系润滑方面发挥着关键作用，仍难以获得应有的认可。以黑人医生维维恩·托马斯的故事为原型改编的电影《神迹》（*Something the Lord Made*），刻画了他在医学史上的重要贡献以及种族歧视对个人成就的压制。他的经历也提醒人们，科学进步往往依赖于无数无名英雄的努力，无论他们的背景如何。

回溯至 20 世纪 40 年代以前，蓝婴病如同无解的魔咒，令无数患儿的生命之花过早凋零。1944 年，一束光芒穿透了这片绝望的阴霾，美国约翰斯·霍金斯医院的三位先驱者——阿尔弗雷德·布莱洛克（Alfred Blalock）医生、海伦·陶西格（Helen Taussig）医生以及非裔美国技术员维维恩·托马斯（Vivien Thomas），携手开创了一项革命性的医疗技术——布莱洛克－陶西格分流术（Blalock-Taussig shunt），为蓝婴病患开辟了一条通往生命的希望之路。从命名中我们不难发现，这里一定隐藏着一段鲜为人知且令人唏嘘的历史。

从舞台中央的主角光环来看，阿尔弗雷德·布莱洛克医生和海伦·陶西格医生无疑是这场医学革命的引领者。布莱洛克医生以其精湛的医术和敏锐的洞察力，与陶西格医生紧密合作，共同推动了分流术的创新与发展。他们的名字因此被永远镌刻在医学史的辉煌篇章之中。

当镁光灯聚焦于布莱洛克与陶西格两位医学巨擘时，实验室的幽暗角落中，托马斯正俯身于第八百六十三只实验犬。托马斯出身于木匠家庭，尽管没有接受过系统正规的医学教育，也未曾获得正式的医学学位，但他凭借着与生俱来的医学天赋、对医学事业的无限热忱以及超乎常人的努力，成为布莱洛克－陶西格分流术的关键设计者和实施者。在布莱洛克医生的实验室里，托马斯默默奉献，以顽强的毅力和严谨的态度，日复一日地进行着动物实验。

他仔细观察每一个实验数据，精心调整每一个手术步骤，通过无数次的尝试和失败，不断完善着分流术的技术细节。这位木匠之子独创的血管吻合技法，如同精密钟表匠调试齿轮，将死亡率从 100% 降至 30%。

在决定性的蓝婴手术中，是布莱洛克医生勇敢地打破了黑人不得进入手术室的种族偏见，毅然邀请托马斯担任他的助手。托马斯站在距手术台三英尺的垫脚凳上（因身高不足被迫为之），以堪比微雕艺术家的精准，完成了现代医学史上最惊心动魄的血管缝合。麻醉师回忆道："他的双手仿佛自带显微镜，在婴儿葡萄籽般的心脏上绣出生命纹路。"

这让人想起《人类群星闪耀时》的警示："真正决定人类命运的时辰，往往在无人问津的暗室中降临。"当托马斯的手术服被汗水浸透，种族隔离法案正禁止他从医院正门出入；当他发明的止血钳挽救第一千个生命，薪酬单上的数字仍与清洁工持平。这种荒诞的割裂，恰如社会学家韦伯笔下的"现代性铁笼"——系统既依赖天才的创造力，又用偏见将其囚禁于次等公民的牢笼。由于当时根深蒂固的种族歧视，托马斯的卓越贡献长期被历史尘封。直到晚年，他才逐渐获得应有的荣誉和认可。1976 年约翰斯·霍普金斯大学为了表彰托马斯的杰出贡献，授予他荣誉博士学位，他的画像也荣登学校的荣誉墙。

当托马斯身披荣誉博士袍立于约翰斯·霍普金斯礼堂，墙上投影着他绘制的原始手术图谱，奖杯上那些曾被刻意抹去的指纹终于显影。此刻我们方才惊觉：文明史从来不是独角戏，而是无数"不配署名者"的集体创作。正如麻醉机的嗡鸣需要配电房的稳定电流，医学突破的背后，是无数个托马斯在实验室与消毒室之间往返的足印。他们的故事提醒我们：当组织学会在"主角叙事"中辨认配角的指纹，当管理艺术从造神转向织锦，人类才能真正走出"伪神独舞"的认知洞穴。

"每个伟大发现的纪念碑，都应刻满无名者的姓名。"托马斯的画像如今与布莱洛克医生并列，这迟来的正名不仅是个人荣誉的追认，更是对组织生态的永恒诘问：我们是否仍在用狭隘的聚光灯，将无数暗夜中的星辰误判为尘埃？答案，或许就藏在每次手术开始前，那声被历史忽略的器械清点声中——当护士报出"托马斯钳"的刹那，文明完成了对沉默者最庄严的加冕。

角色的尴尬

当非核心员工的贡献持续被忽视，这种状态如同慢性毒药，逐渐侵蚀着他们的工作热情与心理安全感。与那些在舞台上光芒四射的主角们相比，配角们往往只能在幕后默默舐舐被低估的伤痛。他们的人微言轻，使得许多创新想法与辛勤努力在尚未绽放光彩之前便黯然消逝，难以对最终成果产生实质性的推动，从而在职场中仿佛成了透明的存在。

这种困境不仅深刻影响着非核心员工的工作表现，更在他们心中种下了自我价值的疑惑之种。随着时间的推移，这种心理负担愈发沉重，如同乌云般笼罩在他们的职业生涯之上。他们开始质疑自己的贡献是否真的有价值，以及是否能在组织中找到一席之地。持续的不确定性和缺乏认可，如同无形的枷锁，束缚着他们的动力与参与度，形成了一个难以挣脱的恶性循环。这不仅限制了他们的个人成长与发展，更可能对组织的整体氛围与绩效产生深远的负面影响。

这种既非决策核心，亦非任务执行关键力量的尴尬角色设定，在身份认同的层面上，让非核心员工仿佛置身于迷雾之中。他们既不属于决策的高地，也非任务执行的先锋，这种边缘化的角色定位使他们感到迷茫与彷徨。在与核心团队的互动中，身份的模糊性加剧了他们的尴尬与不确定感，进一步削弱了他们的团队归属感与参与感。这种内心的挣扎与困惑，使他们在工作中倍感孤独，难以找到属于自己的位置。

在职场生态的复杂网络中，非核心员工与核心员工之间的关系微妙而复杂。他们既渴望表达自我价值，又需小心翼翼地维持与核心团队的微妙平衡。这种社交的微妙与敏感，使得他们的角色定位更加扑朔迷离，进一步加剧了职场的尴尬与紧张氛围。非核心员工可能因害怕被忽视或排斥而选择沉默与退缩，导致他们的声音在团队中愈发微弱。这种困境不仅侵蚀了他们的自信心与工作热情，更使得职场氛围变得愈发压抑与不安。

平庸的罪恶

由于身份模糊，非核心员工被视为团队中的边缘人物。这种身份认知的不确定性削弱了他们的自我效能感，进而抑制了积极性与进取心。在组织文化中，他们往往被预设为"弱者"（underdog expectation），这种低期望的内化使他们自我设限，降低了职业发展的追求。虽然他们有幸成为明星团队的一员，共同推动组织前行，但是在领导眼中，他们似乎总能被轻易替代，价值被严重低估，在薪酬、声誉与组织认可等方面与明星员工相去甚远。

同时，相较于能够独当一面的主角，配角们虽无须承担同样的领导压力，但他们所承受的心理负担并不逊色。在竞争激烈的环境中，一旦表现不佳或不符合期望，他们便面临被边缘化、替代乃至淘汰的风险。末位淘汰的行业规则让他们如履薄冰，时刻担忧被踢出职场舞台。这种恐惧与不安，严重削弱了他们的心理安全感，使他们更加珍惜现有的机会，同时也更加畏惧未来的不确定性。

面对这一现实，配角们多选择沉默与配合，尽力融入团队，即便面对"戏份"削减和努力被忽视的不公，也只能默默承受。如果组织不通过制度和结构的调整来改变现状，这种无奈与压抑感如同无形的枷锁，会束缚普通员工的潜能与晋升空间，久而久之将他们推向平庸深渊，让他们甘愿"躺平"在幂律分布长尾处。

星光之外，自有银河璀璨

在《神迹》的最后一幕，当托马斯的手与布莱洛克的手共同缝合那颗脆弱的心脏时，手术灯的光束穿透了种族偏见的阴霾，也照见了人类文明最深邃的真相——真正的伟大从不囿于聚光灯下的独舞，而是万千星火交织的辉光。

历史总爱将镜头对准镁光灯下的主角，却忘了每一束光的背后，都有无数双手在黑暗中校准焦距。正如古埃及金字塔的阴影里，那些没有姓名的工匠用掌纹丈量巨石的角度；阿波罗登月的轰鸣声中，十万名未曾踏入控制室的技工将螺丝拧进命运的齿轮。托马斯的命运恰似被潮汐遗忘的贝壳，却在显微镜下显露出珍珠层的虹彩——那些未曾镌刻在奖杯上的指纹，往往托举着时代最重的勋章；那些沉默于实验室角落的呼吸，可能正孕育着改写人类命运的风暴。

夜空中北斗的指向从来不是孤独的宣言，它的勺柄由亿万光年外的恒星引力悄然牵引。当居里夫人的笔记本仍在辐射蓝光，我们是否看见那些在矿渣堆里分拣沥青铀矿的妇女？当图灵机破解恩尼格玛密码的瞬间，可曾有人统计过布莱切利园那八千双布满血丝的眼睛？文明的进阶从来不是单极磁场的吸附，而是量子纠缠般的集体共振——每个看似偶然的突破，都是千万个必然的累积态坍缩。

管理的终极智慧不在于追逐最亮的星，而在于让每一点微光都找到自己的轨道。当组织学会在主角与配角间编织流动的星河，当卓越的定义从"被看见"转向"被需要"，我们终将明白：那些未曾登上领奖台的身影，早已在彼此交握的双手中，完成了对伟大的永恒注解。

关系整合：每一个夏洛克背后都站着一个华生

在夏洛克·福尔摩斯一系列引人入胜的侦探故事中，每次成功的破解背后都站着一个坚定的身影——约翰·华生医生。在阿瑟·柯南·道尔（Arthur Conan Doyle）笔下精心构建的侦探世界里，福尔摩斯以其超凡的智慧和敏锐的洞察力著称于世，而华生，这位常处于幕后的伙伴，则如同一位默默奉献的工匠，不断磨砺着福尔摩斯那锐利的思维之刃。

华生医生的忠诚相伴与坚定支持，为福尔摩斯的侦探生涯平添了几分不可或缺的温情。他不仅是福尔摩斯案件的记录者与故事的叙述者，更是他的朋友、批评者以及精神上的知己。甚至他无心的一句话往往成为福尔摩斯破案灵感来源的催化剂。当福尔摩斯面对扑朔迷离的案件和危机四伏的挑战时，华生的存在如同一股暖流，给予他情感的慰藉与智慧的启迪，让福尔摩斯在孤独的探案之旅中不再形单影只。这一角色设定深刻地诠释了"绿叶衬红花"的哲理，提醒我们，在任何团队或合作中，每个成员的努力与贡献都弥足珍贵，无论他们是否站在聚光灯下。它告诫我们，不应仅仅沉迷于"一枝独秀"的虚幻荣耀，而应珍视"百花齐放"的和谐之美。

资源、信息和情感支持

从华生对福尔摩斯的支持，我们可以清晰地看到资源、信息和情感支持在激发个人潜能和促进团队协作中的重要作用。虽然华生对福尔摩斯的支持并未直接体现在物质资源的提供上，但他在团队中的角色可以类比为团队中非核心成员为明星员工提供的后勤支援。这种支援可能包括确保工作环境舒适、信息畅通交流、资源合理分配以及解决日常琐事等，使得明星员工得以聚焦其核心工作，像福尔摩斯那样专注于推理和案件侦破。

作为福尔摩斯的得力助手和敏锐观察者，华生在福尔摩斯推理过程中起到了关键的信息传递和解读作用。他能够迅速理解福尔摩斯的推理思路，并将其转化为实际行动方案。这种信息交流机制在团队中同样重要。非核心成员通过收集、整理和分析信息，为明星员工提供决策支持，确保团队能够基于准确的信息做出最佳决策。

华生对福尔摩斯在情感层面的支持是不可或缺的。他不仅是福尔摩斯的助手，更是他的朋友和倾听者。这种情感支持有助于福尔摩斯在面对压力和挑战时保持冷静和坚定，增强心理韧性。在团队中，非核心员工的情感关怀同样重要。它不仅能够提振明星员工的信心，还能促进团队成员之间的信任和默契，从而增强团队的凝聚力和战斗力。

华生与福尔摩斯之间的紧密合作是团队运作的典范。他们通过协作配合，共同解决了许多复杂的案件。在团队中，非核心成员与明星员工之间的协作同样重要。通过明确分工、相互支持以及共同目标，团队成员能够形成合力，共同推动团队向前发展。

无心之举与催化效应

在福尔摩斯与华生的合作中，华生的不经意提问和日常反应，往往成为福尔摩斯推理过程中的催化剂。这些看似无关紧要的信息，如同化学反应中的微妙触媒，不经意间点燃了福尔摩斯的探案灵感。华生分享的日常经历或观察到的现象，即便是作为闲聊内容，也可能被福尔摩斯敏锐地捕捉到其中的关键线索和潜在关联。例如，华生提及的某个行为异常的个体或某个细节小事，可能会突然激发福尔摩斯的联想，使他将这些信息与案件联系起来，从而开辟出新的破案路径。

在团队环境中，非核心员工同样可能扮演这样的角色。他们更接近客户或一线工作，更容易捕捉到潜在的问题或机会。他们不经意间的分享，或许正是明星员工解决难题的关键所在。这种无心之举的催化效应，促进了团队内部的智慧碰撞和创意激发。

弥补视觉盲点

丹尼尔·卡尼曼在其经典著作《思考，快与慢》中指出，人类决策常受各种认知偏见和启发式的影响，这是因为人类采用两套并行的决策系统：系统一作为快速思维机制，依赖直觉和经验，能在缺乏深思熟虑的情况下迅速作出反应，特点是速度快、低认知负荷及直觉导向；而系统二则是一种缓慢且分析性的思维模式，它依赖于逻辑推理，适用于复杂的决策情境，特征是慢速、高认知负荷及分析导向。尽管系统二在决策准确性上更胜一筹，但人们更倾向于依赖系统一，因其迅速且节约认知资源，在日常决策上抢先发力，成为了主角。相比之下，系统二则只能退居幕后，扮演着辅助性的配角角色，只有在面对那些复杂且关键的决策时，才会被人们主动调用，发挥其强大的分析和决策功能。

这种决策机制的不平衡，凸显了非核心员工在提供启发和理性思考、弥补视角盲点方面的重要性。正如华生的医学背景为福尔摩斯提供了独特的案件分析视角。他对死因的专业判断，为福尔摩斯构建案件全貌提供了宝贵的补充。这种跨领域的视角，正是团队中多元化思维的价值所在。

在团队中，非核心员工往往拥有与明星员工不同的背景和经历，他们的独特视角和思维方式为团队带来了多元化的思考。这些不同的声音和反馈，有助于补充明星成员可能存在的视野盲点，推动团队整体创新能力的提升。例如，技术团队中的明星程序员可能专注于代码实现和优化，却可能忽视了用户体验的重要性。而团队中的其他成员，如曾从事用户界面设计或市场调研的人员，则能够从用户的角度出发，提供关于产品易用性和用户需求的宝贵意见，从而弥补明星员工在这方面的不足。这种多元化的视角和思维方式，正是团队创新的重要源泉。

拓展阅读

配角的催化作用

在《福尔摩斯探案集》的"蓝宝石案"中，正是华生的随口一句话点燃了福尔摩斯的探案灵感。

华生看到福尔摩斯正在观察一个帽子，便问"这是谁的帽子?"这看似简单的询问，将福尔摩斯的注意力进一步集中到了帽子上。在此之前，福尔摩斯只是出于好奇或某种模糊的感觉在观察帽子，但华生的提问让这顶帽子瞬间变成了一个明确的、需要探究的对象，从而激发了福尔摩斯深入探索的欲望。

于是，福尔摩斯对这顶帽子进行了仔细观察和分析，用他天才般的推理能力得出了帽子主人亨利·贝克的一些特征。他认为贝克是个学识渊博的人（从帽子的大小推断出脑袋大，进而推测脑子发达）；三年前生活富裕（从帽子的款式和曾经的高品质判断，因为这种平檐卷边帽在当时是流行且昂贵的，而此后他再没买过新帽子，说明经济状况下滑）；有远见（帽子上有穿帽带的小圆孔，是为防止帽子被风刮掉，这是定制的设计）；

但现在精神日渐颓废（帽带掉了却没有重新穿上）；有一定的自尊心（用墨水涂抹试图掩饰帽子的破旧）；不擅长体育（从帽子的磨损状况等推测他不爱外出、很少锻炼）；最近理过发（从帽子里衬的头发茬等痕迹判断）；家里没有煤气灯（福尔摩斯根据一些细节综合推断，但文中未明确说明具体依据）。

而华生最初对从一个帽子能推出这么多信息感到不可思议，他的疑问和惊讶某种程度上也促使福尔摩斯更深入地思考和解析，让福尔摩斯的推理过程更加清晰地展现出来。这虽然不是华生有意为之去帮助福尔摩斯破案，但他的无意询问确实开启了福尔摩斯的精彩推理。正是对帽子主人的探究引出了亨利·贝克这一关键人物。虽然最初福尔摩斯和华生并不知道贝克与蓝宝石案有何关系，但随着调查的深入，贝克成为了案件中的一个重要线索人物。他的出现为案件的侦破提供了新的方向和可能性，使得福尔摩斯能够从他身上进一步挖掘与蓝宝石案相关的信息。

增进心理安全

尽管非核心员工在专业技能和信息支持层面常被视作团队的辅助力量，但笔者团队的研究，借由"千金买骨"的历史典故，深刻揭示了这类员工在激发团队心理安全中的不可或缺性。这一观点不仅颠覆了我们对于团队角色分配的传统认知，更为促进团队内部主角与配角间和谐共生、协同并进提供了新颖的视角与深刻的启示。

"千金买骨"的故事以寓言的方式，生动展现了善待平凡员工所能激发的正面涟漪效应。此举不仅彰显了团队对核心人才的珍视与真诚，更为全体成员树立了一个积极向上的行为标杆。这种善待行为在心理学上被称为"锚定效应"，它影响着团队成员的决策过程，增强了团队的心理安全感。

扩展阅读

千金买骨的故事

千金买骨的典故源自西汉史学家刘向编纂的《战国策·燕策一》，讲述了一段燕昭王励精图治、招贤纳士的传奇故事。

燕国在遭受重创后，燕昭王在动荡不安中继位，立志重振国威。深知单凭自己的力量难以达成目标，燕昭王将目光投向天下，渴望招募贤能之士共同谋划国家的发展。为此，他亲自拜访了智者郭隗，虚心请教如何吸引贤才的策略。郭隗以"千金买骨"的故事启发燕昭王：曾有一位国君，对千里马梦寐以求，但三年来求之不得。后来，一位近臣历经艰辛，在三个月后找到了一匹已故千里马的遗骸。他毫不犹豫地以五百金买下马头骨，献给国君。国君初闻此事，怒其浪费，近臣却解释说，这是为了向天下表明，国君连死马都愿意重金购买，更何况是活马呢？结果，消息传开后不到一年，国君就收到了三匹真正的千里马。

郭隗通过这个寓言，深刻地告诉燕昭王，要得到贤才，必须先展示出诚意，从尊重像他这样的普通人开始。燕昭王听后大受启发，不仅欣然接受了郭隗的建议，还将其付诸实践。他尊郭隗为师，赐予宫殿，以此向天下宣告自己对贤才的渴求。这一举措如同春风化雨，极大地消除了贤士们的心理顾虑，激发了他们投身燕国的热情。不久，乐毅、邹衍、剧辛等英才纷纷来到燕国，他们各展所长，共同谋划，使燕国迅速崛起，达到了前所未有的繁荣和强大。

"千金买骨"的故事因此成为后世传颂的佳话。它不仅强调了重视那些甘于做"绿叶"的配角人才的重要性，也传递了一个重要的信息：只有真正尊重并善待每一个人才，才能吸引和激励更多的卓越人才，促进不同人才之间的协作，形成团队内高水平的互补依赖关系。

心理安全感是哈佛商学院教授艾米·埃德蒙森（Amy Edmondson）提出的一个重要概念，它描述了员工在工作场所中感到信任和安全的一种状态，是驱动团队创新与实现卓越绩效的坚固基石。当员工相信自己的声音被欢迎和期待时，他们更愿意参与有价值的讨论，而不用担心自我保护。这种安全感使得员工能够放下思想包袱，敢于表达自己的想法和观点。谷歌的"亚里士多德计划"研究亦证实，那些表现优异、创新能力突出的团队，其共同特征之一便是拥有高度的心理安全感。这表明，即使是最聪明、最有自驱力的明星员工，也需要一个心理安全的工作环境来最大化地发挥他们的才能。而善待非核心员工，甚至略显平庸的员工，正是营造这种心理安全环境的关键之一。

更重要的是，善待非核心员工的行为，作为一股正向的激励力量，能够辐射至整个团队，进一步巩固所有成员的心理安全感。这种安全感促使员工跨越等级界限，勇于向团队中的明星员工乃至组织高层提出见解，甚至挑战既有的思维框架与工作模式，从而在团队内部形成"绿叶衬红花，共绘绚烂图"的生动局面。这种开放包容的氛围，极大提升了组织的创新效率与灵活应变能力，推动着团队不断迈向新的高度。

根据以上分析，组织应当建立一个公平的评价体系，确保所有成员的贡献都能得到认可。这种机制能够确保配角的努力和贡献不被忽视，同时也激励主角继续发挥其领导和创新作用。在资源分配机制上，组织应鼓励主角和配角之间的技能互补和协作。通过提供培训和发展机会，帮助配角提升专业技能，使其能在必要时承担更多责任。同时，创造协作项目和团队任务，让主角和配角有机会共同工作，这样不仅能够增强团队的整体能力，还能让配角在实践中学习和成长，同时也让主角有机会发挥其领导力和影响力。通过实施这些策略，组织可以强化主角和配角之间的合作关系，促进团队内部的和谐与协作，最终实现共同的目标和辉煌成就。

艾米·埃德蒙森和她的心理安全理论

艾米·埃德蒙森（Amy C. Edmondson）是组织行为学和领导力领域备受瞩目的学者，连续两届（2021 年和 2023 年）入选 Thinkers50 全球管理思想家排名。她出生于美国，并在哈佛大学和耶鲁大学分别获得了学士学位和博士学位。2024 年，她荣膺美国艺术与科学院院士。她的研究主要集中在团队合作、心理安全和组织学习。

埃德蒙森教授最重要的贡献是她提出的心理安全（psychological safety）理论。她深刻地洞悉，在团队内部营造一种使成员能够无所顾忌地分享见解、揭示错误，而不必担忧负面后果或惩罚的氛围，对于提升团队效能与创新能力至关重要。该理论不仅为我们理解团队协作的本质提供了新视角，更为我们培养高效、创新团队提供了切实可行的框架。这一框架划分为四个阶段，每个阶段都聚焦于团队在构建心理安全环境过程中的特定方面，相互交织，共同推动团队向更高层次的发展。

首先是包容安全阶段（inclusion safety），它着重强调对个性的尊重与包容，让拥抱不同背景与观点的成员深切感受到自己是团队不可或缺的一分子。这种包容性不仅体现在对多样性的尊重，更在于对每个成员独特性的珍视与欣赏。在这样的环境下，团队成员能够感受到被接纳与尊重。紧接着是学习安全阶段（learner safety），它强调尊重个体的学习成长天性，将焦点从身份认同转向需求满足，鼓励成员积极投身于各种学习历程，以实现自我提升。团队为成员提供丰富的学习与发展资源，助力他们不断提升自身能力与素质。这种安全的学习环境使成员敢于尝试新方法，即便遭遇失败与错误也无须担忧受到惩罚。团队成员深知他们可以自由地寻求帮助与资源，从而更加自信地面对学习过程中的重重挑战。再者是贡献安全阶段（contributor safety），它突出尊重个体的创造价值，成员在假定自己能够胜任角色的前提下，被邀请并期望在具有明确边界的角色中完成任务，而不违反团队内部规范，并掌握完成任务所需的技能，他们通常能够获得贡献安全的保障。最后是挑战安全阶段（challenger safety），它高度重视个体的创新能力，允许成员真诚地挑战现状，通过坦诚的交流推动创新。团队鼓励成员勇于尝试新方法与新思路，以实现更卓越的成果。挑战安全的环境促进了开放、诚实的沟通氛围的形成，团队成员不惧怕提出不同的观点，甚至敢于挑战现有的流程与想法。这种文化鼓励创新、追求卓越，因为团队成员深知他们可以自由地讨论与辩论，而无须担忧任何负面的社会后果。

　　我们的一项研究也揭示了心理安全的重要性。笔者和博士生闫嘉妮与加拿大西蒙弗雷泽大学的赵斌（Natalie Zhao）教授、克里斯托弗·扎齐克（Christopher Zatzick）合作，发现组织中的"可爱的傻瓜"——那些勤勉但工作能力一般的员工——尽管在团队合作中提供的有用反馈较少，但他们的存在可以通过增加团队的心理安全感来促进团队的创造力。这一发现提示管理者和领导者应该认识到团队中每个成员的价值，即使他们的任务表现不佳，也可能通过其他方式为团队的创新和创造力作出贡献。这一发现挑战了传统的以绩效为基础的人才观念，强调了在团队中培养心理安全感的重要性，以及在组织中接纳和利用多样性的价值。

　　资料来源：图片来自作者学术网站，https：//amycedmondson.com/。

"戏份"再分配：配角登场，主角歇场

正如前面提到约翰·陈等人对 NBA 赛场的考察，明星球员伤愈复出后，球队的整体表现往往超越其缺席之前，这启示我们：适时让明星员工"歇歇场"，让其他成员"登登场"，不仅能助力个体突破角色局限，更关键的是有助于重构团队规范，促进高效协作体系的诞生。

首先，通过"戏份"的再分配，原本担任配角的普通员工得以在重要岗位上历练，从而拓宽视野、拓展技能范围。他们在体验不同工作职责的过程中，沟通、协作和问题解决能力得以增强。同时，这种正面激励能够让普通员工深切地感受到组织对其个人发展的高度重视，进而增强其归属感、心理安全感以及自我效能感，激发他们勇于接受新挑战的勇气，使其能够在实战中迅速成长，实现从平凡到优秀的华丽蜕变。此外，主角与配角之间的轮换机制还有助于打破组织内部的阶层壁垒，让普通员工能够更深刻地体验到明星员工肩负的重责和工作的不易，从而增强对他们的理解与支持，营造出更加和谐融洽的团队氛围。

其次，让配角承担起更多的责任，为主角减负并提供必要的休整空间，这不仅有助于明星员工以最佳的状态全身心地投入到工作中，而且通过在不同角色之间的轮换，明星员工能够接触到更多的底层业务领域，更好地理解业务的底层逻辑，锻炼自身的适应能力，帮助他们在不同角色中自如切换，以应对各种突发情况和挑战，从而激发出新的想法与创意。此外，这样的轮换机制还有助于明星员工换位思考，提高共情能力，让他们更加深刻地体验和理解底层员工的工作艰辛。这将在工作中促使他们更加关爱普通员工，更愿意向他们分享那些宝贵的默会知识，促进团队协作。

值得注意的是，"歇场"并非意味着冷落或边缘化主角，而是帮助他们摆脱角色过载的困境，聚焦核心职责，发挥更大的引领作用。在实施主角配角轮换之前，组织需要精心制订轮换计划，明确轮换岗位的范围、周期以及人员安排等关键要素，以确保轮换过程的顺利进行。在轮换过程中，组织应

提供充分的培训和支持，帮助主角和配角更好地适应新的工作环境和内容，提高工作效率和质量。角色轮换的成功还离不开组织的文化和领导力支持。组织需要积极营造团队文化，鼓励团队成员相互学习、分享经验和知识，从而增强团队的凝聚力。

最终，无论是主角还是配角，抑或明星员工还是普通员工，都能在组织的大舞台上找到最适合自己的位置，成为团队中不可或缺的重要角色。这种策略不仅有助于构建起强大的人才储备库，还能确保在核心成员发生变动时，团队依然能够平稳有序、高效顺畅地运行。美国通用电气（GE）引以为傲的管理模式便是高管继任计划。该计划能够做到在高管离职当天，便能迅速找到合适的继任者，无缝衔接各项工作。这背后所依赖的是公司内部完善的轮换机制。通过这种"戏份"再分配各类人员都有机会在不同的岗位上得到全方位的锻炼与成长，从而充分激发组织的整体活力，使企业在激烈的市场竞争中始终保持强大的竞争力与生命力。

本章小结

在本章中，我们深入探讨了明星员工与非核心员工之间的复杂关系，并分析了如何激发非核心员工的潜力，以便他们能够为明星员工提供更有力的支持。在创新驱动的团队中，虽然"配角"往往被视为与"主角"相对立的角色，被形象地比喻为"绿叶衬红花"，但这并不代表配角仅仅是主角的附属品或仅仅是为了衬托主角而存在。每个团队成员，无论其角色大小，都有其独特的价值和不可替代的作用。

我们首先从"阿波罗的和弦"现象出发，探讨了明星球员伤愈复出后球队整体表现提升的现象，引出了"主角和配角悖论"——组织往往对那些表现突出的明星员工给予更多的关注和资源，而忽视了那些在背后默默支持的非核心员工。接着，我们分析了在这种悖论格局下，明星员工与非核心员工各自面临的挑战和困境。为了打破这一悖论，我们提出了从"关系整合"和"戏份"再分配两个维度出发的建议，旨在促进主角和配角之间的紧密合作，将他们的关系从单向依赖转变为类似福尔摩斯与华生医生那样的互补型依赖关系。我们强调，配角的丰富情感、独特经历和鲜明个性对于明星员工的成功至关重要。如果配角的个性和活力被削弱，团队协作中就会出现"隐性缺失"，影响整个团队的表现。

综上所述，我们在重视明星员工的同时，也必须认识到配角的价值，并为他们提供足够的成长空间，让他们能够充分展现自己的独特魅力和潜力。通过这种均衡的发展，我们可以确保团队中的每个成员都能在其最适合的位置上发挥最大的效能，携手推动团队向着更高的目标前进，共同创造辉煌的成就。

第八章

明星员工与普通员工的互补式依赖

> 每当置身于人生的十字路口之际，我一直都知道哪条路是正确的。无一例外，我都清楚，但我从未走过。你知道为什么吗？因为那条路太难走了。

> ——《闻香识女人》（*Scent of a Woman*）

美国免疫学家詹姆斯·艾利森（James Allison）和日本免疫学家本庶佑（Tasuku Honjo）因发现了人体组织内免疫力与毒瘤并存且各行其是的机理，并发明了癌症"免疫治疗"方法，而共同荣获 2018 年诺贝尔生理学或医学奖。

在正常生理状态下，免疫系统具备精准识别并有效清除肿瘤微环境中恶性细胞的能力。然而，为了生存和生长，肿瘤细胞会采取多种策略来抑制人体的免疫系统，使其无法正常执行杀伤功能，从而在抗肿瘤免疫应答的各个阶段存活下来。艾利森和本庶佑的突破性发现表明，在某些情况下，免疫细胞表面的 PD-1 蛋白会像狗的项圈一样，一旦被"拴上狗绳"，就会抑制免疫系统的活动。这是一种保护机制，旨在防止免疫系统过度反应，避免无差别攻击自身组织，从而引发严重的自身免疫疾病。但是，PD-1 的存在也意味着免疫系统在面对癌细胞时会受到束缚，无法全力攻击，使得癌细胞得以逃脱。

基于对 PD-1 蛋白功能的深刻理解，艾利森和本庶佑发明了一种癌症免疫治疗方法。通过让患者服用一种药物，这种药物能够解除 PD-1 蛋白对免疫系统的抑制，从而"松开免疫系统的项圈"，使免疫系统能够全力攻击癌细胞。这种治疗方法，即免疫检查点抑制剂，为许多癌症患者带来了新生。

在人类社会的各类组织架构中，我们可以观察到一种类似于生物学中免疫系统与肿瘤细胞共存的现象：一方面，以明星员工为代表的核心员工以其勤勉的态度和显著的成效，成为组织发展的驱动力；另一方面，大多数普通员工因为缺少激励而表现平庸，甚至停滞不前，形成了鲜明的"你进你的，我退我的"的病态格局，工作效能差异悬殊。若组织任由这一态势持续发酵，不仅会引发"能者多'牢'"的困境（如前文所述），还将衍生出两大新问题。

第一，明星员工"一股独大"，加剧组织的单边依赖；

第二，加剧了"激励一个人，伤害一类人，麻木一群人"的明星激励困局。

换言之，明星员工的强大影响力可能会使其他员工变得依赖，从而丧失了自主创新的动力；同时，组织若过度倚重这些明星，将导致资源分配失衡，进一步加剧上述恶性循环。此外，部分明星员工可能因特权地位而轻视同事成长，甚至利用其知识优势构筑资源壁垒，阻碍他人进步。领导者在此情境下面临"明星激励困局"的双重挑战。

挑战一：如何唤醒并激发那些处于"躺平"状态的员工的积极性与竞争力。

挑战二：如何有效减少对明星员工的过度依赖，实现组织的健康平衡发展。

这两个挑战相辅相成，可一并应对。通过激活普通员工，不仅能释放明星员工的潜能，使其更专注于核心任务，还能通过反向作用力，增强明星员工对团队整体的依赖，打破"明星独大"的局限。

然而，将普通员工培育成新的明星并非易事，它要求个体不仅具备天赋异禀，还需历经长期的专业磨砺、恰当的机遇以及贵人的提携，方能累积起显著的声誉与广泛的人脉资源。正如道家哲学所云："万物负阴而抱阳，冲气以为和"，管理的精髓在于寻求微妙的平衡点，让每位成员都能在动态变化中展现其独特价值。通过错位竞争发掘各自优势，实现团队内部的有机互补，或许正是破解这一难题的有效路径。

选窝效应：后出生的孩子更善于独辟蹊径

德国科学家朱丽亚·弗伦德（Julia Freund）领导的研究团队在《科学》（Science）杂志上发表的一项行为遗传学研究，揭示了生物界中一个有趣的现象："选窝效应"（niche picking effect）。该研究通过精巧的实验设计，探索了基因相同的双胞胎小鼠在不同环境下的行为发展。

实验中，一对基因完全相同的双胞胎小鼠被植入脑部电极，并被放置在相同复杂的环境中生活，如图 8-1 所示。三个月后，电极的读数显示，这些小鼠的海马体——大脑中控制习性发展的关键区域——发生了显著变化，导致它们发展出了截然不同的性格。与此同时，另一对基因相同的双胞胎小鼠被分开饲养，作为对照组。一段时间后，电极数据显示，这些分开饲养的小鼠的海马体变化不大，它们展现出了相似的性格特征。

研究指出，即使是在相同的环境下，个体之间的行为差异也会随着时间的推移而显现，这些差异与成年海马体神经（hippocampal neurogenesis）发生的个体差异正相关。具体而言，共同生活的双胞胎小鼠因彼此之间的竞争，发展出了不同的环境互动策略，这种互动策略的差异性促使它们的海马体中的神经元重新组合，从而形成了各自独特的个性。相比之下，分开饲养的小鼠由于缺乏这种竞争关系，它们的海马体变化较小，因此它们的性格和行为模式也更为相似。

这一现象被赋予了一个贴切的名称——"选窝效应"。它揭示了即使是具有相同生活习性的生物，也会通过主动选择不同的发展路径来塑造自己的独特角色和地位，以此避免生态位的重叠。这种策略不仅确保了每个个体都能在生物多样性的环境中找到自己的一席之地，而且还增强了物种整体的适应性和创新能力。

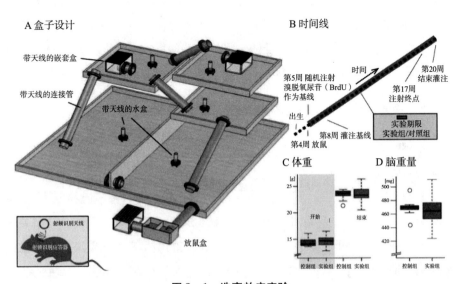

图 8 - 1 选窝效应实验

资料来源：Freund, J., Brandmaier, A. M., Lewejohann, L., Kirste, I., et al. Emergence of individuality in genetically identical mice. *Science*, 2013, 340（6133），756 - 759。

亚当·格兰特教授在其著作《离经叛道》中，以喜剧明星为例，揭示了选窝效应在人类社会中同样存在。喜剧的核心在于荒诞，它展现了现实中的错位、反差和乖张行径，因此喜剧演员相较于一般人更需要叛逆和创新的精神。格兰特教授在分析了 100 位杰出喜剧家后，发现约 80% 的人是家中后出生的孩子，而他们的哥哥姐姐往往从事更传统的行业。这一现象很可能是由选窝效应驱动的：面对家中前辈的既定地位，后出生的孩子更倾向于通过不同的方式脱颖而出，这深刻地影响了他们未来的职业选择和创造力。

可以说，选窝作为错位求生的策略，在强者面前完美地演绎了弱者教科书式的成功逆袭。

"选窝"能否化解"明星激励困局"？

"选窝"的独特魅力，在于它能够巧妙地打破生态位的重叠，让个体或组织能够避开与强大对手的直面竞争，进而找到属于自身的价值"洼地"。这种精准的定位，不仅有助于构建与之相匹配的优势资源体系，更能促使个体或组织在竞争激烈的市场中脱颖而出，成就独特的自我。因此，对于化解"明星激励困局"而言，"选窝"无疑是一剂疗效显著的良药。

"选窝"是激活普通员工潜力的正确路径

相对于耀眼的明星员工，普通员工更像"后出生的孩子"，逆袭之路并非像想象的那么简单。

美国东北大学教授，网络科学研究中心创始人艾伯特·巴拉巴西（Albert-László Barabási）及其团队在《科学》（*Science*）杂志上发表了一项关于艺术界职业成功的研究。通过对49万名艺术家的作品在不同层次的展览馆展览和拍卖情况的详尽数据分析，他们揭示了艺术生涯成功的两个关键因素。

首先是"抱大腿"效应。研究表明，那些在职业生涯早期就能与知名艺术家一同在重要机构参展的艺术家，往往获得了艺术界重量级人物或知名策展人的认可和支持。这种早期的提携为他们未来的成功奠定了坚实的基础。研究发现，这些在重要艺术博物馆展出作品的艺术家更有可能继续在高声望的场所展出，并享有更长的艺术生涯。相反，那些在职业生涯早期未能获得这种提携的艺术家，其职业生涯往往更早结束。

其次是"出名要趁早"的原则。研究指出，尽管有些起点较低的艺术家在职业生涯晚期实现了逆袭，但这种情况相对罕见，成功率大约只有10%。那些在职业生涯早期就能进入享有声望的中心机构的艺术家，更有可能在整个职业生涯中持续获得高威望场所的展览机会，并且他们的退出率较低。特别是那些首次展览就能在排名前20%的博物馆举办的艺术家，他们的艺术生涯半衰期明显长于那些首次展览在排名垫底40%的博物馆的艺术家。这表明，艺术家的初始声誉对其职业生涯的成功具有显著影响。

这一研究的启示在于，职业生涯的成功主要依赖于提携（"抱大腿"）和及时建立声誉（"出名要趁早"）。对于那些过着"佛系"生活的普通员工而言，实现"咸鱼翻身"确实异常艰难。然而，这并非完全不可能，"选窝"策略提供了一个有效的路径——通过避免与明星员工的正面竞争，寻求差异化的优势。这样的策略能够帮助普通员工找到适合自己的发展空间，从而逐步提升自身的职业地位。

"选窝"是解放明星员工的正确方式

明星员工虽然具有能力上的"溢出效应"，但他们的时间和精力有限。作为组织的火车头和顶梁柱，他们往往承担着多重角色和沉重的期待，能者多劳有时会变成能者多"牢"，让明星员工感到"压力山大"，甚至情感枯竭。

正如巴拉巴西分析的那样，要选对"窝"，就要先学会"抱大腿"，即以能够与明星形成互补为原则进行差异化定位。通过抱明星"大腿"，不仅可以替明星分担任务，更重要的是可以在一定程度上弥补明星员工的短板，增加普通员工权力再生的同时，也强化了明星员工对普通员工的权力依赖，有助于打破"明星独大"的格局。

另外，光彩夺目的明星员工并非像我们想象的那样风光无限，所谓"盛名之下，其实难副"，很多时候他们也战战兢兢、如履薄冰，既要应对嫉妒、拆台等各种暗流涌动，也时时担心自己被取代。学者丽贝卡·凯赫（Rebecca Kehoe）、大卫·里帕克（David Lepak）和斯科·特宾利（Scott Bentley）的研究表明，当明星员工与其他资源紧密联系时，就会减少被替代的风险。而"选窝"策略恰好可以错开明星员工的领域，避免生态位重叠，并借助明星"大腿"形成错位优势，反哺明星员工。这样不仅能够缓解"盛名综合征"给明星员工带来的压力，还能实现双赢，推动组织在更高层面上实现协同。

"选窝" 还是 "躺平"？

选择适合自己的发展环境，即"选窝"，是人类天性中的一种深层倾向。我们天生追求进步与成长，渴望与卓越者并肩，正如古语所言的"见贤思齐"。然而，在那些光彩夺目的明星人物的影响下，一个令人深思的问题浮现出来：为何仍有如此多的人归于"平庸的大多数"？

奥斯卡经典影片《闻香识女人》中，阿尔·帕西诺饰演的盲人退伍军人弗兰克·斯莱德在学校的纪律听证会上，为拒绝出卖同学的查理挺身而出，慷慨陈词。他那振聋发聩的一句话，深刻地揭示了人生选择的复杂与艰难——"我已然伫立在人生的十字路口。一直以来，我总是能够明晰哪条路才是正确的，毫无例外。然而，我却从未踏上那条路。你可知道这是为何？只因它实在是太过艰难。"这句话宛如一记重锤，敲打着我们的心灵，也照亮了人性的幽微角落。它揭示了一个令人揪心的真相：很多时候，我们明明知晓何为正道，却因畏惧艰难险阻而不敢像查理一样作出正确选择，而是选择了退缩。这样的逃避或许能让我们在当下免于痛苦，但从长远来看，却极有可能错失成长的契机，辜负自身潜藏的巨大潜力。

日本作家中岛敦的短篇小说《山月记》中有句话进一步概括了当代人首鼠两端的矛盾心态，他说："我深怕自己本非美玉，故而不敢加以刻苦琢磨，却又半信自己是块美玉，故又不肯庸庸碌碌，与瓦砾为伍。"这句话同样表达了一个深刻的内心挣扎和自我怀疑的主题。具体来说，主人公李征深怕自己并非真正的"美玉"，因此不敢努力去磨炼自己；同时，他又半信自己是块美玉，因此不愿意与平庸的"瓦砾"为伍。这种矛盾使他逐渐疏远世人，内心的愤懑与羞恨不断滋长，最终导致他对自我价值的迷茫和痛苦。这段话反映了人们在面对自我认知时的复杂心理：一方面渴望证明自己的价值，另一方面又害怕面对可能的失败和挑战。

人生的道路充满挑战和困难，这是不可否认的现实。值得我们深思的是，面对这些客观存在的困难，是什么导致我们在主观上选择退缩？我们又该如何通过"选窝"来解开这些谜团？

在追求卓越的过程中，我们往往被那些站在顶峰的人物所吸引，但他们的成功之路往往异常艰难。这种艰难不仅仅是外在环境的挑战，更多的是内心恐惧和自我怀疑的斗争。我们可能会因为害怕失败、害怕被拒绝或是害怕失去现有的舒适区而选择不去尝试那些可能引领我们走向卓越的道路。

"选窝"不仅仅是选择一个环境，更是一种自我认知和自我挑战的过程。它要求我们诚实地面对自己的能力和局限，勇敢地追求那些能够促进个人成长和发展的机会。在这个过程中，我们需要识别和选择那些能够激发我们潜力的环境，同时也需要培养面对困难和挑战时的勇气和韧性。

通过"选窝"，我们可以更好地理解自己的价值观和目标，学会在逆境中寻找成长的机会，从而在群星闪耀的世界中找到属于自己的位置。这个过程可能会很艰难，但正如那句台词所揭示的，正确的道路往往充满挑战，而正是这些挑战塑造了我们的人生，让我们成为更好的自己。

如何进行"选窝"

或许，管理大师彼得·德鲁克（Peter Drucker）的洞见为我们提供了关键线索：没有无能的员工，只有无效的激励。在那些深陷"明星激励困境"的组织结构中，明星的光芒过于耀眼，以至于那些处于相对暗区的普通员工被遮蔽，他们往往面临着不会选择、不愿选择、难以选择适合自身发展的环境的问题，即便作出了选择，也可能因为激励制度的不合理而感觉"徒劳无功"。他们形同生活在组织的"狭缝"中，即上升无望，却也无法施展手脚，只能无奈地自嘲为"夹角打工人"。

著名咨询专家拉姆·查兰（Ram Charan）在其著作《高潜》中指出，许多具有巨大潜力的人才，因为激励制度的不平等而未能得到适当的认可和发展机会，从而被埋没。这些"扫地僧"式的人才，由于缺乏合适的激励和认可，难以找到并稳定在一个能够充分发挥其潜力的发展平台上。

商业名著推荐

《高潜》

《高潜》(*The High Potential Leader：How to Grow Fast，Take on New Responsibilities，and Make an Impact*) 是当代最具影响力的管理咨询大师拉姆·查兰 (Ram Charan) 所著的商业力作。2017 年由约翰·威利父子 (John Wiley & Sons) 出版公司首次出版，并于 2018 年由机械工业出版社引进中国，译者为杨懿梅。

在这本书中，查兰着重指出，在当今复杂多变的商业环境中，企业的成功越来越依赖于高潜力人才。这些人才通常具备大胆设想、勇于创新、善于构建网络等特质，并且具备提升时间价值、激励和培养他人、成为创意和执行的大师、深入研究客户和市场、提高思考和判断能力等五大关键能力。查兰在书中详细讨论了如何识别和培养这些高潜力人才。他建议企业应制定明确的高潜力领导选拔标准，这些标准包括前提条件（如人品）和基本要求（如五大关键能力）。在选拔过程中，企业应注重发掘那些具备高潜力的人才，并为他们提供历练和成长的机会。这包括岗位调整、组织架构和岗位职责调整、邀请高潜力人才参加企业高层的战略研讨等方式。通过这些方式，企业可以加速高潜力人才的成长，并为他们提供更大的发展空间。

此外，查兰还强调了各级领导在高潜力人才培养中的重要作用。他认为，要想加速培养高潜力人才，必须有公司上下各级领导的大力支持。企业一把手及人力资源负责人要密切跟进每位高潜力人才的成长情况，高层领导要定期讨论高潜力人才的整体情况，并打造强大的招聘能力，持续吸引新的高潜力人才加入。

《高潜》不仅为企业提供了识别和培养高潜力人才的实用方法和工具，

也为那些渴望成为企业领导者的个人提供了宝贵的指导。通过阅读这本书，读者可以更深入地理解高潜力人才的特质和能力要求，学习如何制定有效的选拔和培养计划，为企业的发展注入新的活力。同时，个人也可以从中获得灵感和动力，努力提升自己的能力和素质，实现个人职业发展的快速成长。

因此，我们必须深刻反思现有的激励机制，特别是那些以明星员工为主体的设计。我们需要从源头上思考，为什么普通员工在"选窝"和"选优"之间选择了"躺平"，在"上班"和"上进"之间选择了"上香"。这不仅仅是个人的问题，更是组织现有的激励制度能在多大程度上给普通个体提供"窝"资源——即学习和发展机会。

"选窝"的原则

透明预期原则：跳一跳够得着

在职业生涯的广阔舞台上，无论是春风得意马蹄疾的辉煌时刻，还是四面楚歌、顾影自怜的低谷期，追求自我提升与超越始终是每个人不可剥夺的权利。即便我们无法如同那些璀璨的明星员工一般，在组织中挥洒自如、享受至高无上的荣誉，我们依然能够坚守职业道德的底线，安贫乐道，保持内心的坚定与不屈，这便是"失势不失志"的崇高境界。

在明星员工的光环下，普通员工常常发现自己陷入了既失势又失志的困境。这种现象背后，人的参照依赖特性扮演了关键角色[1]。罗伯特·福尔杰（Robert Folger）提出的参照认知理论阐释了这一心理过程。根据这一理论，

---

[1] 参照依赖现象广泛存在于生活的各个领域，它基于某一参照点对得失价值进行判断：如果个体的当前状况高于参照点，他们会感觉得到了收益；反之，则感觉受到了损失。参照依赖的影响因素包括经验、情绪状态、文化、目标和认知对象的特点等。因此，当个体将明星员工作为参照点，而自己与参照点之间的差距显得遥不可及时，可能会感到挫败和无力，这种心理状态可能导致他们放弃努力，接受现状，而不是积极寻求改变和提升。

个体在作出行为选择之前，会先进行心理模拟，经历一个"参照点的选择→论证→判断有无改善可能"的过程。当个体意识到改善现状的可能性几乎为零时，他们可能会选择接受现状，从而失去了追求改变的动力。

在组织环境中，这种参照依赖特性表现得尤为明显。如果组织缺乏一个"跳一跳够得着"的激励机制，让普通员工感觉无论自己如何努力，都无法缩小与明星员工之间那似乎遥不可及的鸿沟，那么他们很可能会陷入一种消极的情绪中。他们会开始抱怨命运的不公，或是感叹时运不济，甚至可能因此放弃努力，成为那些"不求有功，但求无过"的沉淀层员工。

因此，在设计绩效目标和激励制度时，组织必须遵循透明预期原则，确保员工能够通过"选窝"（即选择适合自己的岗位或发展方向）来体验自身独特的价值，看到自我发展的高度。这是"选窝"策略得以实施的最基本要求。

经典理论

罗伯特·福尔杰和他的参照认知理论

罗伯特·福尔杰（Robert Folger），中佛罗里达大学管理学教授，在商业伦理和组织公平领域享有盛名。他提出的参照认知理论（referent cognition theory），是一种深入剖析个体如何根据假想的、如果采取了不同行动可能会得到的结果（我们称之为"参照结果"），来评估当前实际发生的情况，并据此调整自己的心理和行为反应的理论框架。

该理论的核心在于，当个体遭遇不如预期的结果时，他们往往会不由自主地构想另一种可能的情境，即如果当初作出了不同的选择或决策，事

情或许会有更理想的转归。这种对"如果……那么"式假设的沉思，正是参照认知的精髓所在。一旦个体意识到参照结果相较于当前实际更为优越，他们可能会产生沮丧、不满乃至愤恨的情绪。然而，这种愤恨往往并不直接指向当前的结果或责任人，而是转而聚焦于对"为何未能选择那条更优的路径"或"为何事态未能如我所愿"的正当性质疑上。相反，若个体的认知架构中不存在更优的替代方案，他们则可能认为当前状态是合理且可接受的，这一过程涉及心理模拟、论证及改善可能性的综合考量。

为了实证参照认知理论的运作机制，福尔杰与科罗拉多大学的拉塞尔·克罗潘扎诺（Russell Cropanzano）于 1989 年共同设计了一项实验。实验将参与者分为两组：一组自主选择任务，另一组则执行指定任务。尽管所有参与者的任务均未成功，但研究团队向每组中一半的人透露，如果他们选择了另一项任务，原本是可以成功的（高参照组），而另一半人则被告知，即便选择其他任务也不会成功（低参照组）。实验结果显示，被指定任务且属于高参照组的参与者感受到了显著的不公平感，而自主选择任务及低参照组的参与者则未表现出此类感受。这一发现有力地支持了参照认知理论的核心论断。

参照认知理论不仅为我们揭示了个体在面对不利结果时的心理反应模式，还为组织管理领域带来了宝贵的启示。在组织管理中，管理者若能深入理解员工的参照认知过程，便能更精准地预测和应对员工的负面情绪及行为反应，从而制定出更为有效的激励与沟通策略。

综上所述，罗伯特·福尔杰的参照认知理论为我们提供了一个深入剖析个体心理与行为反应的强大理论工具，它揭示了人们在面对不利情境时，如何借助假想的参照结果来调整心理状态与行为策略。这一理论不仅具有深厚的理论价值，更展现出广阔的实践应用潜力。

关于罗伯特·福尔杰具体开发参照认知理论的详细历程，读者可以参阅由肯·史密斯（Ken G. Smith）和迈克尔·希特（Michael A. Hitt）共同

撰写的经典著作《管理学中的伟大思想：经典理论的开发历程》（中文版
由徐飞教授和路琳教授等翻译，2016 年由北京大学出版社出版）。该书深
入剖析了管理学领域一系列重要理论的起源、发展和影响，为理解参照认
知理论及其在实践中的应用提供了丰富的背景和深入的洞察。

资料来源：图片来自作者学术网站，https：//business. ucf. edu/person/robert-folger/。

具体来说，透明预期原则要求组织做到以下几点：

第一，明确目标。组织应设定清晰、具体的绩效目标，让员工能够明确
知道自己的工作方向和期望成果。

第二，可达性。绩效目标应具有可达性，即员工通过努力能够达成或超
越这些目标。这有助于激发员工的积极性和创造力。

第三，及时反馈。组织应建立有效的反馈机制，及时告知员工他们的绩
效表现，以便他们了解自己的工作进展和需要改进的地方。

第四，激励制度。组织应改进激励制度，在增量上做文章，即将员工的
进步与奖励挂钩，让员工看到努力的价值和回报。

通过遵循透明预期原则，组织可以帮助员工摆脱参照依赖的困境，激发
他们的内在动力，让他们在实现个人价值的同时，也为组织的发展贡献力量。

避免冗余原则：互补不是备胎

在组织构建和人才管理中，一个常被忽视但至关重要的原则是避免冗余。
冗余不仅意味着资源的浪费，还可能成为潜在冲突的根源。新零售旗舰企业
StorEnvy 的创始人乔恩·克劳福德（Jon Crawford）在尝试打造一个全明星团
队时，就遭遇了这一困境。他专门招聘那些拥有众多粉丝的知名设计师，期
望通过他们的集合创造出卓越的产品。然而，结果却令人失望。全明星团队
并未如期带来产品的飞跃，反而因为设计师们强烈的"知识心理所有权"和
反复的讨价还价，许多优秀的创意在磨合过程中被扼杀或失去先机。这便是
"明星冗余"所带来的严重后果。

因此，"选窝"的第二原则是要引导普通员工避免走模仿明星员工的老套路子，不做备胎，在互补的领域寻求错位优势，达到"夫唯不争，故天下莫能与之争"的境界。

具体而言，避免冗余原则要求组织做到以下几点：

首先，识别并优化重叠素质。组织应定期评估员工的能力和素质，识别出存在重叠的部分，并采取措施进行优化。这可以通过培训、轮岗或重新分配任务等方式实现，以减少资源的浪费和潜在的冲突。

其次，鼓励错位竞争。组织应鼓励员工在互补的领域寻求错位优势，而不是简单地模仿或复制他人的成功。通过提供多样化的职业发展路径和激励机制，激发员工的创新精神和创造力，让他们在各自擅长的领域发光发热。

再次，建立协同文化。组织应倡导协同合作的文化氛围，鼓励员工之间的信息共享和相互支持。通过团队合作和集体智慧，实现资源的最大化利用和效率的持续提升。

最后，灵活调整团队结构。随着市场环境的变化和业务需求的调整，组织应灵活调整团队结构，确保团队始终具备适应性和竞争力。这包括适时引入新的人才、调整团队成员的角色和职责等。

遵循避免冗余原则，组织可以构建一个更加高效、协同和创新的团队，实现资源的优化配置和潜力的最大化发挥。同时，这也有助于员工在各自擅长的领域发挥所长，实现个人价值和组织目标的双赢。

"选窝"策略

选准"窝"：配对分类，有机互补

"选窝"策略首要的是要找准"窝"。鉴于明星员工也存在不同类型，各有长短。因此，要根据不同明星的特点，精准选"窝"。

首先，绩效明星是组织中的核心力量，他们贡献了大部分的组织绩效。这些员工往往是技术上的完美主义者，对自己的事业充满热情，但可能对所在的组织没有那么强烈的归属感。他们对同事的要求极高，也就是说他们一般会用自己极端的标准要求和审视队友，对于任何微小的差异都可能产生强烈的排斥感和敌对情绪，这种态度就是我们前面所介绍的水平敌意。面对这些"高冷"的绩效明星，普通员工在选择岗位时，除了要注重技术上的互补，更重要的是强化人际技能，成为明星员工与组织之间的桥梁和凝聚者。

其次，关系明星拥有广泛的人脉资源。他们将大量时间投入到社交活动中，因此在业务技能的提升上可能不如其他明星员工。对于普通员工而言，在技术层面寻求突破，以便在关系明星与客户沟通时，能够及时提供技术支持，这是与关系明星合作的关键。

最后，全能明星集合了前两类明星的优势，能够独立推动组织的整体发展。作为组织中的核心人物，他们也可能会面临身心疲惫的挑战，需要适时地休息和恢复。在这种情况下，作为配角的普通员工需要随时准备接替他们的工作，这不仅是对全能明星的支持，也是普通员工展现自己能力、获得认可的宝贵机会。

综上所述，选窝策略要求普通员工根据自身的能力和明星员工的特点，进行有机配对，以实现团队的互补和协同，共同推动组织的发展。

互补式依赖：权力再生与平衡

太极功夫的精华在于"让"字诀：一让到底，不争上下、不争左右，跟别人巧妙错开，职场"选窝"的魅力恰是如此。普通员工可以采取"人弃我取、人取我与"的策略，通过为明星员工提供关键资源的补充，不仅增强了自己的权力再生能力，也增加了明星员工对自己的依赖。这样的普通员工，实际上可以被重新定义为有潜力的"新星"。组织的任务就是顺应这一趋势，变传统"单方支持"的状态为"动态互补"的平衡局面。如图8-2所示。

为实现这一初衷，企业必须打破传统过度向明星员工倾斜的"陡峭型"激励体系。在传统格局下，以明星员工为核心形成的组织惯例，内部人员结构往往呈现金字塔型结构，明星员工通常位于金字塔顶端，金字塔基座密布着庞大的普通员工群体。而激励结构是倒金字塔型结构，也就是说越处于塔尖，资源分配和机会就越多。把人员结构和激励结构二者叠加在一起，就形成了一个不稳定的结构，如图 8 – 3 所示。这种设计不仅可能导致普通员工的士气低落和动力不足，还可能引发明星员工的过度负担和潜在的组织风险。因此，企业需要采取措施，打破这种不平衡，构建一个更加公平、合理且稳定的激励体系，以促进组织内部的和谐发展和员工的共同成长。

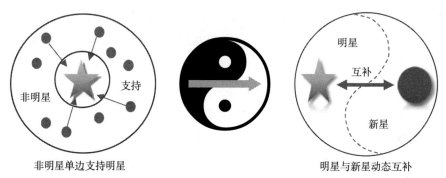

图 8 – 2　选窝的互补式依赖策略

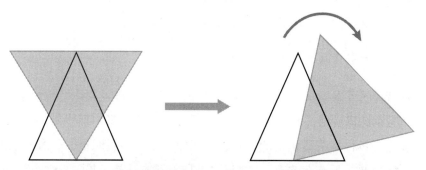

图 8 – 3　金字塔型人员结构与倒金字塔型激励结构

注：△人员结构；▽激励结构。

　　通过选窝效应，形成依赖式互补的人才结构，组织首先需要打破传统金字塔型结构的顶端。正如华为的任正非在 2017 年所强调的那样，传统的"金字塔"模型是一个封闭系统，其规模和视野往往受限于塔尖个体的宽度。

　　"金字塔"是一个封闭的模型，塔尖的这个人有多宽的视野，"金字塔"就有多大。现在炸开了塔尖，组合了非常多的精英，战

略方向和前进方向是靠大家共同去探索出来的，而不是靠一个人来
判断局势……比世界还大的世界，就是你的心胸。（见《任总与Fel-
low座谈会上的讲话》，华为总裁办电子邮件，电邮讲话【2016】
069号）

炸开"金字塔"顶端，体现了一个世界级企业的气度和境界。它让选准
"窝"的新星能够切实感受到自己的人力资本增值优于企业财务增值，无疑
为他们持续为错位优势投资注入强大的动力，同时也可以牵引更多的普通员
工采取"选窝"行动。这样的制度变革也可以为明星员工松绑，"食君之禄，
忠君之事"，毕竟"钱"拿得太多，必然事必躬亲。

为此，组织应构建一种高位均衡的激励体系。这里的"高位"意味着提
供富有吸引力和竞争力的高水平薪酬待遇来留住明星员工；而"均衡"则指
的是在企业和员工之间实现双向的满足和平衡，确保工作要求与员工的内在
价值需求相匹配，让每个员工都能感受到自己的价值和成长。通过这样的激
励体系，企业可以培养一个更加健康、稳定且充满活力的工作环境，促进员
工的全面发展，同时推动组织的长期成功和可持续发展。

新星联盟：用联盟结构拥抱最大弹性

理查德·爱默生（Richard Emerson）的权力依赖理论指出，组织中的互
补式依赖结构需要通过"价值提升"和"形成联盟"来实现平衡。一方面，
企业要进一步根据明星员工的特点，如能力明星、关系明星、全能明星等，
分类引导普通员工选准"窝"，并与明星员工形成互补，共同推动组织的发
展。通过这种方式，普通员工可以抱稳"大腿"，依托明星员工的资源和能
力，提升自己的工作表现和职业发展；另一方面，企业需要持续完善高位均
衡激励体系构建，鼓励普通员工进阶"新星"，甚至成为"大腿"，从而提升
自我价值。这不仅有助于激发这类员工的潜力，也有助于他们在组织中扮演
更重要的角色。

然而，在明星员工主导组织发展的情况下，仅仅依靠个体的提升和激励
机制还不够。非明星员工可以通过形成"新星联盟"来实现更大的弹性和影

响力。这种联盟结构不需要庞大，而是通过最小的组织结构来实现最大的灵活性和适应性，以帮助普通员工在组织中发挥更大的作用，提供互补性支持，避免资源和权力的过度集中。

通过"新星联盟"，普通员工可以共享信息、资源和最佳实践，从而提高整个组织的协同效应和创新能力。这种联盟不仅有助于普通员工的成长和发展，也有助于组织在面对外部变化和挑战时，展现出更高的适应性和韧性。

成立这样的联盟不是人为地在组织中划分一个断裂带，更不是为了分庭对抗或打败明星，而是为了在"窝"与"窝"之间形成一个网络化的沟通和信息分享机制，以便更好地为不同类型的明星员工提供互补性支持，并避开生态位重叠。同时，"新星"们集合的力量也能在制衡明星员工"一股独大"的现象中发挥积极作用。

本章小结

本章深入探讨了普通员工如何在明星员工的光环下，通过"选窝"策略实现自我成长与突破。明星员工因其卓越的表现而获得地位和资源优势，这不仅形成了组织内部的等级差异，也影响了资源分配、权力结构和员工行为。正如阿波罗的和弦故事所启示，和谐的乐章需要每个音符的协同，组织的稳健发展同样离不开普通员工的稳定支持。明星员工是组织的滤镜状态，而非明星员工则是组织的底色。在企业竞争力日益依赖少数关键明星员工的背景下，普通员工并非没有机会，他们也不应被简单地归类为"平庸的大多数"。

我们的讨论从生物学中的免疫力与毒瘤的共存现象出发，强调打破明星员工"一股独大"的局面、激发"躺平"员工活力的必要性。接着，我们借鉴"后出生的孩子更善于独辟蹊径"的"选窝效应"，讨论了普通员工选择差异化定位、避免生态位重叠的重要性。随后，我们探讨了不良激励机制对员工主动"选窝"行为的制约作用，并从"分类配对""互补依赖""价值提升"和"形成联盟"等多个角度，阐述了如何通过"选窝"策略打破组织对明星员工的单边依赖，促进组织在内部形成高水平的互补式依赖人才结构。

　　总结而言，"选窝"策略使普通员工能够避开生态位重叠，借助明星员工的力量，建立起互补式依赖关系。这不仅有助于普通员工获得错位优势，增强权力再生的能力，而且从根本上解决了"激励一个人，伤害一类人，麻木一群人"的明星激励困局，推动组织在更高层次上实现协同发展。通过这一策略，组织能够激发每个成员的潜力，共同谱写出更加和谐而有力的发展乐章。

第九章

明星员工之间的竞争与融合

　　没有比较，就无法显现一个人的长处。没有懂得欣赏的人，乌鸦的歌声与云雀的并无二致。如果夜莺在白天嘈杂的环境中歌唱，人们绝不会认为它的歌声比鹪鹩更美。许多事物只有在条件适宜时，才能达到卓越的顶峰，从而赢得它们应得的赞赏。

　　　　　　——威廉·莎士比亚（William Shakespeare），《威尼斯商人》

　　在1988年，麦肯锡公司开创性地提出了"人才战争"（war for talent）这一理念，迅速在各行各业激起了广泛回响，将人才资源的价值提升至了前所未有的战略高度。回首历史，古有周公拉车八百步，只为请姜太公出山辅佐；秦穆公巧用五张羊皮，换回百里奚为秦国效力；燕昭王高筑黄金台，广招天下贤士；刘备三顾茅庐，力请诸葛亮出山……这些争贤夺士、礼贤下士的故事，始终贯穿于人类社会发展的历史长河。时至今日，随着人工智能技术的迅猛发展，顶尖人才在推动社会进步中的核心作用愈发凸显。像山姆·奥特曼

（Sam Altman）与伊利亚·苏茨克维尔（Ilya Sutskever）等领航者，带领OpenAI 开发出了一系列具有里程碑意义的人工智能模型和产品，这些创新成果不仅极大地改变了人们与人工智能的交互方式，更深度渗透到创意设计、医疗诊断、金融风控和智能制造等垂直领域，重构了人类与智能系统的协作边界。这一趋势预示着，未来对顶尖人才的争夺将会变得更加激烈和残酷。在硅谷，即便是在经济波动期间，科技巨头们也在一边裁员一边抢夺人才，上演着豪华的招聘大戏。埃隆·马斯克、山姆·奥特曼、马克·扎克伯格（Mark Zuckerberg）以及谷歌创始人之一的谢尔盖·布林（Sergey Brin）等科技领袖亲自下场招募员工，主打诚意邀请，目标直指高精尖的 AI 专家，不惜投入巨额资金。这种对顶尖人才的激烈争夺，不仅体现了人才在当今技术驱动时代的重要性，也反映了企业对于维持竞争优势的迫切需求①。

为了在这场没有硝烟的人才战争中占得先机，各大行业纷纷抛出诱人的"橄榄枝"：商业领域精心打造明星员工专属的"人才工程"计划，科技界则授予"长江学者"等荣誉光环，地方政府则推出"落户绿灯、住房补贴"等优惠政策，其共同目标直指吸引并汇聚顶尖才智，共同构筑一个星光熠熠的创新高地，进而产生强大的磁场效应，吸引更多精英人才共谋发展，携手前行。

然而，当这些高价招募的"明星新贵"步入新舞台时，如何顺利融入既有资源架构与人际关系网络，避免"橘生淮南则为橘，生于淮北则为枳"的尴尬，成为一个不容忽视的议题。

学者马泰奥·普拉托（Matteo Prato）及其研究团队的一项研究提出警告：引进明星级人才虽如一颗"定心丸"，给予组织信心与希望，但它并非一剂立竿见影的"特效药"，未必总能带来组织所期盼的显著成效。他们选

---

① 继硅谷后，华尔街也加入"AI 人才争夺战"。在这条金融街上，银行、对冲基金等机构竞相追逐 AI 精英。从"最热 Top5 岗位"的薪酬可见战况：AI/机器学习工程师、云安全领袖年薪最高 30 万美元（约人民币 217 万元）；AI 产品经理/工程经理年薪可高达 65 万美元（约人民币 470 万元）；技术与运营领袖年薪七位数美元；AI 运营高管年薪巅峰达 200 万美元（约人民币 1448 万元）。华尔街巨头们毫不掩饰利用 AI 技术降本增效、抢占市场的目的，这场关于 AI 人才的较量，已然成为华尔街新的竞技舞台，竞争之激烈，前所未有。

取了 1996 年~2007 年间证券分析师行业的数据，研究了引进在《机构投资者》的历史排名中地位显赫的明星分析师给公司带来的影响，发现在职分析师的推荐盈利能力出现了显著下降。同时，这种下降效应受到在职分析师自身地位的一定程度的缓冲，呈现出复杂的互动关系。这一发现，为我们理解人才引进与组织绩效之间的微妙联系提供了新的视角。这预示着，引进"明星级"人才，若激励机制设计不当，还可能因利益格局的重新洗牌，而在组织内部掀起一场新老明星间的"宫斗"，干扰组织的正常运作和长远发展。

导火索：追星热潮背后的认知迷雾

毋庸置疑，明星人才的引入，在快速补强组织技术体系、增强人才厚度、激活内部竞争活力、拓宽社会资源网络以及提升组织在行业内的声誉与影响力等方面，展现出了无可比拟的优势。这也让企业趋之若鹜并乐此不疲。正如美国顶级优秀人才聚集地硅谷内的咖啡店，都只招聘明星级咖啡师。然而，我们必须正视的是，三大认知误区正不断推动着企业的"追星"热情，并在无形中为组织的未来发展埋下了隐患。

误区一："外来的和尚会念经"。组织内的存量明星员工由于经常与同事互动并在这一过程中不断传递隐性知识，他们知识诀窍的"神秘感"逐渐下降，而可替代性增强，这导致组织对他们的"新鲜感"也同步下降。这本是组织运行中的自然现象，问题在于，很多组织缺乏知人善任的雅量，特别是玉汝于成的育人耐心，一旦保鲜过期，他们就不愿意继续投资存量明星员工，促进现有知识诀窍的迭代升级，而是将视线投向行业内的"新鲜"明星。古代先贤韩非子早已洞察这一问题。他深刻地指出，若内部人才得不到应有的礼遇与奖赏，而组织却以厚礼重赏招揽外来人才，不以实际政绩为考察标准，而以名望高低作为任免职务的依据，导致外来人才占据高位，甚至超越原有内部人才，这样的国家将面临灭亡的危险（"境内之杰不事，而求封外之士，不以功伐课试，而好以名问举错，羁旅起贵以陵故常者，可亡也"，出自《韩非子·亡征》）。当然，这背后还隐藏着更深层次的战略考量：通过高价挖角，既能增强自身实力，又能削弱竞争对手，实现一石二鸟的战略目标。

误区二："贵的即是好的"。当"追星"成为组织的战略导向时，我们必须首先明确何为明星员工，以及如何合理评估其价值。通常而言，那些具备高社会知名度、丰富社会资源，并能独当一面推动组织发展的员工，方能被称为明星。知名度作为识别明星员工的关键信号，虽源于能力和贡献，但受限于信息壁垒和传播范围，其传播效果有限。为此，国家层面推出了诸如"杰青""长江学者"等高端人才激励计划，这些"头衔"在客观上简化了明星员工的识别流程，为组织招贤纳士提供了便利。然而，这也无形中催生了"以帽取人"的偏见。同时，同质化的"追星"策略进一步加剧了明星人才的稀缺性，推高了其市场价格。企业在挑选明星员工时，往往如同使用"放大镜"般审视市场，这无疑夸大了他们的实际能力，导致性价比失衡。更为严重的是，这种哄抬身价的现象反过来促使明星员工更加注重包装和自我推销，忽视了实质性的能力和贡献提升，从而加剧了明星市场的扭曲和泡沫化。

误区三："多多益善"。许多组织简单地认为，引入更多人才，尤其是那些明星级人才，不仅能够快速提升组织绩效，还能够吸引更多人才资源，共同打造一个熠熠生辉的事业平台。然而，他们往往忽略了"人才饱和点"（talent-saturation point）这一关键问题。欧洲工商管理学院（INSEAD）的罗德里克·斯瓦布（Roderick Swaab）及其研究团队首次在《心理科学》（*Psychological Science*）杂志上提出了这一概念。他们基于地位冲突理论，进行了五项涵盖足球、篮球和棒球等不同团队运动的研究。这些研究发现，在需要密切协作的足球和篮球等团队运动中，存在一种被称为"人才过多效应"（too-much-talent effect）的现象。这一效应揭示了一个事实：虽然人才能在一定程度上提高团队表现，但这种提升是有限度的。一旦超过某个临界点，增加更多的人才反而会削弱团队表现，并可能因为团队内部协调问题而导致负面后果。相比之下，在较为独立的棒球运动中，并未发现这种效应。这一发现挑战了传统的"人才越多越好"的观念，证实了存在一个人才的饱和点——即当团队需要紧密合作时，过多的人才可能会破坏团队的协调性，从而对整体表现产生不利影响。

外部明星降临：星光之争开幕

在多元声部的精妙交织下，演奏家们既展现了竞相绽放的勃勃生机，又实现了彼此间水乳交融的和谐统一。这种动态平衡的微妙韵味，同样在明星员工之间的互动中得到了淋漓尽致的体现。阿波罗的和弦寓言犹如一盏明灯，引领我们探寻如何让明星员工在相互启迪与激励的征途中并肩驰骋。他们慷慨地分享着宝贵的经验，深入地交流着心得体悟，不断磨砺个人的技艺，提升个人的境界。与此同时，适度的竞争如同一股强劲的催化剂，激发了他们内在的潜能，携手推动团队向着更加宏伟的愿景奋勇冲刺。这种既竞争又融合的独特关系，犹如一曲团队苗壮成长的和弦乐章，洋溢着蓬勃的生机与盎然的活力。

然而，这一切美好的愿景往往只停留在理想的状态之中。当组织引入新的明星员工或其他类型的顶尖人才时，往往会因为提供的薪资待遇与资源承诺而引发一场组织内部新旧明星之间的"星光之夺"①。

地位与质量（贡献）之间的不平衡

在 2019 年《哈佛商业评论》的一篇文章中，美国企业领导力协会主席康拉德·施密特（Conrad Schmidt）对中国地区激烈的人才竞争现象进行了深度剖析。他指出，为争夺顶尖人才，企业往往愿意提供高达 50% 的薪资涨幅，而对于那些堪称明星级的精英，这一涨幅甚至可能成倍增加。

为了缓解内部因薪资差异可能激化的矛盾和不满情绪，一些企业采取了"高明"的策略来优化其人力资源管理体系。

---

① 星光争夺本质是地位争夺，他们通过差异化的薪酬待遇和资源支持体现出来。根据罗德里克·斯瓦布（Roderick Swaab）等学者的研究，相互依赖性任务中存在"人才过多效应"，正如在足球和篮球比赛情境中，当任务相互依赖性较高时，过多的人才确实会降低团队绩效。这主要是因为团队内部的地位竞争会导致个体将注意力集中在对团队内部地位的争夺上，而不是将努力导向协调和团队绩效。因此，对于管理者来说，在组建团队时需要考虑任务类型和团队协调水平。对于相互依赖性较高的任务，应避免过度追求人才数量，而应注重团队协调和内部关系。对于团队成员来说，应认识到过多的才能可能带来的负面影响，并努力将注意力集中在团队绩效上，而不是对团队内部地位的争夺上。

  一种策略是扩展内部的职级体系，比如将原有的 3 级职级扩展到 8 级。通过拉大职级间的差距，把新引进的明星员工定在更高的职级上，使得其薪资与其他员工的薪资差异在表面上显得更加合理和可接受，在一定程度上缓解了内部员工的薪资攀比心理。另一种策略则是调整工资结构的固定与浮动比例，增加岗位绩效工资的比重。在保持薪酬总量不变的前提下，这种做法使得其他员工的收入变动更多地与个人的工作绩效挂钩，而非直接受到明星员工高薪的影响。这样一来，即使有高薪明星员工的加入，其他员工也不会因为薪资相对降低而感到不满，因为他们可以通过提升自己的工作绩效来获得更高的收入。然而，这种看似巧妙的做法虽然能在一定程度上缓解引进明星员工带来的薪酬差距矛盾，但若已有的人才评价体系无法准确反映员工的创新能力、质量、成效和贡献，这仍然只是饮鸩止渴的权宜之计，问题依然无法得到根本解决。

  薪酬水平作为社会地位的象征，直观地代表了组织对个人的赞赏、认可，或是对其重要性的评价。因此，从高价挖来的新明星员工加入组织的那一刻起，新老明星员工之间的关系就变得微妙起来。

经典理论

罗伯特·默顿和地位与质量差距理论

  罗伯特·默顿（Robert K. Merton），美国著名社会学家，科学社会学的奠基人和结构功能主义流派的代表性人物。1910 年 7 月 4 日出生于美国费城，1936 年，获得哈佛大学社会学博士学位。1979 年，在哥伦比亚大学退休，并荣膺特殊服务教授和荣誉退休教授。2003 年 2 月 23 日，默顿在纽约逝世，享年 92 岁。

  默顿在研究中发现，社会地位往往与个体的

实际能力并不完全匹配，而是存在某种程度的差距。这种差距可能是由于社会结构、文化背景、资源分配等多种因素造成的。

首先，地位放大了质量差异。他指出，社会地位如同一面放大镜，能够显著地影响社会对个体能力的认知和评价。高地位的个体往往被赋予超乎实际能力的光环，而低地位的个体则可能因社会地位的限制而被低估。这种放大效应不仅可能导致社会对个体能力的误解，还可能干扰资源的合理分配，进而产生马太效应——高地位的个体或群体能够轻松获得更多的资源、机会和优势，进一步巩固和扩大其地位；而低地位的个体或群体则可能因资源匮乏而陷入困境，难以提升自身能力，形成强者愈强、弱者愈弱的局面。其次，地位扭曲了质量差异。社会地位的高低有时并不与个体的实际能力成正比，这种扭曲可能源于社会评价体系的偏差、资源分配的不平等以及文化背景的差异等多重因素。这种扭曲现象不仅违背了社会评价的公正性原则，还可能抑制个体潜能的发挥，阻碍社会的整体进步。

该理论对于理解社会现象、解释社会行为以及制定社会政策等方面具有重要的理论和实践意义。以人才"帽子"现象为例，原本旨在吸引、留住及激励高层次人才的资助计划，如"杰青""长江学者"等，却在实践中逐渐异化，成为评价人才和决定待遇的关键依据。在这一背景下，地位的放大和扭曲作用再次显现。

一方面，拥有"帽子"的人才常被赋予更高地位和更多资源，这种提升并非完全基于他们的实际能力，而是"帽子"这一标签所带来的附加价值。这导致社会对"帽子"人才的评价高于实际，进一步放大了与非"帽子"人才之间的差异，影响了资源的合理分配和机会的公平获取。另一方面，"帽子"的本质也被地位所扭曲。原本"帽子"是对人才贡献的肯定，旨在赋予他们荣誉和责任。然而，在现实中，"帽子"却常被视为评价人才的唯一标准，导致能力强但无"帽子"的人才被忽视和埋没，而能力平平但有"帽子"的人才则获得了过多的资源和机会。这种扭曲不仅违背了"帽子"设立的初衷，更损害了社会的公平正义，加剧了马太效应，抑制了非"帽子"人才的发展和创新。

资料来源：图片来自作者学术网站，https：//www2. hawaii. edu/ ~ fm/merton. html。

利益格局的变化并不一定会引发新老明星之间的竞争。关键在于，人们往往依赖于参照物来评价自己的情况，正如斯泰西·亚当斯（Stacy Adams）的公平理论所描述的那样，当个体感觉自己的付出与收获之比不如参照对象时，就会产生不公平感。特别是当这种状况无法通过个人努力改变时，嫉妒和摩擦便难以避免。社会学家罗伯特·默顿（Robert Merton）进一步指出，地位往往与虚高的能力相匹配。那些被高薪挖角的明星员工，尽管可能拥有耀眼的光环，但并不一定能在新环境中立刻展现出与其薪酬相匹配的贡献。一旦离开了原有的技术、信息、人员等资源的支持，他们的影响力和贡献可能会大打折扣。因此，尽管空降明星的贡献可能并不如其薪酬那般引人注目，但由于组织对他们的承诺，他们往往能够轻松获得更多的资源、机会和优势，从而巩固和扩大其地位。

这种知识贡献与资源吸收之间的不平衡，不可避免地引发了"老明星"员工的不当社会比较与心理失衡。他们可能会感到自己的努力和贡献没有得到应有的认可，而新员工的高薪则成为了他们眼中的不公平象征。

组织"宫斗"：现有明星与新晋明星的社会比较

社会比较理论，由著名学者利昂·费斯汀格（Leon Festinger）提出，深刻揭示了个体如何通过与他人进行比较来评估自我价值，并阐述了这种比较机制如何塑造个体的情绪反应与行为模式。进一步，依据自我评估维护模型①，自我评估过程受到三大核心要素的深刻影响：相对表现、心理亲近度以及自我相关性。

在团队中，现有明星员工（incumbents）与新晋的明星员工（star newcomer）之间的业绩对比，成为自我评估的重要参照。特别是当团队成员间因共同的团队身份和追求目标而产生心理亲近感时，这种亲近感使得他们之间的业绩比较变得尤为自然和频繁。新明星员工的出色表现，往往如同一面镜子，让现有明星员工重新审视自己的业绩与价值，确保自己在团队中的竞争力不被削弱。自我相关性在此扮演着重要角色，它意味着员工的工作表现不仅关乎任务的完成，更是其自我认同与自我价值的核心体现。换言之，明星员工通过工作成就来塑造自我形象，因此，工作绩效的好坏直接关联到他们的自我评价与自我价值感。

新明星员工的加入，如同一股清流，激发了现有员工的自我反思。他们通过与这位新成员的业绩对比，来评估自己在团队中的地位。这种比较不仅影响着他们的情绪状态与自我认知，更可能进一步塑造他们的行为模式与工作表现。这种自我评估可能引发一系列复杂的情绪与行为反应。有人可能会因此感到嫉妒，竞争意识被激发；也有人可能会因此受到激励，更加努力地提升自己。这些反应不仅影响着个人的情绪与行为，更对团队氛围与整体工作绩效产生深远影响。

总之，新旧明星员工之间的"星光之战"不仅是一场业绩的较量，更是一场关于自我认知与自我价值的深刻探索。在这个过程中，每个人都在不断

---

① 自我评估维护模型（self-evaluation maintenance model，简称 SEM 模型），由亚伯拉罕·泰瑟（Abraham Tesser）于 1988 年提出。该模型主要探讨个体如何通过与他人的社会比较来维护和增强自尊。SEM 模型的核心观点是，个体有维护积极自我评价的根本需要，他们进行社会比较不仅仅是为了减少对自身能力认知的不确定性，更是为了保护和提升自己的自我价值感。SEM 理论还着重强调了心理亲近度在我们评价自己时的重要作用。当我们与亲近的人比较时，如果他们在某个我们很看重的领域取得了成功，我们可能会感到压力，也可能会因为他们的成功而感到自豪，这主要取决于这个领域与我们自我评价的关联程度。例如，当个体与表现出色的人有较高的心理亲近度时，如果该成功领域与个体自我评价相关，则可能会对个体的自尊产生消极影响；反之，如果相关性不高，则影响可能较小。此外，SEM 模型还包括了"沾光效应"（basking in reflected glory）反射性贬值（cutting down by association）和"心理距离"（psychological distance）等概念。沾光效应指的是个体通过与成功者的关联来提升自己的自尊；反射性贬值是指个体可能因与失败者的关联而降低自己的自尊；而心理距离则涉及个体与他人之间的亲近程度如何影响自我评价。通过 SEM 模型，我们能够更深入地理解个体在不同社会关系中的自我评估动态，以及这些动态如何影响个体的情绪和行为。

地审视自己，调整自己，以期在团队中占据更有利的地位。

根据社会比较理论，社会比较在感知层面会产生两种截然不同的效应：对比效应与同化效应。对比效应如同放大镜，将个体与比较对象之间的差异无限放大，使得个体的自我评价与比较对象形成鲜明的反差；而同化效应则像吸铁石，推动个体的自我评价向比较对象靠拢，趋于一致。

在比较对象的选择上，社会比较又进一步细化为上行比较与下行比较两种类型。上行比较指的是个体与比自己更优秀的人进行比较，而下行比较则是与表现不如自己的人进行比较。

当新明星员工加入团队这一充满竞争与合作的舞台时，现有的明星员工便置身于一个复杂多变的社会比较环境中。他们可能会经历四种交织在一起的社会比较模式，这些模式如同四股强大的力量，共同作用于他们的自我评估与行为调整过程中。如图 9 - 1 所示。

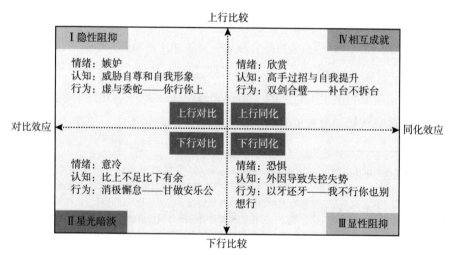

图 9 - 1　存量明星的四种社会比较模式

象限 Ⅰ：上行对比。面对收入明显高于自己但贡献未必更高的空降明星，原本备受礼遇的存量明星的自我评价难免受挫，危及自尊。为了平衡自我，他们可能会本能地产生嫉妒情感，采取敷衍应付、消极应对等隐蔽方式给

"盗光者"添堵，以挽回自尊。弗吉尼亚大学艾琳·周（Eileen Chou）的研究表明，公然挑战权威或规范的抬杠行为，往往被视作权力的象征，因为这样的话，抬杠者会被看起来特别强势或坚持原则，进而带来影响力。显然，这种以工作名义的隐性阻抑行为给初来乍到的空降明星平增不少麻烦。

象限Ⅱ：下行对比。当老明星员工通过上行比较发现自己与新明星员工相比黯然失色，且无力改变这种局面时，他们可能会选择下行对比。这本是平衡自我、暂别"跌落神坛"失落感、重拾自尊的权宜之计，一旦被格式化为"比上不足比下有余"的自我认知，就可能不思进取，甘愿留在舒适区内作茧自缚，慢慢失去昔日锐气和光芒，甘做安乐公，与底层"佛系"员工为伍。

象限Ⅲ：下行同化。下行比较的同化效应意味着在老明星的意识里，新明星的到来不仅无力改变地位被取代的现实，更严重的是，他们可能会同化为与比较目标——那些无权无势的沉淀层员工一样的境遇，这让他们深感恐惧、焦虑和严重的自我怀疑。这时他们最可能将自己的不幸归罪于空降明星的到来，滋生"我不行你也别想行"的报复心态，采取使绊子、拆台、抱团孤立等显性阻抑行为，力图把"肇事者"拉下马。

象限Ⅳ：上行同化。这是一种面对高手对手时产生的"惺惺相惜"的积极情绪。正如约翰·陈（John Chen）所言，与明星级员工的工作互动，可以大大简化默会知识的学习路径，并在"与星共舞"中形成积极情绪的效能螺旋，进而产生强大的自我提升动力。这意味着，对于老明星员工而言，从孤身仗剑走天涯到双剑合璧，高手切磋不仅有助于形成一种取长补短、优势互补的相互成就关系，更重要的是还能提升自身的专业能力，强化组织和新明星对自己的权力依赖。因此，在这一象限内，老明星员工更倾向于补台不拆台。

心理学大师介绍

利昂·费斯廷格

利昂·费斯廷格（Leon Festinger）是 20 世纪最具影响力的心理学家

之一，以其开创性的社会比较理论和认知失调理论在社会心理学领域树立了重要里程碑。

个人背景

1919 年 5 月 8 日，费斯廷格出生于纽约布鲁克林。他在纽约市立大学获得心理学学士学位，并在衣阿华大学获得博士学位，成为"社会心理学之父"库尔特·勒温（Kurt Lewin）的得意门生。费斯廷格的学术生涯遍及罗切斯特大学、麻省理工学院、密歇根大学、明尼苏达大学和斯坦福大学等知名学府。1989 年 2 月 11 日，这位杰出的心理学家在纽约离世。

主要成就

社会比较理论：1954 年，费斯廷格提出了社会比较理论。该理论阐释了个体如何通过与能力和观点相似的他人进行比较来获取真实的自我评价信息。这种比较行为不仅帮助个体评估自己的地位和能力，还与个体对特定群体的认同感密切相关。费斯廷格指出，我们越是认同某个群体，就越关注自己与该群体成员的比较。研究进一步显示，人们倾向于与表现优秀的人进行比较，这反映了人类在认知上易受显著性特征影响的倾向。社会比较分为向上社会比较（与更优秀的人比较）和向下社会比较（与表现较差的人比较）。这种比较的功能在于辅助个体进行自我评价、确认自身的属性，并追求情感上的积极满足。此外，社会比较还能引发对比效应和同化效应，即个体在比较后可能会调整自己的行为以更接近或与比较对象的行为相反。

认知失调理论：1957 年，费斯廷格提出了认知失调理论，该理论深入探讨了个体在面对与其现有信念、价值观或行为相矛盾的新信息时所经历的心理不协调。认知失调理论认为，当个体遭遇认知不一致时，会感到心理上的不适，这种不适感会促使个体采取措施改变态度、信念或行为，以达成心理平衡。这一理论不仅解释了个体如何处理内心的认知冲突，还为理解个体在面对挑战性信息时的态度和行为变化提供了有力的理论基础。

主要著作

费斯廷格的代表作包括《冲突、决策和失调》（*Conflict，Decision，and Dissonance*）和《认知失调理论》（*A Theory of Cognitive Dissonance*）。这些著作详尽地阐述了他的理论观点，并通过实验和现场研究提供了有力证据。他通过对信仰和预言的深入研究，尤其在《当预言失败》一书中，描述了人们在预言未实现时如何加深而非放弃其信仰，展现了认知失调理论的实际应用。

学术荣誉

1959 年获得美国心理学会颁发的杰出科学贡献奖；1972 年当选为美国国家科学院院士。

以上分析表明，新星降临，有75%的概率导致不良组织后果。如果考虑到新老明星在能力异质性上存在重叠，势必会加剧资源争夺，陷组织于愈加激烈的"宫斗"大戏之中。

两虎相争：为什么受伤的却是我？

然而，新晋明星员工与原有明星员工之间的星光争夺，最直接的受害者却是中间层员工。原本，组织中的空缺职位为这些员工提供了晋升的希望，但新明星的加入却让他们的期望破灭。为了平衡新旧明星之间的关系，领导者可能会重新分配资源以安抚那些感到被忽视的原有明星员工，这无疑进一步压缩了中间层员工的资源、机会和发展空间。

中间层的自我提升动机被限制

在组织结构中，个体的地位决定了他们所获得的尊重和威望。根据演化心理学的观点，在远古时期，为避免争斗带来的能量消耗和两败俱伤结局，人们会根据体格的强壮程度来分配资源，从而逐渐形成了社会等级的分化。在这种分化中，地位较高的个体能够获得更多的资源和繁衍后代的机会。这种适应性心理机制——对地位的追求，成为人类的基本动机之一。华威大学的克里斯·博伊斯（Chris Boyce）和卡迪夫大学的西蒙·摩尔（Simon Moore）通过对12000 名成年人的调查后发现，社会地位与心理幸福感的关系更为紧密，人们对此的重视程度甚至超过了金钱。这表明，追求更高的社会地位是人类的天性。

　　然而，研究表明，激发这种自我提升的动机是有条件的——即目标必须是可达成的。如图 9-2 所示，地位差异会激励中间层员工积极调动他们的认知、情感和学习资源，致力于自我提升，努力缩小与明星员工之间的差距。他们希望通过这种方式获得更多的认可、重视和机会，并期待在适当的时机能够晋升到更高的职位。当然，地位差异越大，面临的挑战也越大，这可能会导致自我提升的速度减慢。问题在于，一旦有新的明星员工加入，这在某种程度上可能会阻碍中间层员工的晋升之路，使他们感到即使努力也难以达到目标。随着职位的上升，可用的职位越来越少，他们的努力可能会变成沉没成本。这种挫败感可能会导致他们的自我提升动机减弱，形成一种先上升后下降的"倒 U 型"职业发展轨迹。

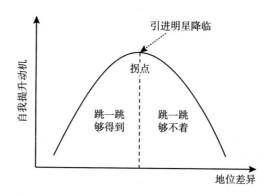

图 9-2　中间层的自我提升动机与职业发展走势

　　上升无望让中间层顿感失落，但这还不是最可怕的，资源剥夺感才是压倒中间层的最后一根稻草。

中间层沦为政治斗争牺牲品

　　根据心理学家弗里茨·海德尔（Fritz Heider）提出的关系平衡理论，若领导者与新旧明星发展出不一样的关系质量，则可能形成不稳定的三角结构，加剧新旧明星的"斗法"。格里菲斯商学院的赫尔曼·泽（Herman Tse）等人探讨了三角关系下负面情绪产生的心理机制。

当新明星加入团队时，新旧明星的社会比较倾向往往会被激发。正如前文分析的那样，老明星可能会因为收入不如新明星而感到自尊受损，因此他们更倾向于与新明星进行比较。而新明星，由于承担着高薪的期望，他们急需证明自己的价值，因此也可能会将老明星作为比较的基准，努力展现自己超越老明星的表现。因此，双方都对自己在领导心目中的地位非常敏感。

如果领导者对新明星表现出特别的关心和支持（见图9–3a），这可能会加剧老明星的嫉妒心理；如果领导者更偏爱老明星（见图9–3b），一方面可能会加剧老明星对收入更高的新明星的蔑视，另一方面，也可能会让渴望在领导面前证明自己的新明星感到挫败。显然，这种差异化的对待形成一种不健康的平衡关系，新老明星之间的关系看似风平浪静，实则暗流涌动。

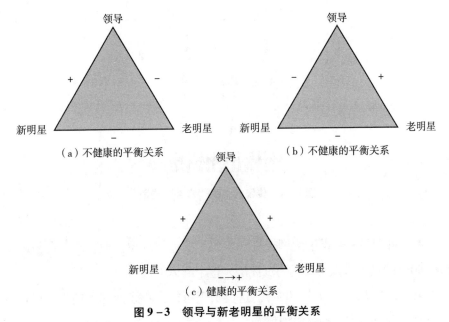

图9–3 领导与新老明星的平衡关系

注："–"代表相对低质量关系；"＋"代表相对高质量关系。

一方面是以重金引进的新明星，另一方面是为团队立下汗马功劳的老明星，理想的解决方案是领导者与两者都建立起平等且积极的人际关系（见图9-3c）。这样，三角关系就会变得更加稳定，从而有助于缓解双方的竞争。问题在于，用于安抚失落的老明星的资源从哪里来？

失去机会的中间层沉沦为沉淀层

无疑，组织只能将产出一般的中层员工当作牺牲品。如图9-4所示，在传统的"倒金字塔"型激励结构中，中层员工可能会感到晋升的希望渺茫，他们的资源、机会和发展空间受到限制，这严重削弱了他们自我提升动机。如果这种状况持续不变，中层员工可能会逐渐变得消极，慢慢地被同化为组织的沉淀层。

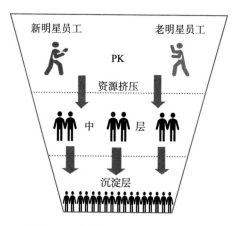

图9-4　传统的组织"宫斗"局面

本土管理专家余世维的调查进一步揭示了这一现象。他发现，在组织中约有80%的员工可以被归类为沉淀层，这个群体中包括：

第一，"蛮干家"（占20%）。这类员工可能会不顾效率和结果，只是单纯地增加企业的库存和资源消耗。

第二，"菜鸟族"（占40%）。这类员工可能工作效率较低，需要更多的培训和指导来提升工作表现。

第三，"佛系列"（占 20%）。这类员工可能对工作不太上心，满足于现状，不愿意主动承担责任。

第四，"平庸型"（占 10%）。这类员工有意愿做好工作，但由于能力或资源的限制，往往难以达到预期的工作效果。

第五，"阴谋派"（占 10%）。这类员工不仅不贡献正面价值，还可能散布负能量，制造是非，影响团队的和谐与合作。

总体而言，组织在引入明星员工时，若激励机制设计不当，可能会在增强人力资源实力的同时，引发一系列问题。这些问题类似于艾利森和本庶佑因在免疫学领域的突破性发现而获得诺贝尔奖所揭示的现象：在一个健康的免疫系统中，既存在保护身体免受疾病侵害的免疫细胞，也可能出现导致疾病的癌细胞。同样，组织内部可能同时存在着明星员工和技术优势等宝贵资产，以及人际冲突和短视文化等有害元素，导致组织功能出现分裂，形成了一种"你走你的阳关道，我过我的独木桥"的病态格局。

正因如此，我们迫切需要在组织内部探寻那把"解锁 PD-1 蛋白对免疫系统抑制"的钥匙，来健全激励机制设计，打造一个能够让所有员工，包括新引进的明星员工和原有的明星员工，都能和谐共舞的平台。

化解"星斗"：打造"与星共舞"的平台

星光之争所产生的影响绝不仅仅局限于现有的人力资源体系，更为严重的是，它会对组织的战略方向、资源分配以及公司文化的塑造形成强烈冲击。要知道，每一位明星员工都象征着一种独特的理念和发展方向，其背后都有着强大的团队以及丰富的资源作为支撑。

在脸书（Facebook，现 Meta）早期发展历程中，雪莉·桑德伯格（Sheryl Sandberg）与安德鲁·博斯沃思（Andrew Bosworth）这两位超级明星之间的竞争，险些将公司推向绝境边缘。桑德伯格，作为首席运营官，是公司商业战略的掌舵者，她矢志不渝地推动广告业务的蓬勃发展，视用户体验为广告策略的核心，力求在精准投放与用户隐私之间巧妙地找到平衡点，从而通过提升用户体验来驱动广告收入的持续增长。

相比之下，博斯沃思则在技术和产品开发领域深耕细作，他秉持着一种更为激进的市场扩张理念，主张以迅雷不及掩耳之势抢占用户和市场，即便这意味着在某些关键时刻可能需要暂时搁置对用户隐私的极致关注。这种战略层面上的根本性分歧，不仅导致了双方在资源分配上的激烈争夺，还使得各自麾下的团队在项目实施过程中遭遇了截然不同的支持力度，内部竞争的白热化进一步催生了企业文化的冲突，员工在巨大的压力下感受到了前所未有的分裂感，团队协作因此变得举步维艰。

正是在这一关键时刻，马克·扎克伯格亲自介入，以其卓越的领导力和调解技巧，成功地平息了这场明星高管间的纷争。在他的努力下，Facebook不仅实现了商业上的持续稳健增长，更在用户隐私保护与伦理道德建设上取得了显著进步。这一积极转变，无疑为 Meta 的未来发展奠定了坚实的基础，让其在激烈的市场竞争中更加游刃有余。

在创新是第一动力、人才是第一资源的时代，"追星族"们在吸引重用顶尖人才的同时，也必须具备前瞻性的视野，为可能随之而来的"星光之争"——即顶尖人才间的竞争与摩擦，做好充分的应对准备。关键在于，要从理念、制度和操作层面三管齐下，彻底根除那些可能引发不健康社会比较的因素。为此，构建一个更加公正、透明且充满激励性的体系至关重要。

降低"炫耀性自我欺骗"的心理偏好

在辽阔无垠的非洲草原上，当一群汤姆逊瞪羚骤然遭遇猎豹或其他猛兽的突袭时，总有一只敏感的瞪羚立即在原地跃起，以警示同伴。随着它的跳跃，其他瞪羚迅速逃散。不幸的是，这只发出警报的瞪羚往往在落地瞬间成为了捕食者的囊中之物。许多学者倾向于将此壮举视为一种亲组织利他行为，即个体甘愿自我牺牲以保护族群。

然而，英国演化生物学家理查德·道金斯（Richard Dawkins）在其著作《自私的基因》（*The Selfish Gene*）中，提出了不同的解释。道金斯将这种行为称作"炫耀性自我欺骗"（conspicuous self-deception）。这种行为似乎是在向捕食者发送一个信号："瞧，我是多么的强壮和敏捷！追捕我只是徒劳，你去找别的猎物吧！"

理查德·道金斯在《自私的基因》中关于"炫耀性自我欺骗"的论述，为我们提供了一个深刻的管理启示。在组织内部，盲目追求构建一个由明星员工组成的"星光熠熠"的团队，可能会导致我们陷入一种自我欺骗的陷阱。明星员工往往能力突出，更注重自身的成就目标，而忽视团队的整体目标。他们可能会为了个人的荣誉和奖励，而不是团队的成功而努力，这就如同"炫耀性自我欺骗"中个体为了展示自己而忽视了潜在的危险。这种行为可能会破坏团队的协作氛围，导致团队内部的竞争大于合作，最终影响团队的整体绩效。同时，正如罗伯特·默顿所提出的地位与质量差距理论所示，明星员工的"光环效应"可能会掩盖他们实际能力的不足。在大众认知中，明星员工往往被过度美化，其实际表现与所享有的高声誉之间存在落差。比如在一些企业中，某些明星员工凭借过往的辉煌业绩或出众的社交能力赢得极高知名度，被视作团队的核心与关键。但在实际工作场景里，面对新的复杂任务，他们可能因知识结构老化、适应能力欠缺等问题而表现欠佳，可由于其明星光环，管理者往往忽视这些不足，依旧对其委以重任，投入大量资源。这就导致在资源分配上出现偏差，看似强大的明星团队，实际产出效益却远低于预期。长此以往，组织在这种虚假繁荣的表象下，忽视了团队真实能力的提升与合理结构的搭建，最终陷入自我欺骗的困境，阻碍组织的长远发展。

因此，在引进人才时，我们必须透过表面的光环，深入挖掘候选人的真实能力和潜力。我们需要全面评估他们是否真正符合组织的战略规划、文化和价值观，以确保他们能够融入团队并推动组织目标的实现，避免出现"南橘北枳"的不适应现象。同时，我们也必须谨慎处理新引进的明星人才与现有团队成员之间的关系。引入新人不应该以牺牲团队的和谐为代价，我们需要采取措施确保新旧员工之间的平稳过渡，防止出现"招来女婿气走儿子"的负面局面。这要求我们在人才引进策略上采取更加细致和周到的考虑，以确保每个成员都能在组织中找到自己的位置，共同为实现组织目标而努力。

改变"倒金字塔"型激励模式

研究表明，当组织内部存在冗余资源时，不当的社会比较更可能引发个体视线内转，加剧内部资源争夺，而不是向外积极争取资源。如图 9−5b 所示，我们应大胆削减集中在金字塔顶端的过剩资源，并将这些资源重新分配给资源匮乏的中间层，我们可以构建一个更均衡、扁平化的激励结构，实现三重积极效果。

首先，这种资源的重新分配能够缓解组织内部的明星争夺战。正如社会学家亚历桑德罗·波茨（Alejandro Portes）所指出的，逆境能够促使人们团结一致。当新旧明星员工都面临适度的资源紧张时，他们更可能放下分歧，形成互补的依赖关系，共同对外。

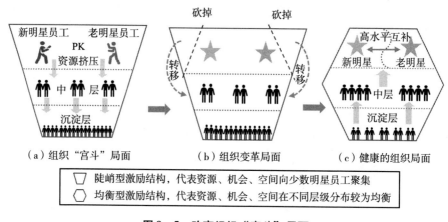

（a）组织"宫斗"局面　　　（b）组织变革局面　　　（c）健康的组织局面

陡峭型激励结构，代表资源、机会、空间向少数明星员工聚集

均衡型激励结构，代表资源、机会、空间在不同层级分布较为均衡

图 9−5　改变组织"宫斗"局面

其次，通过为中间层员工提供更多的培训、轮岗和晋升机会，满足他们的成长需求，可以极大地激励他们尝试新事物，甚至容忍失败。这样的支持能够让有潜力的员工脱颖而出，为组织带来新的活力。

最后，这种资源的重新分配也能激发沉淀层员工的积极性，让他们看到晋升的希望，从而积极改进自己，争取进入中间层或更高层，形成如图 9 – 5c 一样的良性组织局面。

调整社会比较维度

所谓"解铃还须系铃人"，解决不当社会比较，最重要的是调整社会比较维度。要实现这一目标，首先需要帮助个体克服利己归因偏好和自我服务偏见，即个体倾向于将成功归功于自己的能力和努力，而将失败归咎于外部的不可控因素。

在图 9 – 6 所示的象限 I 中，领导者可以通过强调新老明星之间高水平的互补式依赖关系对于实现双赢的重要性，来有效缓解老明星的嫉妒情绪。这种策略旨在将社会比较的焦点从竞争转移到合作，从而激发高水平的自我激励，推动比较维度向象限Ⅳ转移。

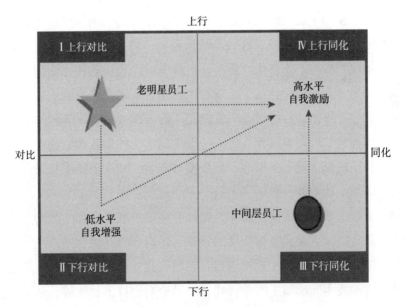

图 9 – 6　调整社会比较维度

为了实现这一转变，领导者应当有意识地创造一些具有仪式感的场合，而不仅仅依赖金钱激励来补偿那些感到处于劣势的个体。通过这些场合，新明星将有机会见证老明星的实力和成就，这不仅有助于修复老明星的自尊，还能促进新老明星之间的相互了解，为更好的互补合作奠定基础。同时，这种场合还能增强新明星对老明星地位和成就的敬畏感。

敬畏是一种混合了困惑、敬佩、惊奇、服从等多种感觉的复杂情绪。斯坦福大学的梅兰妮·鲁德（Melanie Rudd）等人的研究表明，敬畏能够减少个体的自我意识，增强助人和亲社会行为。赫尔曼·泽的研究也指出，当个体感受到他人的帮助时，他们的合作意愿会随之增强。因此，通过激发敬畏感，可以促进新旧明星之间的上行同化效应，形成高水平的互补式依赖结构。在引进新明星时，组织必须注重互补性，避免仅仅因为其表面的光环而盲目引进。这样的策略有助于建立一个基于相互尊重和合作的良性组织环境，从而推动整个组织向着更加健康和高效的方向发展。

如果直接的方法未能取得预期效果，领导者可以采取一种阶段性的方法，即先引导老明星员工进入象限Ⅱ，通过适度的下行比较来调整自我认知，以此作为暂时的自我增强手段。这种策略相当于一种心理缓冲，有助于老员工在面对新挑战时保持心态平衡。然而，这种下行比较只能作为短期的自我调整手段，领导者必须避免让员工长期滞留在这种低水平的自我安慰中，从而陷入自满和停滞不前的舒适区。一旦老员工的自尊心得到恢复和加强，领导者应迅速引导他们转向象限Ⅳ，进入一个更高水平的自我激励状态。在这一状态中，员工能够主动寻求挑战，积极面对竞争，并在与新明星员工的互动中形成更高层次的互补合作。

对于处于象限Ⅲ的中间层员工，领导者需要采取更全面的激励措施。除了增加资源支持，为他们提供更多的培训、轮岗和晋升机会外，还应着力疏通晋升通道，确保这些员工能够看到自己的职业发展前景。这种透明度和可预见性能够激发中间层员工的积极性，鼓励他们进行上行比较，从而产生积极的同化效应。通过这种方式，中间层员工将被激励去模仿和吸收优秀员工的特质和行为，进而提升整个团队的绩效和凝聚力。

总之，领导者的任务是通过细致入微的心理引导和制度设计，帮助员工在社会比较中找到合适的定位，激发他们的内在潜力，最终实现个人与组织的共同成长。

本章小结

本章深入探讨了如何化解明星员工之间的"星光"之争，推动他们之间的高水平合作，以共同提升组织绩效。在创新和迭代的关键时期，引进行业明星并构建坚实的人才体系是组织的战略选择。在打造一个"与星共舞"的事业平台时，组织必须确保新引进的明星有展示自己的舞台、老明星能够保持尊严，同时中间层员工也应拥有成长和晋升的机会，从而共同营造一个健康、积极的组织环境。

我们首先分析了引发组织"星光之争"的"追星"热潮背后的认知迷雾；接着讨论了引进明星员工时，其知识贡献与资源吸收之间的不平衡，导致组织内部产生不良的社会比较，从而引发新旧明星员工之间的竞争；随后，我们探讨了新旧明星之争对中间层员工的伤害，最终可能使得失去机会的中间层沦为"政治"斗争的牺牲品，甘愿在沉淀层中"躺平"。针对上述问题，最后，我们从三个方面提出了化解"星斗"的策略：一是降低炫耀性自我欺骗的心理偏好，引导员工树立正确的价值观与职业观；二是改变"倒金字塔"型激励模式，建立更加公平、合理的激励机制；三是调整社会比较维度，鼓励员工进行积极的上行同化，形成互补的合作关系。

综上所述，本章强调，领导者需要警惕不当激励可能引发的社会比较，这可能导致内部竞争升级为"星光"之争，进而引发严重的组织内斗，使组织陷入不健康的格局。解决这一问题的关键在于创建一个扁平和均衡的激励结构，引导新老明星员工调整他们的社会比较维度，积极进行上行同化，形成高水平的互补结构。只有这样，组织才能保持健康、稳定的发展态势，实现持续的创新与突破。

第四篇
制度的力量

宙斯的天平
——规则与均衡

　　在古希腊神话中，超级英雄、精英神祇与普通神灵的地位纠葛，犹如一条不息的暗流，贯穿了整个神话世界的经纬。众神之王宙斯，为维系奥林匹斯山和谐与秩序，精心构筑了一套严密规则与均衡机制。这些古老的故事，正是现实生活的缩影。本篇旨在剖析"明星困局"成因，探索如何通过制度创新，打破"明星近视症"的束缚，实现从激励关键少数向全面激励绝大多数的实质性跨越。

　　首先，我们从战神阿瑞斯因独断专行而导致奥林匹斯联军遭遇溃败的沉痛教训中，探索了"超级明星领衔的团队何以溃败"的根源所在。接着，我们审视了宙斯推行精英神祇激励计划却未能如愿以偿的案例，分析了"激励一个人，伤害一类人，麻木一群人"的制度根源，进而探索了"明星员工激励的涟漪效应"，揭示"增量撬动存量"对于提升团队士气的重要性。最终，宙斯通过建立一套非正式惯例和制度，确保即使在超级英雄缺席或难以发挥关键作用时，团队仍能保持稳定和高效运转，从而化解了将组织的未来命运过度依赖于那些超级战神的风险。在此基础上，我们在本篇的最后部分探索了如何打破"明星近视症"，促进普通员工之间的有效互动，实现激励制度的创新。

宙斯重塑规则、推动诸神均衡的故事，为我们提供了深刻的启示：无论是光芒四射的超级明星、才华横溢的精英员工，还是默默奉献的普通员工，他们都是组织中不可或缺、相辅相成的组成部分。通过"增量撬动存量"等制度创新，有助于我们打破"明星近视症"的狭隘视野，实现从单一激励少数关键人物向全面激励所有成员的重大跨越，确保每一位员工都能在团队中找到自己的位置，发挥自己的价值，共同推动组织的创新与发展。

第十章

明星团队的困局与制度破局

　　就像一群特别能下蛋的母鸡因争夺鸡笼统治权而导致鸡蛋总产量日渐减少一样，人才太多的团队似乎也无法把注意力放在协同工作方面，整天只顾着寻思如何把别人踩在脚下，让自己成为团队中的头面人物。

——资深自由撰稿人 劳拉·恩蒂斯（Laura Entis）

　　阿瑞斯（Ares），宙斯与赫拉之子，自诞生之初便被赋予了不凡的神性。他以勇猛的气概和出众的外表闻名于世，总是身披坚不可摧的铠甲，头戴威严的战盔，手持锐利的长矛，成为了英雄辈出时代一位无畏的战士。阿瑞斯独自承担了无数次战斗的重担，屡建战功，他在战场上的表现总是令人赞叹，无与伦比。但随着名声的不断膨胀，阿瑞斯逐渐变得骄傲自大。他过分地信赖自己的力量，而忽略了团队合作的力量。这种盲目自信最终导致了他在一次至关重要的战役中作出了灾难性的决策。在这场战役中，阿瑞斯一意孤行，无视其他神祇的意见与协作，他的鲁莽与独断不仅破坏了团队的凝聚力，更使得原本有望取得胜利的战斗最终以惨败告终，给奥林匹斯山联军带来了前所未有的重创。

在职场上，同样的故事也在不断上演。那些被公认为顶级明星的创新者，并非都能带领团队突破重围，占据行业的制高点。迪恩·卡门（Dean Ka-men），这位曾获得美国最高发明荣誉奖项——国家技术奖章、被誉为"现代版爱迪生"的发明家，他领衔的团队开发出了赛格威（Segway）电动平衡车。尽管这一创新成果曾受到众多风险投资家以及亚马逊创始人杰夫·贝索斯和苹果公司联合创始人斯蒂芬·乔布斯生前的高度评价和支持，却最终未能逃脱失败的命运，被《时代》周刊评选为十年来十大最失败的科技产品之一。

这一结果令人震惊，也迫使我们深刻反思那些由超级明星领衔的团队为何会遭遇溃败？换句话说，"明星困局"的成因值得我们深入挖掘和思考。

明星很累：超负荷背后的制度困局

提及某个企业或某个学术机构，人们脑海中首先跃然而出的往往是那些闪耀着"卡里斯马"光环的超级明星人物。他们可能是充满传奇色彩的创始人、核心技术的拥有者，或是享有盛誉的学术泰斗①。这些个体以其卓越的绩效、丰富的社会资本和显著的社会知名度，为组织贡献了巨大的价值和成就，同时也加深了组织对他们的依赖。

而不合理的制度设计往往迫使这些明星员工化身为职场上的"超人"，他们不仅要确保自己的关键绩效指标（KPI）达标，更在紧急关头担当起拯救团队于危难之中的重任。但问题在于，他们仿佛被拴在了一张无形的日程

---

① 卡里斯马（charisma）是一个源自早期基督教的概念，原意为"神圣的天赋"，后引申为具有非凡魅力和能力的领袖所具备的特质。德国社会学家马克斯·韦伯在其著作《经济与社会》中，首次将卡里斯马引入社会学领域，作为权威类型的一种分类。韦伯将政治领导的权威类型划分为传统型权威、法理型权威和卡里斯马型权威。相较于其他两种权威类型，卡里斯马型权威更多地依赖于领导者个人的超凡魅力。这种魅力源自领导者所展现出的超自然的、超人的或特别非凡的力量和素质，这些力量和素质使他们被视为神灵差遣的，或者被视为楷模，从而具有感召力和号召力，能够吸引和影响他人。

表上，不断地从一个会议奔赴另一个会议，就像那句"主人，下一个会议在37秒后开始"所描述的那样。他们不得不在众多看似琐碎却又不得不参与的事务中穿梭，领导者似乎总是依赖他们来作出决策，哪怕这些事务与他们的主要职责并无太大关联。这种现象不仅徒增明星员工的工作负担，也导致他们因为无法专注于真正重要的工作而心力交瘁。

明星员工超负荷运转的表现

组织公民行为升级

明星员工无疑承载着组织的信任、领导的厚望以及同事的期待，这让他们在组织中不得不扮演着"奉献者"角色。根据俄克拉何马大学马克·博利诺（Mark Bolino）教授的研究，出于验证自己在领导或同事心中的明星地位，或是出于自我服务的目的，塑造在组织内部及他人眼中的良好形象，他们都会主动利用自身的信息优势、社交资源和个人能力去协助他人，推动团队的整体发展。当然，我们的研究还揭示了一个关键因素：为了避免来自领导的"穿小鞋"和同事的嫉妒与阻挠，他们不得不强迫自己投身于更多的组织公民行为之中。

然而，随着组织公民行为的不断升级，这些明星员工在频繁切换多重角色的过程中，逐渐感受到了角色过载所带来的巨大压力。他们不仅要肩负繁重的工作任务，还要在几乎"无所不能"的全方位参与中保持高效与专注。这种高强度的工作状态常常让他们感到力不从心，身心俱疲。以推特（Twitter）的领军人物杰克·多西（Jack Dorsey）为例，他不得不将每日的时间规划细化到分钟级别，精心分配到每一项具体事务中，即便如此，他仍然需要每天工作长达16个小时，这足以说明他所承受的压力之大。

更为严重的是，长期仰仗明星员工的光辉与付出的普通员工，逐渐滋生出对明星员工过度依赖的心理。他们已然习惯亦步亦趋地跟随明星员工的脚步前行，心安理得地享受明星员工创造的成果，却完全忽视了自身潜力的挖掘以及优势的发挥。这种消极的心态带来的后果是灾难性的。它使得普通员工不仅无法为明星员工提供充足且有效的支持与协助，反而成为明星员工的"负累"。明星员工本就承担着巨大的工作压力，由于缺乏足够的支持，愈发疲惫不堪，犹如在茫茫大海中独自航行的孤舟，在风浪中艰难前行。

拓展阅读

"鞭打快牛"和组织公民行为升级

根据笔者和马兰明、任茹发表在国内期刊《管理学报》上的研究，"鞭打快牛"和组织公民行为升级现象在实践中屡见不鲜。可以从组织、领导、同事及个体四个层面找到原因。

组织层面。明星员工凭借其独特的专业技能，尤其是默会知识，引领组织不断适应变革的浪潮。为了简化学习路径，组织倾向于构建以他们为核心的互动体系和惯例。然而，这种体系在促进知识扩散的同时，也使明星员工在工作流程中扮演了中心角色，承担了远超岗位说明书所界定的职责。他们不仅要处理各种难题和创新议题，还常常被单独挑选出来承担指导责任，这些均属于角色外行为。此外，明星员工对组织知识和关键资源的控制力日益增强，加剧了组织的被动依赖。根据杨百翰大学的詹姆斯·奥尔德罗伊德（James Oldroyd）和沙德·莫里斯（Shad Morris）的研究，明星员工接收的信息量是普通员工的18倍，这无疑进一步加重了他们的负担。

领导层面。明星员工作为专业上的可信赖者，领导者往往将棘手任务交给他们处理，并期望他们提供建议和创意。当其他员工表现不佳时，领导者更倾向于将未完成的工作重新分配给明星员工。这种做法传递出一个明确的信号——"能力越大，责任越大"。然而，根据投射性认同理论，这种期望可能在明星员工心中引发一种操控性的"投射性认同"反应，使他们陷入能者多劳的困境。此外，当明星员工的卓越表现威胁到领导者的自尊时，一些政治手腕高明的领导者可能会采用"以事羁縻"的策略来限制明星员工的影响力，即通过安排大量无关事务让他们忙于应对，从而没有时间和精力去挑战领导的权威。同事们也可能根据领导的态度，为明星员工设置障碍。为了修复与领导者的关系，明星员工不得不承担这些额外的责任，以免因工作过多而犯错。

同事层面。明星员工的卓越表现不仅拉高了组织的整体绩效标准，还可能让同事看起来是多么"无能"，从而引发不利的社会比较和潜在的社会阻抑行为。为避免这种伤害，明星员工可能会表现出利他行为，以安抚同事。然而，这种行为往往带有一定的策略性，而非完全出于内心的真诚和热情。

个体层面。面对来自组织、领导和同事的多重角色压力，明星员工基于理性计算和策略思维，不得不背负起组织信任、领导重托和员工期许的重担。他们需要在领导和同事对其角色的不断验证中稳固自己的地位。因此，即使他们内心可能并不完全认同"能者多劳"的观念，为了维护自己的形象和地位，他们仍然会尽力表现出"多劳"的行为。这种"负鼎之愿"带有强烈的主观自我强制性，而非源于内心的真实兴趣和热情。

而普通员工呢？由于长期处于这种依赖状态，他们失去了锻炼自身能力的机会，成长之路被严重阻塞。长此以往，他们变得更加懈怠、消极，宛如失去了生机的藤蔓，只能攀附在明星员工这棵大树上，却无法独立生长。如此一来，便形成了一种可怕的恶性循环，如同一个不断收紧的漩涡，将团队的发展拖入深渊。

因此，如何在推动组织公民行为升级的同时，有效缓解明星员工的角色过载压力，并充分激发普通员工的积极性与创造力，成为组织管理者当前亟待解决的重要课题。

绑架性的利他困境

尽管明星员工在认知能力上展现出显著的"溢出效应"，但个人的时间和精力等资源终究是有限的。当组织和团队成员对明星员工过度索取，将其无私奉献视为理所当然时，即便是秉持能者多劳的原则，明星员工也会感到做好人太难，身心俱疲。原本出于善意和热情的组织公民行为，在无形中演变为一种"绑架性利他"。

弗吉尼亚大学的罗布·克罗斯（Rob Cross）和沃顿商学院的亚当·格兰特（Adam Grant）针对 300 多家机构的深入调研结果显示，协作性工作的分配在多数公司中呈现出极不均衡的状态：仅有 3% ~ 5% 的员工贡献了高达 20% ~ 35% 的增值协作。对于明星员工而言，能者多劳的背后往往隐藏着能者多"牢"的困境。他们原本对工作充满兴趣、热爱和愉悦的体验，在背负起组织责任的重担后逐渐消磨殆尽。同时，由于深得组织信任，他们常常被视作无所不能的"救火队长"，大事小事急事要事纷纷包揽，分内分外事前事后持续连轴运转，使得他们的精力被过度透支和分散，难以聚焦于关键任务，发挥应有的主导作用。更为严重的是，当团队中搭便车者越来越多，产生严重的社会惰化效应时，明星员工可能会感到不公平，进而选择通过减少工作量或努力程度来重建公平感，修复心理落差。对于团队而言，一旦这些超级明星员工选择"撂挑子"，工作推进将变得举步维艰；如果他们最终选择离职，对团队而言无疑是一次毁灭性的打击。

因此，如何避免"绑架性利他"现象的发生，确保明星员工的贡献得到合理回报和认可，同时激发他们的持续创新动力，是组织管理者需要深思的问题。

失败行为的承诺升级

当明星员工不堪重负，或团队运作已初露败象之时，组织领导者往往会采取一种更为孤注一掷的策略，即延续现有的明星领衔模式，寄希望于明星员工能够力挽狂澜，挽回先前的投资或决策损失。这种做法，无异于对明星员工施加更大的压力，进一步压榨他们的价值。学者巴里·斯塔乌（Barry Staw）将管理者的这种心态和行为称为"对失败行为的承诺升级"。

在足球领域，梅西的状态和表现直接决定了阿根廷队的成绩。当球队整体表现不佳时，"梅西依赖症"反而愈发严重。梅西不仅需要回撤参与球队组织，还要力争到前方射门，几乎从 1 号位置踢到了 11 号位置。教练的言语中透露出梅西的中心地位，但同时也充满了责任推诿的意味："梅西是我们的招牌，我只负责排兵布阵，这支阿根廷就是他的球队，我辅佐他而已。"在团队危机面前，明星员工往往更容易被推上风口浪尖，而那些习惯于在明星庇护下的团队成员却如同旁观者一般，不知所措也无能为力。明星员工只能成为"救场的孤胆英雄"，承载着整个团队的希望，艰难地推动着组织巨轮前行。

在这种情境下，明星员工往往面临着角色过载和负担过重的困境，更容易产生消极负面情绪。他们不仅要扮演组织的火车头和顶梁柱角色，还要承担职场雷锋、救火队长、孤胆英雄等多重身份。这些角色的叠加、组织的依赖以及大众的期待，都成为了绑在明星员工身上的沉重枷锁。他们疲惫不堪、情感枯竭，无法将全部的能量和注意力集中在最有效率的工作上，从而无法充分发挥人才幂律分布的优势。

这不仅不利于明星员工的持续成长和发展，也降低了组织的抗风险能力，更是对组织人力资源的一种巨大浪费。因此，组织领导者需要反思这种对失败行为的承诺升级现象，重新审视和调整团队管理模式。

明星员工超负荷运转的制度根源

首先，组织惯例的构建与激励机制的设计均围绕明星员工这一核心展开。这意味着，不仅组织内部形成了以明星员工为中心的运作模式，而且领导和普通员工在心理上也普遍接受并期待明星员工持续高效运转的状态。在他们看来，明星员工既已享受了与众不同的优待，那么承担更多工作负荷似乎也成为了理所当然的"附加条件"。

其次，岗位说明书的内容模糊，未能清晰界定各岗位的职责范围和工作边界。这一缺陷导致明星员工在面对同事求助或额外任务时，往往难以拒绝，进而使得其工作量不断攀升。同时，任务分配缺乏科学性和合理性，未能根据团队成员的能力和岗位需求进行合理调配，进一步加剧了工作负荷的不均衡现象。

再者，资源分配的不均衡也是导致明星员工超负荷运转的重要原因。组织往往过度依赖明星员工的个人能力和资源，而忽视了构建有效的内部支持机制。当其他员工面临困难时，他们更倾向于向明星员工求助，而非利用组织提供的公共资源或自身努力解决问题。这种依赖不仅增加了明星员工的利他压力，也阻碍了组织内部知识和技能的共享与传承。

此外，决策机制与责任划分的模糊性也是导致明星员工超负荷运转的制度性诱因之一。组织在决策过程中可能存在权限不清、责任不明的问题，使得明星员工在面对项目失败或业绩下滑时，不得不承担更多的责任并投入更多资源来挽回局面。这种责任与决策权的不匹配，无疑加重了明星员工的工作负担。

最后，绩效管理与职业发展路径的不当关联也是导致明星员工超负荷运转的重要因素。当绩效管理体系过于强调短期业绩和明星员工的个人英雄主义行为时，明星员工为了维护自己的绩效和职业发展前景，不得不在面对挑战时承诺更多的投入。而单一的职业发展路径则限制了普通员工的成长空间，使他们感到无论付出多少努力都难以突破职业发展的瓶颈。这种挫败感不仅降低了他们的工作效率和积极性，还可能引发消极怠工等负面行为。

明星很独：独断专行背后的制度困境

有高峰必有深谷，明星员工在带领团队实现组织目标的同时，也依靠组织平台积累了大量的个人资源和社会声誉。然而，随着明星地位的日益巩固，过度自我的倾向也可能导致一系列危机悄然浮现。

明星员工独断专行的表现

身份认同与特权感

明星员工所展现出的独断专行倾向，往往映射出他们对自己明星身份的过度认同及对特权的潜意识追求。达特茅斯学院的杰西卡·罗森（Jessica E. Rosien）及其科研团队，在泰国克罗姆岛（Koram）针对长尾猕猴开展的一项研究，生动地揭示了社会等级对个体行为的深刻影响。

克罗姆岛是泰国的旅游胜地，每年都吸引着来自全球的大量游客。而游客们在沙滩上遗留下的水果残食，则成为了岛上长尾猕猴的美味佳肴。在研究启动之初，研究人员观察到一个有趣的现象：部分猕猴习惯于清洗食物，而另一部分则不然。杰西卡·罗森教授由此突发奇想，她揣测清洗食物的行为或许与猕猴的社会地位息息相关。那么，究竟是哪一类地位的猕猴会倾向于清洗食物呢？

通过一系列精心设计的实验，他们发现，在沙滩上散落的残食面前，中等地位的长尾猕猴会细心地清理掉食物表面的沙粒，这一举动不仅提升了食物的口感，还有助于保护它们的牙齿。反观那些地位最高和最低的猴子，行为却大相径庭。它们仅仅会把沾满沙子的食物在皮毛上匆匆擦拭几下，便迫不及待地送入口中。这样的行为差异，深刻地展现了不同社会等级的猴子在食物清洁与能量消耗之间所做的微妙权衡。

对于处于统治地位的猴子而言，它们时刻面临着来自其他觊觎者的威胁，经常需要扑向或追逐其他雄性以捍卫自己的领地和交配权，这种行为策略能够最大限度地提升其后代的繁殖率。因此，它们需要迅速进食以补充能量，从而维持其强大的社会地位。而低地位的猴子，由于生存压力巨大，同样倾向于快速进食以应对生活的挑战。

这项研究成果有力地支持了"体细胞牺牲假说"（disposable soma hypothesis），即生物体在繁衍后代与延长自身寿命之间需要进行权衡[1]。这一发现不仅深化了我们对动物行为学的理解，也为探讨人类社会中的等级制度与个体行为之间的关系提供了新的视角。

类似地，组织中的明星员工也面临着维持高产出以巩固高地位与提升长期能力以保持持续影响力的权衡。很多时候，他们可能更倾向于选择短期内

---

① 体细胞牺牲假说是由生物学家汤姆·柯克伍德（Thomas Kirkwood）在1977年提出的一个关于衰老的进化生物学理论。这个假说基于这样一个观点：生物体拥有有限的能量和资源，这些资源必须在繁殖活动和非繁殖性的体细胞（soma）维护之间进行分配。简而言之，生物体必须在投资于产生更多后代和活得更久之间作出权衡。根据这一理论，生物体在生殖细胞（负责传递基因给下一代）和体细胞（在生物死亡后被抛弃）之间进行资源分配。由于环境导致的死亡风险，生物体会采取一种节省能量的策略，减少对体细胞的维护和修复，以便更快地生长和繁殖，从而提高适应度。这种权衡意味着生物体会优先考虑短期的生存和繁殖，而不是长期的体细胞维护，从而导致衰老现象的出现。

能带来显著收益但长期可能损害个人能力的捷径。琳恩·文森特（Lynn Vincent）与玛利亚姆·孔查基（Mariam Konjedi）的研究便有力地证明了这一点。

在这项研究中，研究者招募了一批志愿者参与单词联想测试，并将他们随机分为三组，分别给予不同的反馈。其中一组被告知具有罕见的创造力，另一组则被告知创造力普通但表现良好，而第三组仅被告知表现良好，未提及创造力。随后要求所有志愿者参与一个可通过包括欺骗在内的所有手段获取更多金钱奖励的游戏。

研究结果显示，被贴上"明星"标签的个体表现出了更多的不诚实行为，这与他们内心感受到的特权感密切相关。这种不诚实行为的出现，归因于"标签效应"——即正面标签可能引发个体的优越感或特权感，进而影响其道德判断和行为抉择①。换言之，当个体被社会赋予某种特殊才能或地位时，他们可能会更加竭力维护这一形象，即便这意味着要牺牲诚实或损害他人的利益。在某些极端情况下，特权感甚至可能促使个体认为自己在某些方面拥有超乎常人的权力或自由，从而忽视了应承担的责任和他人的感受。

在组织环境中，明星员工的"耀眼标签"同样可能强化他们的明星身份自我认同与特权感，导致他们在关键决策或重要事项中表现得傲慢无礼、独断专行，完全不顾及同事的感受和价值。

权威效应的陷阱

心理学家菲利普·津巴多（Philip Zimbardo）曾在 1971 年进行过著名的

---

① 标签理论（labeling theory），由社会学家霍华德·贝克尔（Howard Becker）提出，揭示了偏差行为的社会本质。该理论认为，偏差行为并非行为本身所固有的属性，而是社会过程的一种产物，具体表现为社会对某些行为或个体进行"偏差"标签化的结果。一旦个体被贴上负面标签，其社会和自我认知往往会发生改变，进而可能逐渐表现出与标签相吻合的行为，这一过程被形象地称为"自我实现的预言"（self-fulfilling prophecy）。值得注意的是，标签的张贴并非随意为之，而是有选择性的，通常由社会上具有权势或地位显赫的人物所主导。在明星员工的研究领域，我们可以清晰地观察到标签理论的实践应用。明星员工往往因其卓越的表现或独特的形象而被赋予各种正面标签，如"创新者""领航者"等。这些标签不仅体现了社会对他们的高度评价与期望，更在无形中塑造了他们的自我认同和行为模式。然而，我们也需要保持警惕，因为当个体被贴上如"明星"这样的正面标签时，他们可能会产生一种特殊的地位感和身份认同，进而滋生心理特权。这种心理特权可能会让他们在某些方面觉得可以超越一般的道德或行为准则，从而引发潜在的风险和问题。

斯坦福监狱实验。实验将征募来的大学生随机分成狱警和犯人角色，并严格按照监狱的形式和要求，让"犯人"们穿上真正的监狱囚服，剃掉头发，关入狭窄的牢房；"狱警"们配备制服、哨子和警棍。随着实验进行，大学生"狱警"很快融入角色，开始滥用官僚体系赋予的虐待权力，而实验中的"犯人"则忌惮于这种正式权威，变得盲目服从，以换取稍好的生活条件。

这种权威暗示效应在超级明星领衔的团队中也非常常见。明星光环笼罩下的明星员工，如同实验中全副武装的狱警，手握特权，人贵言重。团队成员在权威效应下，更加信奉明星员工的观点、行为和决策，陷入"团体迷思"——寻求共识，摒除异见，服从拥有最高资历或地位的人。

埃德温·兰德（Edwin H. Land）是宝丽来公司的超级明星，也是乔布斯最为崇拜的创新偶像之一。他发明的即时成像相机，曾带领公司走向辉煌。但兰德过度信奉化学成像打印照片的理念，无视数字革命。他不顾总裁的质疑，独断专行，执意完成钟爱的"宝丽视"（一款即时电影摄影机）项目，并对它实现了完全控制：他和他的团队在单独一层楼进行研发工作，反对者不得进入。最终，即时电影摄影机彻底失败，给公司带来巨额损失，他本人也被罢黜职位，宝丽来最终走向破产。美国俄亥俄州立大学的塔尼娅·梅农（Tanya Menon）指出，处于明星地位的精英员工更容易通过向下比较产生自我增强感知，愈加恃才傲物，孤芳自赏。正如兰德不顾现实条件的约束，沉溺于个人成绩无法自拔，执意完成"宝丽视"。这种自我膨胀的心态使他变得更加专横和独断，他排斥不同的声音，将持有异议的成员推向边缘，抑制了其他成员潜力的释放，导致组织协同效应难以发挥。

心理学大师介绍

菲利普·津巴多

菲利普·津巴多（Philip George Zimbardo）是一位享誉世界的心理学

家。最为人所知的成就是他在 1971 年进行的斯坦福监狱实验，该实验展示了社会环境对个体行为的强大影响力。

个人背景

津巴多于 1933 年 3 月 23 日出生于美国纽约市，在布鲁克林学院开始了他的大学教育，并在耶鲁大学完成了他的硕士和博士学位，分别在 1955 年和 1959 年获得了实验心理学硕士和社会心理学博士学位，并在耶鲁大学任教。曾任美国心理学会主席。2024 年 10 月 14 日，在旧金山的家中离世，享年 91 岁。

学术贡献

斯坦福监狱实验：1971 年，津巴多在斯坦福大学进行了著名的斯坦福监狱实验。该实验揭示了环境和角色对人类行为的深远影响，展示了普通人在特殊情况下如何陷入残暴和非道德的行为。尽管该实验引发了广泛的伦理讨论，但它深刻影响了心理学、犯罪学和社会学等诸多领域的研究，并成为对权力滥用、体制化暴力等社会现象的重要参考。

害羞诊所：斯坦福监狱实验之后，津巴多决定寻找利用心理学帮助人们的途径，于是在门洛帕克（加利福尼亚州）设立了害羞诊所，专门治疗成人和儿童的害羞。

推动心理学教育和普及：津巴多积极参与心理学教材的编写和心理学节目的制作，致力于将心理学知识普及给更广泛的人群。他与纽约州立大学的认知心理学教授理查德·格里格（Richard J. Gerrig）合作编写了《心理学与生活》等教材，这些教材被美国许多大学的心理学课程所采用。他还主持了美国公共电视网的"探索心理学"（Discovering Psychology）节目，该节目也被许多大学电视课程所采用。

主要著作

《心理学与生活》（*Psychology and Life*）、《心理学核心概念》（*Psychology*：*Core Concepts*）和《路西法效应：好人是如何变成恶魔的》（*The Lucifer Effect*：*Understanding How Good People Turn Evil*）等。

学术荣誉

2006 年，津巴多教授荣获 Havel Foundation Prize，这是对他多年来在心理学领域所作出的杰出贡献的肯定。美国心理学会特向他颁发了希尔加德（Ernest R. Hilgard）普通心理学终身成就奖。

资料来源：图片来自作者学术网站，https：//www.drzimbardo.com/。

效能螺旋的优势

明星员工身处组织网络的核心地带，汇聚了广泛的社会联结，并掌握着对信息和资源交换的首要控制权。美国肯塔基大学的丹尼尔·布拉斯（Daniel Brass）等学者深刻指出，这些天生具备优势的人更倾向于采取"骑马找马"的策略，不断开拓新资源，由此催生出一种积极的效能螺旋（efficacy spiral），使他们的优势不断累积，日益显著。

为了捍卫并扩大自己的独特优势，部分明星员工在某种程度上扮演了"索取者"（taker）的角色。他们一方面倾注大量时间和精力于个人能力的提升，充分利用现有资源不断壮大自己，为自己开辟更多机遇，却对团队其他成员的成长需求视而不见，甚至将团队视为个人职业发展的跳板。另一方面，他们秉持资源特权主义，紧握大量资源而不愿与他人分享，构筑起知识技能的高墙，导致组织内部出现信息断层。更有甚者，他们凭借自身的明星地位，独占资源，独断专行，所谓的"团队协同"不过是他们用来凸显个人作用的幌子，而那些光鲜亮丽的"团队绩效"也仅仅是他们个人晋升道路上的垫脚石。

气质信用效应的放纵

人非圣贤，孰能无过。如果超级明星员工犯错了怎么办？研究表明，人们一般会采取放纵甚至放任的态度，这是因为一种被称作"气质信用"（idiosyncrasy credits）的效应在作祟。管理学家艾德温·霍兰德（Edwin Hollander）认为，那些对团队做出特殊贡献的人，会不断累积他人的尊重，达到一定程度就具有了做出偏离他人期望事情的自由度。这就是气质信用效应。

一般而言，明星员工具有较高的外部知名度，是劳动力市场上争相竞争的优质对象，因此组织会为争夺和留住他们而倾斜大量的资源和机会，自然对他们另眼看待，这进一步累积了明星员工的"气质信用"。与大多数普通员工相比，拥有高水平特殊信用的明星员工，即便做出了同组织规范不符、偏离预期的行为，团体对其容忍度也很高，也会被特殊对待。回到刚才提到的问题，如果他们正在犯错或者出现了犯错征兆，一般而言，慑于明星员工的"气质信用"，很多人或者发现不了，或者发现了可能也不敢或不愿提出来，这样就置明星员工于孤家寡人的地位，在犯错的道路上愈走愈远。

明星员工独断专行背后的制度根源

其一，组织决策流程存在严重失衡，过度偏向少数明星员工的意见。以部分团队为例，高层管理者赋予明星员工在关键决策环节的主导权，却未建立起有效的制衡机制。如此一来，明星员工的观点和决策在流程中畅行无阻，鲜少受到充分质疑与挑战，这无疑将他们在决策过程中的权威地位过度放大，使得决策过程几乎成为明星员工的"一言堂"。

其二，公司内部信息传递机制存在明显的倾斜问题，明星员工在其中占据优势地位。在信息获取渠道方面，明星员工能够优先获取关键业务信息、市场动态以及高层战略意图等核心内容。这种信息上的优势赋予了他们在决策和讨论中更强的话语权，进而使他们容易产生一种错觉，即自身观点是建立在更为全面信息基础之上的。在这种心理的驱使下，他们会更加坚定地推行自己的想法，而将其他成员的意见轻易忽略。

其三，决策执行后的反馈与监督环节漏洞百出。一方面，缺乏对决策效果及时且全面的反馈机制，特别是针对明星员工所作决策的评估严重不足。若缺失客观公正的反馈系统来衡量决策质量的优劣，明星员工便难以察觉自身决策的漏洞与不足。长此以往，他们会习惯性地坚持既有的决策方式，全然不顾其他成员的建议。另一方面，监督权力缺失或形同虚设。对明星员工决策过程和行为的监督制度往往存在诸多不完善之处。比如，内部监督机构可能因权力受限或资源匮乏，无法对明星员工实施有效监督，或者监督机制仅仅流于形式，未能真正发挥约束明星员工行为的作用，这为明星员工在决策等行为上的独断专行提供了可乘之机。

其四，组织长期形成的以明星员工为核心的惯例，成为滋生独断专行现象的温床。这种惯例导致组织忽视了对其他类型员工的激励和发展，进而使组织内部能力差异不断拉大。在这种情况下，为了完成任务，明星员工不得不花费大量精力培训其他员工，这使得他们在权衡之后，可能更倾向于选择单干。这一系列问题充分暴露了组织在员工激励和开发方面的制度缺陷，亟待改进。

明星很冷："孤立寒意"背后的制度困境

尽管明星员工在组织中扮演着举足轻重的角色，但他们并不总是受到团队的拥戴和爱护；相反，他们时常感到孤立无援，备受冷遇。这种情形颇有几分戏剧性，就好比明星员工在舞台中央尽情享受着镁光灯的闪烁，然而，当他们不经意地望向观众席时，却发现同事们正忙着举起手机自拍。

明星员工孤立寒意的表现

水平敌意

目标一致通常被视为团队凝聚力的源泉，但这在超级明星领衔的团队中却未必适用。达特茅斯学院的心理学家朱迪恩·怀特（Judith White）提出了"水平敌意"的概念，即目标越一致，成员之间细微的差别越可能引发莫名的排斥感和敌对情绪。这种现象在超级明星员工与其他团队成员之间尤为明显。明星员工往往以极端的标准要求和审视队友，一旦其他成员的表现不如其意，便会产生不屑与之为伍的情绪，从而给人一种"高冷"的感觉。这种狭隘的精英主义观念，使得明星员工不自觉地在自己与其他团队成员之间划出一条清晰的界限，主动将自己置于高冷的境地。他们虽然不会拒绝为团队中的普通员工提供帮助，但却毫不在意来自团队成员的反馈，也不刻意寻求团队成员的支持，更倾向于选择效率更高的"个人作战"，这无疑加大了组织协作的难度，同时也可能排除了对明星员工有利的潜在因素，伤害了其他团队成员的自尊，造成了组织的不信任氛围与不安全感知。

团队断裂带

在中国文化中，"枪打出头鸟""出头的椽子先烂"的观念深入人心，这使得超级明星员工在团队中的命运并非如其外表所展现的那般光鲜亮丽。相反，他们更容易受到团队的排挤。

明尼苏达大学的伊丽莎白·坎贝尔（Elizabeth Campbell）和马里兰大学教授廖卉等人调查发现，明星员工经常陷入被同行苛刻对待和排挤的艰难境地。确实，他们耀眼的明星光芒，会对某些成员的利益造成损害，引发团队成员嫉妒、不公和相对剥夺感等负面情绪，进而采取伤害明星的行为来维护自我评价。更可怕的是，这些认为利益受损的个体往往更加倾向于"抱团取暖"，形成弱势格局下的落后者联盟，一致对外排挤毁谤优秀的明星员工。

这样，团队中因耀眼明星的存在而形成了多个断裂带，如"落后者联盟""看笑话者联盟""麻木者联盟"。"落后者联盟"将明星员工看作独占资源、阻碍自身发展的敌人，而将精力投入到攻击和排挤明星员工上去，并"乐此不疲"；"看笑话者联盟"则类似于墙头草，摇摆不定，热衷于"坐山观虎斗"，希望乱中取势；"麻木者联盟"则"事不关己，高高挂起"，缺乏识别何为正确之事的能力。这些联盟各自为政，导致团队内部信息交流停滞、协作失效，戾气横行。正如团队断裂带理论提出者凯斯·莫尼根（Keith Murnighan）所指出的那样，这种恶性的断裂带严重阻碍了团队的健康发展。

明星员工孤立寒意的制度根源

首先，资源分配上的倾斜是明星员工被孤立的首要制度诱因。组织在关键资源的分配上，往往过度偏向于明星员工，这种不平衡的分配策略极易引发普通员工的嫉妒心理。当资源分配过程缺乏透明度时，普通员工更可能对明星员工获得资源的合理性产生质疑，从而滋生反感情绪。例如，在奖金、晋升机会等敏感领域，若缺乏公正、透明的标准与流程，普通员工容易将明星员工的成功归咎于不正当手段，进一步加剧对明星员工的孤立感。

其次，绩效评估制度的偏颇也是导致明星员工被孤立的重要因素。当前，许多组织仍过分强调个人业绩作为衡量员工价值的唯一标准，这导致明星员工的优势被过度凸显，而团队合作等关键要素则被忽视。当奖励机制过度聚焦于明星员工时，普通员工可能感到自己的努力与贡献未得到应有的认可，从而滋生不满情绪。这种不满情绪逐渐累积，最终可能转化为对明星员工的孤立行为。

再次，团队协作规则的缺陷也是造成明星员工被孤立的原因之一。在团队分工中，若未能充分考虑不同员工的特点与需求，将复杂、关键的任务过度集中于明星员工身上，将给普通员工带来过大的压力与不公平感。他们可能因无法展示自己的能力与价值而感到自卑，进而在与明星员工的合作中产生抵触情绪。这种抵触情绪不仅会影响团队的整体效率，更可能加剧明星员工的孤立感。

最后，组织在职业规划方面的缺失也是导致明星员工被孤立的重要因素。组织未能为每位员工提供个性化的职业发展路径，明星员工在追求自身职业目标的过程中，可能会与普通员工的利益产生冲突。例如，明星员工为了实现自己的职业愿景，可能占用更多的资源与机会，从而挤压普通员工的职业发展空间。这种利益冲突极易引发普通员工对明星员工的排斥心理，使明星员工在团队中陷入孤立无援的境地。

制度破局：重构以明星为核心的团队协同系统

所谓"千军易得，一将难求"。解放明星，策略性地释放和挖掘超级明星员工身上的能量，组织才有可能突破"明星困局"的重重枷锁。这一目标的实现，离不开组织机制的顶层设计与智慧布局。

从因事设岗到因才设岗

传统组织设计一般遵循"因事设岗、因岗设人"的原则，但这一模式在一定程度上限制了高层次特别是明星级人才的发挥。组织应勇于打破常规，采用"因才设岗"的理念，围绕超级明星员工设计团队角色，发挥他们的磁吸效应，汇聚优质人力资本，实现"人岗相适、人尽其才"。古有房谋杜断，今有阿里巴巴"十八罗汉"，这些高效团队无不彰显着"因才设岗"的智慧。事实上，价值的创造如同一座金字塔，需要不同层次的人才逐级协同。明星员工处于价值创造的顶层和团队协作的核心位置，是创新的发起和引领者。因此，组织应最大化地挖掘他们的价值，以他们为中心，量身定制岗位，通过激活他们的潜能，让聚焦在顶层的能量如涟漪般一波一波达及每一个组织角落，形成"增量盘活存量"的协同创新格局。

借鉴梅雷迪斯·贝尔宾（Meredith Belbin）的团队角色理论，组织可以构建一个"1+9"的团队角色系统。在这个系统中，明星员工扮演着团队协作的中心角色，而其他九个角色则围绕其展开，各司其职，共同绘制出一幅高效协作的蓝图[①]。具体如图 10−1 所示。

创新鼓动者：他们如同创新的火种传播者，第一时间捕捉明星员工的创

---

① 需要强调的是，角色与岗位概念有别，"1+9"团队角色体系不意味着增设 9 个岗位。岗位基于组织分工设定，有明确的职责、内容、流程及要求，旨在提升效率与质量，如"生产车间主管"岗位负责生产计划、监督操作与质量保证。相比之下，角色则侧重于个体在特定社会或工作环境中被期望展现的行为模式与责任担当，它强调个体在团队、项目或组织内部所发挥的功能与行为方式。例如，在项目团队中，成员可能扮演"问题解决者"的角色，当团队面临挑战时，该成员需凭借其专业知识与经验，提出解决方案并推动问题的解决。这一角色的承担并不受特定工作岗位的限制，而是根据情境的变化，由不同岗位上的个体灵活担任。从岗位管理的最新趋势来看，"职业角色合并"已成为人工智能时代背景下岗位管理的显著特征。例如，金融公司以往会针对特定的技术或业务领域，分别招聘专业的安全技术人员。然而，在当下，他们更倾向于招聘具备更全面能力的 AI 人才。一位华尔街人力资源专员的坦诚反馈揭示了这一趋势：我们不再寻求招聘 15 名分别专注于应用安全与云安全的工程师，而是更倾向于招募 4 名职责更为宽泛的安全技术人员。

新理念，并在团队内部扮演"宣传大使"的角色，将这股创新的火种迅速传递给每一位成员，点燃整个团队的激情与创造力。

信息者：他们犹如信息海洋中的捕猎高手，广泛搜集有价值的信息，并凭借卓越的转化能力，将明星员工的创新理念转化为清晰、具体的概念与模型，为后续的实践环节打下坚实的理论基础。

实干者：作为经验丰富的策划者，他们接过创新理念与模型后，开始精心运筹，制订详细的实施计划。他们以细致入微的思考和严谨的规划，为创新理念从理论到实践的转变绘制出清晰的施工路线图。

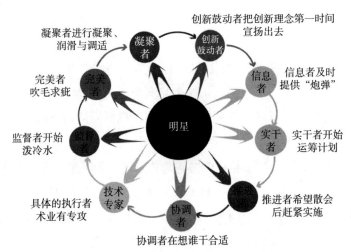

图10-1 围绕明星员工设计的团队阵容

推进者：当实干者完成计划制订后，推进者便迅速接过重任。他们凭借高度的主动性和执行力，全力以赴地推动方案落地实施，让创新的步伐在团队的共同努力下不断加快。

协调者：在推进过程中，协调者如同团队的稳定器。他们凭借出色的协调能力，帮助推进者平衡各方力量，确保团队在追求目标的过程中保持和谐与统一，避免因急切而出现偏差或遗漏。

技术专家：作为方案执行的核心力量，他们如同技艺精湛的工匠，凭借深厚的专业知识和丰富的实践经验，将创意从蓝图变为现实。他们确保每一个细节都符合高标准，每一个环节都能顺利衔接，为项目的成功提供坚实的技术支撑。

监督者：在目标执行的过程中，监督者如同经验丰富的航海家，以严谨、理智的态度审视团队的行动。他们善于在复杂多变的环境中敏锐地发现潜在问题，及时泼冷水，提供冷静的建议与指导，把团队从"亢奋"状态拉回现实，确保整个执行过程始终沿着正确的战略航道前行。

完美者：追求卓越的完美者如同精细的艺术大师。他们对每一个细节都保持着近乎苛刻的要求，对项目进行严格的审查与改进。尽管有时会被误解为"刺头"，但正是这种对完美的执着追求，促使团队不断审视自我、提升品质，让项目更加精益求精。

凝聚者：最后，凝聚者如同团队的黏合剂。他们性格温和、沟通能力强，善于化解团队中的矛盾与冲突。在这个充满个性与差异的团队中，凝聚者如同一条坚韧的纽带，将每一位成员紧密相连，确保团队协作顺畅无阻，让团队氛围更加和谐融洽。

这一以明星为中心精心构建的协同角色系统，为明星员工提供了全方位、多层次的支持与保障。它不仅让明星员工从繁重的任务中解脱出来，享受更加轻松、高效的工作环境；同时，又巧妙地形成了一种制衡机制。这种制衡如同缰绳，避免让明星员工在自我的世界中肆意驰骋、盲目沉溺。这无疑是对明星员工一种独具匠心的保护，使他们在团队中能够更好地发挥自己的能量，与其他成员共同书写团队辉煌的篇章。

建立明星困境干预机制

我们必须正视一个事实：无论组织机制设计得多么精巧，都无法完全超越人性复杂性的限制。超级明星的光芒在照亮团队前行的道路时，也可能引发自我膨胀，招致同僚的嫉妒与排挤。因此，组织亟须建立一套高效的应对机制，以缓解并最终消除这些潜在的隐患。

首先，是积极促进明星员工的"软着陆"。明星员工应主动利用其独特的工作资源和影响力，协助其他团队成员成长。此举不仅能搭建起明星与普通员工之间的沟通桥梁，增强明星员工的亲和力和领导力，还能有效缩短两者之间的心理距离，消除地位差异带来的隔阂，进而促进组织内部的和谐氛围。

其次，对于普通员工而言，组织应激励他们培养自主学习的意识和能力。普通员工应减少在工作中对明星员工的依赖，通过自主学习不断提升自身素养。这既能减轻明星员工的负担，使其能够更专注于发挥核心价值，也能促进普通员工的个人成长，为组织注入更多新鲜血液和活力。

再者，建立一套科学、公正、透明的评价体系，对明星员工的贡献进行客观评价至关重要。通过这一体系，可以引导团队成员真正认可和理解明星员工的个人能力，明白其成就背后的辛勤付出。这有助于消除因误解而产生的嫉妒等负面情绪，营造一个公平竞争、相互尊重的良好环境。

同时，营造积极向上的组织氛围同样至关重要。组织应通过多种手段，如愿景引领、文化熏陶、自我驱动等软实力建设，打造一种追求卓越的氛围。在这种氛围中，引导普通员工以明星员工为榜样，树立强烈的学习意识，激励自己不断追求卓越。从而在团队内部形成一种良性竞争、共同进步的态势。

最后，组织自身应具备一种开放包容的格局。领导者应超越个人偏见，将关注点从单一的明星员工转向以明星员工为核心的团队角色系统。善于在明星的光芒下发掘和提升普通员工的潜力，从而稳固"1+9"团队协同创新架构，这是摆脱"明星依赖症"的根本途径。为此，组织应三措并举：一是创建人才画像系统，在普通员工中发掘并重点培养高潜力员工；二是健全任职资格体系，为普通员工提供透明的职业晋升通道；三是完善胜任力体系，将团队协作中表现优秀的员工选拔到核心或领导岗位。

本章小结

本章深入探讨了以明星员工为核心的团队合作中可能遇到的潜在风险及其制度根源。正如美国国家航空航天局（NASA）的杰出火箭工程师亚当·

施特尔茨在其著作《疯狂到位》中所指出的，团队协作是生活中最珍贵的奖赏之一。在团队合作变得日益关键、明星员工的贡献越来越被重视的今天，我们必须警惕那些可能潜藏在团队合作中的制度风险。

我们首先探讨了明星员工可能面临的超负荷运转问题，并分析了背后的制度原因。我们发现，不当的制度设计往往导致明星员工承担过多的职责，从而引发组织公民行为的升级、绑架性利他以及失败行为的承诺升级等现象。接着，我们剖析了明星员工独断专行的行为模式及其制度困境，揭示了不当的制度设计如何强化权威效应和气质信用效应，阻碍团队决策的合理化和多样性。我们还讨论了明星员工感到孤立无援的状态及其制度根源，指出他们自身的高水平敌意使他们在团队中显得格格不入，难以与团队成员建立联系和信任，从而导致团队内部出现断裂带。而不良的制度设计强化了这些现象的出现。为了应对这些问题，本章提出了两种制度性的解决方案：一是构建以明星员工为核心的"1+9"团队角色系统，确保每个团队成员都能发挥其独特的作用和价值；二是建立明星困境干预机制，及时识别和解决明星员工在团队合作中遇到的问题和挑战，保障团队的持续健康发展。

总结而言，打破由明星员工领衔的团队所面临的失败困局，关键在于推动制度创新，围绕明星员工打造一个因才设岗的全面角色阵容，并引入干预机制来解决"明星困局"。这样才能够最大限度地发挥明星员工的潜力，确保团队中的每个成员都能在明星的光环下找到自己的位置，共同为团队的成功贡献力量。

第十一章
明星员工激励的涟漪效应

> 所有的悲剧都源于不当的激励。对于所有组织而言，最根本的
> 问题都出在激励机制上。
> ——诺贝尔经济学奖获得者 罗伯特·奥曼（Robert J. Aumann）

以色列，曾经的沙漠之国，今天已成为现代农业的领先者，这一转变在很大程度上得益于其灌溉系统的创新，尤其是滴灌技术的发明与应用。1962年，一位农民偶然发现漏水处的庄稼生长得格外茂盛，这一现象启发了研究人员，从而诞生了精准滴灌技术。

在精准滴灌系统中，主管道如同主动脉，将大量水分从水源输送到田间的各个角落。而分支管道则像毛细血管一样，连接在主管道上，深入土壤和植物根部。这些毛细管道直径细小、分支密布，能够精确控制水分的释放，确保每一滴水都能直达植物根部。当水分从主管道流入分支管道时，便开始在其中缓慢扩散，就像石子在湖面荡起的涟漪，一波一波渗透到周围的土壤中，滋养植物根部。这种扩散过程使得植物的根部能够均匀吸收到充足的水分和养分，进而将水分和养分输送到植物的各个部位，包括茎、叶、花和果实，极大减少了水分的蒸发和浪费。正是这种高效的灌溉方式，使得以色列在长达 30 年的时间里，农业用水量保持在 13 亿立方米左右，而农业生产量却实现了超过 5 倍的增长。

随着科技进步，智能监控与软件如 CropX、AgrIOT、Saturas 等，结合手机应用实现精准灌溉的智能管理升级。而太阳能驱动的计算机控制系统极大降低了成本。耐特菲姆（Netafim）公司的水肥一体化系统提供了精准水肥管理。以色列还创新节水措施，利用处理后的污水和海水灌溉，提高水资源效率。通过人工智能和精准灌溉技术，以色列成功从贫瘠的沙漠小国转变为现代农业大国。

在组织管理中，我们同样需要一套"滴水灌溉"式精准激励系统，以激发明星员工的内在动机为抓手，在组织内部激荡起涟漪效应，将稀缺激励资源所蕴含的能量，从组织顶层精准传递给每一名员工，扫除激励盲区，释放潜藏在平凡员工身上不平凡的潜力，实现"增量撬动存量"的激励效果。

然而，诺贝尔经济学奖得主罗伯特·奥曼（Robert Aumann）[①] 的箴言犹在耳畔回响："所有的悲剧都源于不当的激励"。这句话深刻揭示了激励问题的复杂与巨大挑战。时间回溯至 20 世纪 50 年代，美国在推进"阿波罗登月计划"这一宏伟壮举的同时，亦肩负着另一项同样艰巨的任务：探寻大型科研组织中人员激励的有效策略。遗憾的是，尽管人类已成功将足迹烙印于月

---

① 罗伯特·奥曼（Robert J. Aumann），1930 年 6 月 8 日出生于德国法兰克福，1955 年，他从麻省理工学院获得了数学博士学位后，一直在耶路撒冷希伯来大学任教直至退休。2005 年，他与托马斯·谢林（Thomas Schelling）共同荣获诺贝尔经济学奖，以表彰他们"通过博弈论分析极大地增进了世界对合作与冲突的理解"。奥曼提出了"相关均衡"概念，这是一种非协作型博弈中的均衡状态。在这种状态下，即便参与者之间并未事先进行协商，但每一个人都能够依据自身所掌握的信息以及对其他参与者行为的预期，从而找到一个令自己满意的策略。相较于经典的纳什均衡，它提供了一种更为灵活的分析框架。同时，奥曼深刻洞悉到激励机制对于组织成功的关键作用，提出了一个著名论断："所有的悲剧都源于不当的激励。"在他看来，博弈论最重要的元素是利用激励机制来实现目标，而管理最为重要的一点便是向人们提供正确的激励机制——只有提供合适的激励，才能促使人们在满足自己需求的同时，按照正确的方法去做正当的事情。

球之上，但在激励机制的探索之旅中，我们仍未找到一套普遍适用的万能钥匙。激励，作为管理学领域的核心议题，既以其独特的魅力吸引着无数探索者的目光，又以其巨大的难度和挑战性成为了一道跨越世纪的谜题。而构建滴水灌溉式的精准激励体系，更是这一谜题中的难中之难。

在本书中，我们以激励明星员工为抓手，借助其激励作用所产生的涟漪效应，创造性地提出了构建"滴水灌溉式"精准激励体系的新思路和方法。

精准激励的内涵和过程

激励的经典定义，在于运用一系列策略与方法，旨在触动员工内心深处那些既与个人发展紧密相连，又与组织目标高度一致的内在动机要素——包括各类亟须争取的条件、深藏的渴望及未竟的需求。

精准激励，则是对传统理念的提炼与升华，它超越了单纯运用既定方法与手段的范畴，而是深入员工的内心深处，唤醒那些既关联个人成长又契合组织目标的内在动机因素，确保这些关键要素得以充分激活，并与组织的长远愿景形成和谐共鸣。这一过程类似于农业中的"精准灌溉"，依据员工成长阶段、主导需求及绩效现状的差异，结合组织战略导向，精确调配激励资源。其核心在于传递正向肯定与认可，通过精准对接员工对工作自主性、能力胜任感及归属感的渴望，激发他们自发地将个人追求与组织目标相结合，从而在勤勉、担当与激情中追求卓越，收获源自内心的成就感与满足感。

简而言之，精准激励旨在践行"现代管理学之父"彼得·德鲁克（Peter Drucker）的价值共赢标准：让工作富有成效性、个人富有成就感、组织富有竞争力。价值共赢标准的精髓在于创建一种机制，让个人在高效工作中能够体验到成就感，这份成就感宛如不竭的动力激励个体持续高效贡献，进而汇聚成组织强大的竞争力，使每位成员都能够沐浴在组织的荣耀之中。这一正向循环形成稳固的三角结构，支撑起个人能力、工作绩效与组织竞争力的持续提升，确保三个"富有"状态有机循环。

拓展阅读

激励的主要理论流派

激励理论，作为管理最具魅力的领域，旨在挖掘员工潜能，驱动组织前行，分为内容理论与过程理论两大支柱。

激励内容理论：洞悉需求的本质与满足之道

激励内容理论致力于探索激励的根源与动因，着眼于理解并精准把握员工的需求，寻求通过满足这些需求来激发人们的动机。主要包括以下理论：

需要层次理论。由亚伯拉罕·马斯洛（Abraham H. Maslow）于1943年提出。他将人类需求从低到高划分为五个层次：生理、安全、社交、尊重和自我实现（后增认知与审美）。这一理论清晰地揭示了人类需求的层次性和递进性。一般而言，需求层次越低，其力量和潜力越大。随着层次上升，需求的力量会相应减弱。

双因素理论。由弗雷德里克·赫茨伯格（Frederick Herzberg）在1959年提出。该理论区分了工作中的两类因素影响着员工的满意度：激励因素和保健因素。激励因素如成就、认可和工作本身，能够激发员工的积极情绪和工作热情；而保健因素如工资、工作环境和人际关系，则主要防止员工产生不满情绪。

成就需要理论。由哈佛大学教授戴维·麦克利兰（David C. McClelland）在1953年提出。该理论指出，人们在生理和安全需求得到满足后，会追求更高层次的成就需求。这种需求表现为对成功的渴望、对挑战的追求以及对个人能力的不断提升。

ERG理论。由耶鲁大学教授克雷顿·奥尔德弗（Clayton Alderfer）在1969年提出。他将人的需要归为生存（existence）的需要、相互关系（relatedness）的需要和成长发展（growth）的需要。这些需求相互交织，共同构成了人们追求满足的动力源泉。

激励过程理论：揭示从动机到行动的心理路径

激励过程理论着重研究人从动机产生到采取行动的心理过程，找出对行为起决定作用的某些关键因素，弄清它们之间的相互关系，以预测和控制人的行为。主要包括以下理论：

期望理论。由维克托·弗鲁姆（Victor H. Vroom）在 1964 年提出，认为人们的行为倾向取决于他们对行为结果的期望以及这些结果对他们的吸引力。只有当员工认为他们的努力能够带来期望的结果，并且这些结果对他们具有吸引力时，他们才会采取积极的行动。

目标设置理论。由埃德温·洛克（Edwin A. Locke）在 1967 年提出，认为明确的目标可以激发员工的积极性和创造力。当目标既具有挑战性又可实现时，员工的绩效会达到最高水平。这一理论强调了目标设定在激励过程中的重要作用。

公平理论。由约翰·亚当斯（John S. Adams）在 1965 年提出，强调人们在评估自己的报酬时，不仅关注报酬的绝对数量，还关注报酬的相对关系。他们会将自己的报酬与他人的报酬进行比较，以判断自己是否得到了公平的对待。这种公平感对于维持员工的工作积极性和忠诚度至关重要。

管理学大师介绍

彼得·德鲁克

彼得·德鲁克（Peter F. Drucker, 1909 年 11 月 19 日—2005 年 11 月 11 日），被誉为"现代管理学之父"，是管理学的先驱和思想领袖。《哈佛商业评论》曾给予他极高的评价："一提到彼得·德鲁克的名字，在企业的丛林中就会竖起无数双耳朵。"

个人背景

德鲁克 1909 年 11 月 19 日出生于奥地利维也纳，他先后在奥地利和德国接受教育，1931 年在法兰克福大学获得国际法和公法博士学位。德鲁克教授在 1937 年移民美国，曾在贝宁顿学院任哲学教授和政治学教授，并在纽约大学研究生院和美国加州克莱蒙特大学担任管理学教授。2005 年 11 月 11 日，德鲁克教授在美国加州克莱蒙特家中逝世，享年 95 岁。

主要成就

将管理学作为一门学科。德鲁克首次将"管理"确立为一门学科，并系统地阐述了管理的本质、原则和实践，为现代管理学的建立和发展奠定了坚实的基础。

目标管理（MBO）。1954 年，德鲁克提出了目标管理的概念，这一理论强调通过设定明确、可衡量、可实现、相关和时限性的目标来引导组织的发展方向和评估绩效，成为当代管理学的重要组成部分。

知识工作者即管理者。德鲁克认为，在知识社会中，知识工作者就是管理者，他们的工作必须卓有成效，而卓有成效是可以通过学习和实践来提高的。

管理者的有效性。他强调管理者的有效性是组织工作有效性的关键，提出了时间管理、人际关系处理、发掘成员优势和作出明智决策等管理者必须掌握的技能。

创新与企业家精神。德鲁克与诺贝尔经济学奖获得者约瑟夫·熊彼特（Joseph A. Schumpeter）有着深厚的个人和学术关系，他深受熊彼特影响，非常重视创新和企业家精神，认为创新是企业发展的动力源泉，而企业家精神是推动创新的关键因素。他鼓励企业和个人不断寻求创新机遇，将创意发展为可行的事业。

主要著作

德鲁克的著作包括《经济人的终结》(*The End of Economic Man*)、《管理的实践》(*The Practice of Management*)、《有效的管理者》(*The Effective Executive*)、《创新与企业家精神》(*Innovation and Entrepreneurship*)和《公司概念》(*The Ideas of the Corporation*)等,这些著作对管理学的发展产生了重大影响。

学术荣誉

2002年,德鲁克获得了美国总统自由勋章,这是美国公民所能获得的最高荣誉。2003年,他获得了美国管理协会的"领导愿景奖",以表彰他在管理学领域的杰出贡献。德鲁克还曾7次获得麦肯锡奖,这是对他卓越学术成就的进一步肯定。

资料来源:图片来自作者学术网站,https://peter-drucker.com/about.html。

导向:满足员工的内在心理需求

正如唐代文学大家柳宗元在其传世佳作《种树郭橐驼传》中所精辟阐述的那样,植树造林之真谛,在于顺应树木之自然天性,以充分展现其本来特性("橐驼非能使木寿且孳也,能顺木之天,以致其性焉尔。")同样地,培育人才之道亦深谙此理——要激发个体的潜能与积极性,核心在于精确洞察并尊重每个人的独特个性,悉心满足其内心深处最为真切的心理需求。

根据爱德华·德西(Edward L. Deci)和理查德·瑞安(Richard Ryan)提出的自我决定理论,个体天生具备自主(autonomy)、胜任(competence)和归属(relatedness)三大基本心理需求。自主需求,即个体渴望在从事活动时能够自由抉择,不受束缚,对自我行为与决策拥有主导权;胜任需求,即个体期望在活动中体验到成就感,感觉自己能够胜任或掌控工作;归属需求,即个体渴望在所处环境中感受到他人的关爱与接纳,成为组织不可或缺的一员。

在设计激励机制时，领导者和管理者必须深刻理解并满足员工的这些内在需求。通过提供宽松的工作空间以满足自主性，提供创造挑战性的任务以增强能力感，建立支持性的社交环境以满足归属需求，可以有效地激发员工的内在动力，促进他们的个人成长和组织的整体发展。

抓手：实现内外激励协同

激励机制的有效实施，涉及外在激励与内在激励的有机结合。外在激励，如物质奖励、职位晋升和社会声誉等，主要满足个体的基本生存需求和对外展示个人价值的愿望。然而，过度依赖外在激励，可能会不经意间削弱企业的文化深度与独特品位，诱导员工步入功利化、媚俗化乃至平庸化的歧途，使得实用主义价值观和功利主义风气在组织内部悄然盛行，进而偏离了价值创造的初衷与纯粹。

内在激励则源自个体内心深处，超越了岗位职责的范畴，它让个体在投身于工作时能够深切感受到自我乐趣与成就感的双重滋养。但是在当前工作高负荷以及多样化外界诱惑并存的社会背景下，仅凭事业感召、愿景引领、文化自觉、自我主导等抽象理念，仿佛成了空洞而缺乏实质滋味的"心灵鸡汤"，往往难以触及员工的内心，激发他们的内在潜能和持续动力。

心理学大师介绍

爱德华·德西

爱德华·德西（Edward L. Deci）是自我决定论的创始人之一，他在内在动机领域的研究被广泛认可，被誉为"内在动机研究的先驱"。

个人背景

德西教授1942年出生于美国。他在1970年于卡内基梅隆大学获得了

心理学博士学位。德西教授的学术生涯开始于斯坦福大学，作为跨学科的博士后研究员。之后，他在罗切斯特大学担任心理学教授和社会科学海伦 F. 及弗雷德·H. 高恩（Helen F. and Fred H. Gowen）讲席教授，并在那里度过了他的大部分职业生涯。

主要成就

德西与理查德·瑞安（Richard Ryan）共同提出了自我决定论（self-determination theory，SDT），是心理学领域的一个重要里程碑，为研究人类动机和人格发展提供了一个宏观框架。薪酬研究权威巴里·格哈特（Barry Gerhart）和萨拉·瑞纳什（Sara L. Rynes）甚至将自我决定理论与马斯洛的需求等级理论和赫茨伯格的双因素理论并称为心理学最有影响力的三大理论。

SDT 认为，个体具有三种基本的心理需要：自主（autonomy）、胜任（competence）和关系（relatedness）。自主即个体希望根据自己的意愿进行选择和行动，体验到自由和自主控制的感觉。胜任即个体在活动中体验到有能力完成任务的感觉，即对自己所处环境的掌控和能力发展。关系即个体希望与他人建立联系，感受到爱和被爱，以及归属感。当个体基本心理需要得到满足时，内在动机会被激发，从而更有可能产生积极的行为和更高的幸福感。

自我决定理论还区分了不同类型的动机，包括内在动机（intrinsic motivation）、外在动机（extrinsic motivation）和去动机（amotivation）。内在动机源自个体的兴趣和活动本身的乐趣，而外在动机则是为了获得活动之外的结果，如奖励或避免惩罚。去动机是指缺乏参与活动的意图。此外，自我决定理论还提出了动机内化的概念，即个体如何将外部动机转化为内在动机的过程。这一过程涉及不同类型的外在动机，包括外部调节、摄入调节、认同调节和整合调节，这些动机类型根据其自主性程度的不同而排列在一个连续体上。

主要著作

《内在动机：自主掌控人生的力量》（*Intrinsic Motivation*）、《自我决定论：理论、研究和应用》（*Self-Determination Theory：Theory，Research，and Applications*）和《我们为什么做我们所做的：了解自我激励》（*Why We Do What We Do：Understanding Self-Motivation*）等。

荣誉与奖项

积极心理学网络高级研究员杰出科学贡献奖（2004年）；国际自我与身份协会终身成就奖（2014年）；人格与社会心理学协会杰出学者奖（2015年）等。

资料来源：图片来自作者学术网站，https：//deci. socialpsychology. org/files。

因此，激励的精髓在于实现外在激励与内在激励的协同效应，促使员工从对工作的外在追求转变为内在的自我驱动。这种协同并非简单地将内外激励按比例混合，而是需要深刻理解外在激励的双重性——信息性与控制性。信息性激励通过明确的工作标准和正面反馈，帮助员工理解组织目标和实现路径；控制性激励则通过利益杠杆调节员工行为，但过度使用可能限制员工的自主性。

为了展现内外激励协同的魅力，我们进行了一项实验：邀请志愿者参与有奖智力游戏。其中，实验组在关键步骤上获得了奖励性暗示，这一步骤恰好是通往最终答案的桥梁，而控制组则没有。实验结果显示，实验组的大部分志愿者在完成这一步骤后，并未因奖金而止步，因为他们发现了更优的解决方案。最终，实验组的成绩明显优于未获任何提示的控制组。

这一实验充分证明，那些能够助力员工高效完成任务的外在激励信息，对内在激励具有显著的促进作用。这正是内外激励协同的核心所在。反之，非协同的外在激励，只会让员工感到内在动机被束缚，被迫行事。

综上所述，通过精准把握员工的内在需求，实现内外激励的协同，组织能够最大限度地激发员工的潜能与创造力，共同书写发展的辉煌篇章。

措施：遵循动机变化分层分阶段施策

在《庄子·养生主》中，寓言故事"庖丁解牛"生动地描绘了一位技艺精湛的厨师——庖丁，他宰牛十九年不换刀，动作流畅自如，节奏和谐有序，刀锋在牛骨间游走，发出的声音宛如自然界的美妙旋律，令人赞叹不已。魏国文惠君目睹了这一技艺，不禁发出由衷的赞叹，对庖丁的高超技艺表示深深的敬意。而庖丁则谦逊地分享了自己从初始无状（摄入动机）到三年小成（认同动机）再到不断精进（融会动机）的心路历程。

面对宰牛这一任务，他初时心中难免涌动着畏惧与不安，那是对未知挑战的本能反应，也是技艺探索之旅的起点。经过足足三年的刻苦钻研与不懈实践，庖丁渐渐掌握了宰牛的技艺，步入了"三年小成"的阶段。在此期间，他通过无数次的尝试与学习，对宰牛之道有了初步却深刻的领悟与认同，这是技艺精进之路上认同动机的自然流露。庖丁并未在此浅尝辄止。他持续深入地探索，不断精进自己的技艺，直至达到了出神入化的境地。在这一漫长而艰辛的过程中，他深刻体会到了"道"的至高境界——那是一种顺应自然法则、洞悉万物本质的智慧，是人类在获取生存资源之前，对每一个生灵所作出的贡献所持有的深切尊重与敬畏。正是基于这样的信仰，他不断琢磨如何以更加高效、更加完善、更加人道的方式进行宰牛，这使得他的技艺日臻完美，最终达到炉火纯青的境地。他由衷地感慨道："臣之所好者，道也，进乎技矣。"这句话不仅揭示了他技艺超凡的秘诀，更表达了他对"道"的深刻领悟与追求，彰显他技艺与智慧并重的卓越品质。

这个故事启示我们，追求卓越的道路，往往伴随着个体动机的深刻转型，正如自我决定理论所描绘的那样，个体从被动遵从（"要我做"）到主动追求（"我要做"）的蜕变，需历经"摄入→认同→融会"三个动机阶段的演进。因此，在设计激励机制时，组织必须遵循员工工作动机的发展规律，精准施策。

具体说，激励机制设计应遵循以下三大原则：

第一，动态演进原则，即不同阶段应有不同的激励触发点；

第二，心理痛点原则，即满足员工心理需要是激活内在动机的前提；

第三，协同激励原则，即外在激励要蕴含指导员工更好地完成任务的信息。

组织机制与个体动机过程的联结，如图 11 - 1 所示。

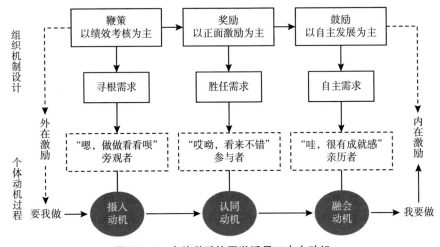

图 11 - 1　内外激励协同激活员工内在动机

摄入动机阶段：自我行为的旁观者

对于新入职或面临挑战性任务的员工而言，寻根需求，也就是能否在组织中站稳脚跟是它们的主要驱动力，因而首先触发的是摄入动机。这一初始动机蕴含着矛盾的情感——既渴望证明自己，又对失败心存畏惧。在应战与逃避之间徘徊，他们往往以一种试探性的心态面对新环境。在这一阶段，员工与工作之间尚存距离，仿佛自己行为的旁观者。因此，激励机制的设计应以绩效考核为重要抓手，侧重于引导与鞭策。一方面，绩效考核如同指挥棒，为员工明确工作目标和方向，增强他们完成任务的信心与决心；另一方面，通过激活员工的寻根需求，即渴望站稳脚跟、证明自我价值，推动他们迈出积极的第一步。

认同动机阶段：自我行为的参与者

随着寻根需求的逐渐满足，员工步入了认同动机阶段。此时，他们开始从"做做看看"的被动状态，转变为"意识到工作的重要性和价值"的主动投入。在这一阶段，激励机制的设计应以正面激励为主导。通过给予员工及时的正面反馈和肯定，并在此基础上实施奖励，可以有效激活他们的胜任需求。胜任需求体现了员工对环境的掌控力，以及通过迎接挑战来检验和提升自我技能的渴望。正面激励的摄入，不仅增强了员工的自信心，也激发了他们追求更高成就的动力。

融会动机阶段：自我行为的亲历者

当胜任需求得到充分激发后，员工便进入了融会动机阶段。在这一阶段，工作不再仅仅是外在的任务，而是融入了员工的自我信念，成为他们探索与成长的旅程。此时，激励机制的设计应以满足员工的自主需求为核心，减少正式控制，为员工提供更为宽松和自由的工作环境。鼓励员工超越自我，按照自己的方式开展工作，以唤醒工作本身所蕴含的强大力量。

为此，组织应构建"去奖励化"的高位均衡激励体系。所谓"高位"，即提供能够体现员工自我价值的高水平报酬；而"均衡"则意味着报酬与绩效之间保持适度的脱钩，让奖励更加公平地惠及广大员工，从而降低金钱名利对内在动机的潜在侵蚀。这样的激励机制，有助于员工沉浸于工作之中，享受工作带来的乐趣与成就感，而不受外部竞争环境的干扰与束缚。

分层分类分阶段精准施策

综上所述，我们应当秉持组织机制设计与个体动机过程相整合的理念，依据个体动机的自然演变规律来精心构建激励机制。这不仅是挖掘员工潜能、激活其内在动力的关键所在，更是推动组织持续发展的核心动力源泉。具体而言，对于初入职场或岗位胜任力尚待提升的员工，激发其基础摄入动机，点燃其工作热情，是首要任务；对于已成为团队中坚力量的核心骨干，强化其认同动机，提升其归属感与忠诚度，则是激励工作的重心；而对于那些已达到融会贯通境界、表现卓越的明星员工，激励的核心则在于激发他们追求更高层次的自我实现与超越。在识别动机特征的基础上，组织应不断优化激励资源的配置，准确把脉员工最为迫切的需求领域，精准施策，推动外在激励与内在动机的深度融合与同频共振。

在实际操作中，我们需要细致地分析每位员工的个性特质、专业技能及职业发展规划，捕捉其核心心理需求与动机倾向。结合岗位的具体要求、员工的绩效表现及其职业发展所处的阶段，灵活地运用多元化的激励手段，确保激励策略既具备高度的针对性，又不失灵活应变的能力。同时，构建一个公平、公正且透明的激励机制，确保每一分努力都能得到应有的认可与回馈，从而营造出一种积极向上、充满活力的工作氛围。

精准激励的艺术：增量撬动存量

需要着重强调的是，精准激励绝非简单的"多多益善"或资源平均分配，而是遵循按需分配原则的精细化管理艺术。

首先，从量入为出的财务规划视角出发，组织可用于人员激励的资源是有限的。这部分资源往往是在确保员工基础收入无虞后，专门划拨出来，旨在奖励那些为企业作出重要贡献的员工。若采取小额分散、遍地开花的"撒胡椒面"式激励，极易滑入"阳光普照"的平均主义泥潭，从而使激励应有的引导和激发效能荡然无存。其次，激励机制设计必须审慎考量员工的资源承载能力。对于普通员工而言，超出其能力和贡献的激励资源不仅会造成资源浪费，还可能给员工带来额外的心理负担，导致激励投入与产出的严重不匹配。最后，从成本效益的角度审视，鉴于员工之间的显著差异以及组织期望与员工理解之间的偏差，为每位员工量身定制激励方案并不现实，且花费巨大。据美国企业领导力协会（Corporate Leadership Council）的数据显示，管理人员和员工每年在与激励相关的绩效考核和管理活动上分别投入约210

个小时和40个小时。而著名咨询公司德勤每年在6.5万名员工身上的费时高达200万小时以上。

在面对复杂难解且看似铁板一块的问题时，关键在于找到问题的支点，利用杠杆原理撬动整个问题结构，促使其发生积极改变。这启示我们，应以明星员工为支点，以激发其内在动力为作用力，发挥激励的杠杆效应，通过精准激励这些关键少数，从而实现以点带面、撬动全局的目的。这才是精准激励的核心所在。

激励的涟漪效应："增量撬动存量"

增量撬动存量是一种基于杠杆原理的精准激励策略。其核心理念在于，将有限的增量激励资源精准地投向那些业绩卓越、贡献突出的"关键少数"或明星员工，以此作为杠杆，激发广大存量员工的积极性与创造力，从而在整个组织中营造出一种比学赶超、积极向上的工作氛围，推动组织向更高的绩效水平迈进。这一策略展现出以下几个方面的显著优势。

首先，资源集中优势。遵循量入为出的原则，组织在保障基础性收入的前提下，将稀缺的增量激励资源聚焦于"关键少数"群体。这不仅是对他们卓越工作成果的认可，更为其他员工树立了鲜明的标杆。这些明星员工如同组织目标的具象化体现，他们的行为模式为其他员工提供了可借鉴的模板，有效降低了员工在探索个人发展路径时的成本。同时，人类天生具有向上发展的内在驱动力，通过与明星员工的对比，员工能够清晰地认识到自身的差距，进而通过模仿与学习，找到适合自己的成长道路，这正是精准激励的终极目的。

其次，情感共鸣优势。诚如先贤孟子所言，"夫物之不齐，物之情也。子比而同之，是乱天下也"，事物之间的差异由其本性决定，强求一致只会违背客观规律。"增量撬动存量"的原生魅力不在于让人人成为"明日之星"，而在于把情感频道调整到共振状态，使优秀者的成功成为激励他人的强大动力源泉。这种激励力量如同涟漪般扩散开来，让每个人都能从成功者的故事中汲取力量，实现自我成长。明星员工的激励实质上是对组织卓越工作行为的肯定，正如心理学家艾伯特·班杜拉（Albert Bandura）的社会学习理论指出的那样，人会有意识地调节和控制自己的机能和生活环境，对明星员工的激励如同触发了静态环境的失衡开关，促使个体在环境中做出积极的行为选择，如学习和模仿精英的行为，与智者同行，进而形成组织所期望的行为模式。

最后，示范效应优势。正如中心位置荡起的水花越大，其辐射范围就越广，明星员工在组织网络中的中心位置使他们成为普通员工观察和模仿的对象。由于组织期望与员工理解之间的偏差往往难以避免，明星激励便成为一种生动而有效的传递组织期望的方式。同时，明星员工拥有更多的信息和社会网络资源，能够给他人带来更大的帮助。从社会交换关系的角度看，他人有动力与明星员工交往以获得更多收益。组织通过塑造公司级"明星"，扩大他们的知名度和影响力，旨在让更多人了解并模仿他们的行为，增进互信，增加互动。而备受瞩目的明星员工也因受到重视而增添了责任感和主动性。通过社会影响过程，针对明星员工的个人激励对整个团队绩效产生了积极的溢出效应，实现了明星员工、普通员工和组织三方的共赢。

然而，正如一把锋利的利刃，精英激励在展示其无穷魅力的同时，也可能因把握不当而伤及自身。企业若处理不当，便容易陷入"明星激励困局"。因此，明确其生效的边界条件，确保激励策略的有效实施，显得尤为重要。

明星激励困局：激励一个人、伤害一类人、麻木一群人

在实施"增量撬动存量"的激励策略时，确实会遇到一些挑战和阻力，具体表现在以下五个方面。

第一，参照依赖与心理模拟。人类具有鲜明的参照依赖特性，往往会透过"参照点的选择→论证→判断有无改善可能"的过程进行心理模拟，如果事态没有改善的可能，个体很可能就会安于现状，不思进取。换句话说，如果大多数普通员工意识到自己无论如何努力都无法缩小与明星员工之间巨大的鸿沟，他们很可能放弃努力，沦为"不求有功，但求无过"的沉淀层员工。特别是在陡峭型激励的企业中，如果"红旗"总是在极少数"关键少数"员工那里流转，则会加快沉淀。

第二，明星员工的示范作用有限。尽管明星员工在业绩上表现出色，但他们未必能成为有效的示范引领者。正如上一章我们所揭示的那样，一些被冠以"明星"头衔的个体有着更高的特权感，而且一旦这种特权感被强化，他们会表现得愈加自私，无视同事的帮助请求。亚当·格兰特等人发表在《哈佛商业评论》上的文章显示，在越来越强调协同创新的时代，约有20%的精英员工从来没为他人的进步带来什么，尽管他们业绩出色、荣誉等身。

第三，嫉妒与排挤。组织中的明星员工等"关键少数"本来就容易招致嫉妒，如果再高调地表现出特权意识，更容易遭到周边同事的疏离和攻击。普通员工可能会形成小团体，排斥那些被视为特权阶层的明星员工。这种排挤行为可能会加剧明星员工的地盘意识，导致他们更加倾向于保护自己的资源和知识，形成信息壁垒。

第四，信息孤岛与知识壁垒。在团队内部网络中，知识、信息和资源的流动与共享是至关重要的。明星员工通常位于这个网络的中心，扮演着信息和知识集成者的角色。如果团队成员各尽其职且整体素质高，这将为明星员工发挥其创造性领导作用提供丰富的素材和支持。然而，如果激励机制设置不当，可能会导致内部网络互动的恶化。当明星员工的地盘意识过于强烈时，他们可能会变得过于保护自身的资源和信息，从而使自己所处的网络节点转变为信息孤岛。这种情况会在组织内部造成信息断层，阻碍知识的流通和团队的协作。

第五，统计回归效应。由于自然界特有的统计回归效应，明星员工在多数情况下都难以取得与其身价相符的业绩，这更加剧了组织摩擦成本，导致组织网络内部互动恶化。研究表明，正是在尽力平衡社会性代价的过程中，明星员工不同程度地表现出生产力下降的倾向。

增量撬动存量的必要条件

虽然个体间存在着显著的差异性，但将不同层级、不同类型、不同发展阶段的个体进行直接比较，无异于"关公战秦琼"，缺乏实际意义。换句话说，若一味地将稀缺的激励资源单方面倾斜于所谓的"关键少数"，而忽略了部门、岗位特性、个人性格以及成长阶段等多方面的差异，将会不可避免地引发增量式激励的一系列弊端，进而产生诸多问题。要有效实现增量对存量的撬动，关键在于满足以下两个核心条件。

扩大激励的基本面，用相对差距缩小绝对差距

欧内斯特·奥波义耳（Ernest O'Boyle）与赫尔曼·阿吉尼斯（Herman Aginis）的研究揭示，在重复性、程序化的工作中，明星员工的生产力往往是普通员工的两到三倍；而在高度专业化或极具创新性的领域，这一差距甚至可能扩大到六倍或更多。正如我们在"选窝效应"部分所探讨的，普通员工要达到明星员工的层次，并非一朝一夕之功，甚至即便他们全力以赴，也可能难以企及。因此，若组织在实践中仅奖励位于幂律分布顶端的"关键少数"，那么普通员工在追求成为精英的过程中所付出的努力将长期被忽视，组织也将难以发掘他们的闪光点。久而久之，普通员工可能会丧失积极性，导致增量式激励的效果大打折扣。

因此，增量撬动存量的首要必要条件是分解幂律分布曲线，确保激励能够覆盖更广泛的员工群体，增大他们获得认可与奖励的期望概率。鉴于幂律分布的尺度不变性特征，即无论对幂律分布进行何种切割，每一部分仍呈现出幂律分布的特点，我们就可以将"大幂律"切割成若干"小幂律"，在每个小幂律分布中树立一些"明星"员工，从而激励那些有潜力的准"关键少数"成长为真正的"关键少数"。同时，这种做法还能为那些承担重任的员工提供制度上的松绑，避免他们因过度开发而失去成长潜力，重蹈"伤仲永"的覆辙。

分层、分类、分阶段地实施激励

在激励实践中，关键少数的影响力虽然显著，但其辐射范围终究有限。丹尼尔·平克（Daniel Pink）在其著作《驱动力》（*Drive*）中指出，那些略高于个人现有能力一两个量级的挑战，最能激发人们的内心潜能，让人达到物我两忘、自然合道的境界。因此，要实现增量激励对存量的积极影响，必须遵循波及幅度原则（principle of ripple effect），即根据工作的性质、岗位的层级以及员工的发展阶段，对"大幂律"进行合理切割，将公司整体层面的增量激励下放到同一类别、同一层级及同一阶段内进行。这样做可以使普通员工在对标"关键少数"时更具可比性、公平性和可达性，进而激发他们的积极性和创造力。

滴水灌溉式精准激励的构建

在浩瀚的宇宙之中，引力波①作为一种穿越时空的媒介，携带着来自亿万光年之外的天文信息，抵达我们的探测器，为天文学家揭示了那些长久以来未曾触及的宇宙奥秘。这一现象启发了我们，在扫除传统精英激励模式的盲区时，可以借鉴引力波的原理，从时间和空间两个维度出发，构建一个纵向分层、横向分类、时间递延的三维立体激励体系。这样的体系能够像引力波一样，在组织内部激发出激励的涟漪，将激励制度所蕴含的能量，通过三个维度的相互作用，有效地传递到组织的每一个层面、每一个时期。

商业名著推荐

《驱动力》

《驱动力》（*Drive：The Surprising Truth about What Motivates Us*）是由丹尼尔·平克（Daniel Pink）所著的一部开创性著作，2009 年由河源图书

---

① 2017 年诺贝尔物理学奖的殊荣被颁发给了雷纳·韦斯（Rainer Weiss）、巴里·巴里什（Barry Barish）和基普·索恩（Kip Thorne），以高度赞扬他们在引力波探测领域所作出的具有决定性意义的贡献。引力波是爱因斯坦广义相对论中的重要预言，形象地描绘了时空弯曲中如涟漪般扩散的波动，它们以光速穿越浩瀚的宇宙，从辐射源头向外播撒。引力波的产生通常与大质量天体之间的剧烈相互作用有关，如黑洞的合并或中子星的碰撞等壮观的宇宙事件。这些波动不仅携带着关于其起源——宇宙中灾难性事件的珍贵信息，而且深刻揭示了引力这一基本力的神秘本质。这些发现，为我们理解宇宙的运作原理打开了新的窗口。

出版社（Riverhead Books）首次出版，2012年由中国人民大学出版社发行中文版，译者为官一平。

丹尼尔·平克，1964年出生，拥有美国西北大学文学学士学位和耶鲁大学法学博士学位，是一位享誉全球的趋势专家和畅销书作家，曾荣获杜鲁门学者奖。他的作品《全新思维》和《驱动力》在商业界引起了巨大反响，被誉为"商业界的哥白尼"。

在《驱动力》一书中，平克挑战了传统的激励理论，提出在现代社会中，依赖外部奖励和惩罚的激励方式已不再有效。该书指出，驱动力经历了三个阶段的演变。最初，我们为了基本生存而努力，比如寻找食物。后来，我们使用奖励和惩罚来激励自己，但这种方法并不总是有效，因为它不能激发我们的内在潜力。现在我们进入了驱动力3.0时代，由三个要素构成：自主、专精和目的。这意味着我们应该追求自己选择的目标，努力做到最好，并寻找超越个人利益的更深层次的目的。

自主强调人的天性追求自我控制，而非被动接受指令，谷歌公司允许员工拥有20%的自主时间，这一政策催生了公司一半的新产品，凸显了自主性在激发创造力和积极性中的关键作用。专精则是追求卓越和精益求精的过程，它能够引导人们进入心流状态，这种状态不仅令人兴奋和满足，也是持续进步的源泉。最后，目的是驱动力的终极目标，它关乎于个人或企业在追求利润的同时，如何对社会作出贡献，实现更深远的意义。书中还指出了传统激励方式的七个问题，包括它会削弱我们的内在动机，导致成绩下降，扼杀创造力，抑制善行，鼓励不道德行为，让人上瘾，以及滋生短视思维。

《驱动力》不仅在理论上具有划时代的意义，它基于过去40年的人类激励研究，揭示了科学研究与商业实践在激励机制上的矛盾，并为理解人类动机提供了全新的视角。从实践角度来看，这本书对个人和组织都具有深远的影响。个人可以通过书中的理念找到激发内在动力的途径，提升工作、学习和生活的成就感。管理者可以借鉴书中的理念和方法，构建更具活力和创新力的团队。

这个三维立体激励体系，不仅能够覆盖组织的各个层级，还能够根据不同类别的特点进行定制化的激励，同时考虑到激励效果的时间递延性，确保激励的持续性和深远影响。通过这种方式，我们可以确保组织中的每个成员都能在适当的时间和空间内，接收到恰当的激励，从而最大化地激发他们的潜力和创造力。

维度一：纵向分层——细分幂律分布

组织中员工的能力水平呈现出多样化的分布，就像地表的起伏，有尖峰、高峰、高原、平原，也有洼地。如图 11 - 2 所示，纵向分层策略要求我们根据员工的能力差异，将他们分为 A、B、C、D、E 五个等级，每个等级都设定了不同的考核标准，并依据"优绩优酬"的原则分别设计精英激励机制。这样，即使 D 等级的员工在整体能力或业绩上远远不及 A 等级，只要他们达到了本等级的精英标准，也能享受到相应的成果和奖励。这样的机制不仅能够确保员工在面对能力出众的明星员工时，不会因为感到遥不可及而放弃努力，而且还能从根本上改善员工的积极性和工作动力，激发他们追求卓越，实现自我超越。

重要的是，由于不同层级的员工需求各异，激励方式和激励力度也应具有针对性。随着幂律分布曲线被细化为多个微型幂律分布曲线，组织从仅奖励顶尖层的"关键少数"转变为奖励每一层的"关键少数"。这种转变使得每个层级的员工都有机会"跳一跳，够得着"，即通过努力达到自己层级的精英标准，从而获得相应的激励。这样的激励机制更加公平，能够激发每个层级员工的潜力和动力。

维度二：横向分类——推动多元评价

纵向分层策略已经显著地缩小了不同层次员工之间的比较范围，提升了目标的可达成性，并在一定程度上激活了组织中那些习惯于安逸、缺乏进取心的"沉淀层"员工的工作动力，使得明星激励的涟漪效应开始显现。然而，我们必须认识到，"尺有所短，寸有所长"，即便是在同一能力梯度的员工，也各自拥有着不同的特长与优势。

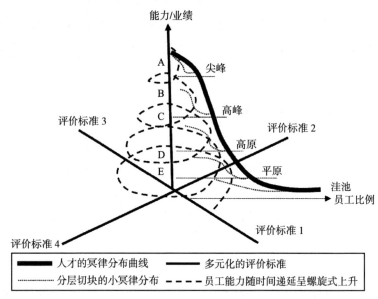

图 11-2　分层、分类、分阶段的滴水灌溉式的精准激励模式

如果组织坚持使用单一的评价和奖励体系，那些在特定领域表现出色的员工可能会因为他们的独特贡献未能得到充分认可而感到被低估。这种情况不仅会让员工感到不公平，还会严重打击他们的工作热情和成就感，从而阻碍个人和组织的共同成长。

因此，我们应当在同一层级内部，根据员工的特长和特性，实施多元化的评价体系（见图 11-2）。以生产部门为例，除了考量传统的生产效率和合格率之外，我们还可以加入工艺创新率、成本节约效果等多元化评价指标；在销售部门，除了关注销售额这一核心指标外，还可以引入顾客满意度、退货率等评价维度，以全面反映员工的业绩和贡献。实际上，每个员工都有可能在某一评价标准下成为佼佼者。这种差异化的评价机制不仅能更全面地认可和激励员工，还能激发他们对未来业绩的积极预期，让他们对工作保持持久的动力和热情。通过这样的评价体系，我们能够更有效地促进员工的个人发展和组织的整体进步。

海尔集团创始人、董事局名誉主席张瑞敏便是这一理念的杰出实践者。对于工厂的基层员工，生产率或合格率固然重要，但这并非张瑞敏对员工工作评价的唯一标准。当他看到一个普通工人的小发明小创造对工艺流程有改进作用时，便将这项技术以员工的名字命名，并将事迹刊登在《海尔人》报上公开表彰。此举产生了极大的激励效应，自此之后，"云燕镜子""晓玲扳手"层出不穷，而这也为海尔走向商业世界的领军地位奠定了坚实的基础。在海尔，员工都以能够获此殊荣为豪，这又何尝不是明星激励产生涟漪效应的真实写照？因此，采用多元化的评价标准，能够让每个员工都找到适合自己的优势领域。当某一标准契合员工的特长时，他们便有机会在该领域脱颖而出，成为精英。这种体验会激发员工对未来业绩的积极展望，使他们对工作充满动力与激情。

维度三：时间递延——追踪能级跃迁

静态且年复一年重复的激励制度，往往给员工留下组织仅是在例行公事的印象，而非真正意义上的激励制度。一个有效的激励制度在时间层面的设计，应当涵盖递进性与延续性两大核心要素。

递进性，即当员工凭借不懈努力实现激励层级的跃升时，应获得相应的奖励；而当他们再次实现新的跃升时（如 E→D→C→B→A），则应获得更高等级的奖励。这种逐步升级的奖励机制，能够激发员工持续进步的动力。

延续性，则是指员工在过往评奖评优中的表现，将对其后续的评价产生持续影响。例如，普通员工若连续数月被评为"先进"，则可自动晋升为"标兵"；若再连续数月保持"标兵"荣誉，则可进一步晋升为"劳模"。这种随时间推移而不断更新的动态激励制度，能够清晰展现员工的成长轨迹，使员工的进步变得可视化。同时，它也有助于打破部分精英人才"昙花一现"的困境，即避免他们在获得荣誉后反而出现水平下滑的现象，从而实现稳步前进的持续激励效果。

随着时间的推移，这种针对不同层次、不同类别、不同阶段的关键少数员工的激励策略，将逐渐激发那些隐藏在各个层级"激励盲区"中的广大员工的工作潜能。这种"尖峰引领高峰，高峰推动高原提升"的激励框架，将有效提升员工的整体素质，实现工作能力的螺旋式上升（见图 11 – 2）。这不仅完成了"增量带动存量"的激励使命，更回归到了精英激励的本质——将激励的"引力波"从少数关键人才扩展到全体员工之中。

最终，随着绝大多数"躺平"式员工被唤醒，尤其是有更多的员工沿着"明日之星"的螺旋通道拾级而上，这样的变化也为那些"关键少数"明星员工带来了更多的制度松绑和更厚实的人才资源支持，使得他们有更广阔的空间和自由度来充分发挥其在创新引领和培养新人方面的示范作用。这一转变不仅极大地激发了团队的整体活力，而且为组织的未来发展注入了持续的创新动力。

本章小结

本章深刻剖析了如何发挥明星员工激励的涟漪效应，化解"激励少数人，麻木一群人"的精英激励困局。这一问题的根源在于资源分配的不均衡和激励机制的单一化。过度向极少数明星员工倾斜或采取平均主义的"阳光普照"策略，均会导致资源的低效利用与错配，进而遏制整个组织的创新动力与多元化发展。因此，创新激励机制是破解这一困境的关键。

我们首先探讨了精准激励的内涵和实施过程，揭示了激励的核心在于实现外在激励与内在激励的协同效应，促使员工从对工作的外在追求转变为内在的自我驱动。随后，我们从激励资源的稀缺性、资源承载力与投入效率的角度，论证了"增量撬动存量"策略——即通过将增量激励资源精准投入到"关键少数"，以此激发更广泛员工的积极性——是推动激励制度创新、实现精准激励的重要手段。最终，我们提出了构建一个纵向分层、横向分类、时间递延的三维立体激励体系，依据"跳一跳、够得着"的原则，将原本聚焦于"关键少数"的大幂律分布激励格局，转变为每个细分领域内的小幂律分布激励，从而构建一个精准的激励体系——在不增加企业人员费用的前提下，将组织顶层的激励能量精准传递给每一名员工，放大激励的杠杆效应。同时，这也为那些"关键少数"员工提供了更多的制度空间，使他们能够充分发挥其创新引领和示范作用。

总结而言，通过构建这一三维立体激励体系，我们旨在打破传统激励模式的局限，消除激励盲区，释放潜藏在平凡员工身上不平凡的潜力，从而真正实现"增量撬动存量"，完成从激励关键少数到激励绝大多数的转变，从而优化激励资源配置，激发全体员工的潜能与创造力，推动组织向更高层次发展。

第十二章
明星员工近视症的成因与破解

组织的本质是人为构建的，并且对绩效有着高度的关注。鉴于其内在的复杂性，单凭非正式控制和对岗位的认同是不足以维持组织的正常运作。组织不能寄希望于大多数参与者在没有额外激励的情况下，能够自发地内化并积极履行他们对分配任务的承诺。因此，为了确保规范准则、规章制度和指示命令得到有效执行，组织必须依赖正式的结构化机制来分配奖励与处罚。

——著名社会学家阿米泰·埃齐奥尼（Amitai Etzioni）

近视，作为一种视觉障碍，限制了人们清晰观察远处的能力。现代营销学先驱，西奥多·莱维特（Theodore Levitt）教授，于 1960 年在《哈佛商业评论》上发表了一篇具有里程碑意义的文章——《营销近视症》（*Marketing Myopia*）。在这篇文章中，他深刻地分析了企业衰退的真正原因并非市场饱和，而是营销者的短视——他们如同近视者一样，过分专注于产品或技术的微观视角，而忽视了更广阔的市场需求。

受莱维特这一深刻洞察的启发，美国贝勒大学的约翰·陈（John Chen）等学者，进一步引申出"明星近视症"（star myopia）的概念，用以揭示组织中一种普遍存在的偏见：即过度聚焦于那些光芒四射的明星员工，却对广大普通员工的需求、潜能及自我组织能力视而不见。这种短视不仅是对大众智慧的忽视，更是一种缺乏长远规划的表现。

"明星近视症"带来的首要问题是，那些未被充分重视的普通员工，乐享"背靠明星大树好乘凉"，慢慢失去追求卓越的动力，最终沦为"平庸的大多数"。更为严峻的是，当明星员工因各种原因突然缺席或永久离开时，组织将面临前所未有的挑战——如何迅速适应并建立起"去中心化"的新惯例？显然，过度依赖明星员工的策略虽能在短期内取得显著成效，但从长远来看，它是以牺牲团队整体的强健与多元为代价的。因此，这种短视行为无异于饮鸩止渴，难以支撑组织的可持续发展。

何谓"明星近视症"

明星近视症（star myopia）是指组织在运作过程中，为了简化学习和最大限度地利用明星员工的独特才能，过度依赖以这些明星员工为核心的互动模式，而忽略普通员工之间有效互动的现象。要深入理解这一概念，关键在于探究组织为何会形成以明星员工为中心的互动模式。诚然，明星员工的高市场议价能力和薪酬水平是组织在资源和机会分配中不得不考虑的重要因素，组织期望他们的贡献能够与薪酬相匹配。然而，更为根本的原因是组织为了应对日益复杂的内外环境，倾向于通过依赖明星员工来简化学习过程。

首先，组织惯例的初始设计并非专门针对明星员工，这在一定程度上阻碍了组织充分利用明星员工的独特技能与专长。因此，企业往往需要主动调整战略、流程、组织架构、人员配置以及行为规范，以适应明星员工的隐性知识与技能，从而塑造出新的组织惯例。这一转型过程不可避免地伴随着种种摩擦与不断的试错调整。同时，组织内部存在着复杂且多层次、跨部门的业务对接与沟通协调机制，这些深层次的互动彼此交织，形成一个紧密相连的网络。例如，员工 A 与员工 B 之间的业务互动变化，可能会波及与员工 B 有业务往来的员工 C，这种影响进而会逐级传递到与员工 C 有交互的员工 D 及其他员工。面对如此复杂的互动格局，组织往往倾向于采取一种简化学习的策略，即构建一个以明星员工为中心的互动体系，以此加速新惯例的形成并促进其高效运作。

其次，出于简化学习的目的，普通员工在工作中也会不自觉地倾向于向明星员工靠拢。明星员工相较于普通员工，在把握产品迭代时机、识别问题与机遇方面展现出更高的敏锐度。围绕他们进行互动，普通员工能够减少摸索的过程，更快地找到正确的方向。美国西北大学的迪伦·米诺（Dylan Minor）等人对一家高科技公司进行了长达两年的深入研究，发现仅仅是坐在明星员工附近，普通员工的绩效就能得到 3%～16% 的提升。此外，与明星员工建立紧密的互动关系，普通员工还能从他们广泛的人脉资源中获益。华盛顿大学圣路易斯分校的拉玛尔·皮尔斯（Lamar Pierce）等人的研究表明，在团队高度互赖的环境下，明星销售人员会主动将他们的忠实客户转交给与他们互动频繁的普通销售员，以便自己能够集中精力去开拓新的客户资源。

正如沃顿商学院的丹尼尔·列文索尔（Daniel Levinthal）教授所深刻指出的，简化学习虽然能够有效应对复杂性带来的挑战，但其自我强化的特性却可能诱导组织陷入近视的困境。

以明星员工为核心的互动模式，能够迅速提升组织的业绩和普通员工的工作效率，这种立竿见影的效果让组织对这种"制胜法宝"愈发自信。在反复的实践与互动中，组织逐渐形成了围绕明星员工的惯例。这些惯例，作为组织的"基因"，深刻地定义了组织和个体的行为模式。

一方面，明星员工凭借其卓越的才能引领组织攻克难关，这种眼前的成功很容易让组织陷入盲目自信，从而主动加强对明星员工的依赖，忽视了普通员工之间的互动与合作。另一方面，以明星为中心的互动模式进一步巩固了明星员工在工作结构中的核心地位，使他们能够更有效地控制组织内外关键资源的流动。这些因素共同作用，使明星员工的专业技能变得愈发难以替代，客观上加剧了组织对明星员工的被动依赖。在此背景下，普通员工之间的互动被逐渐边缘化，甚至被排斥在组织视野之外，"明星近视症"的症状因此愈发严重。

症状：能者多"牢"，"佛"者更佛

在深受"明星近视症"困扰的组织中，过度依赖以明星员工为核心的互动模式，而忽视普通员工之间的互动和自我成长，无疑会加速优质资源和信息向明星员工汇聚，导致组织内部互动关系愈发失衡，形成一种"能者深陷'牢笼'、'佛系'者愈发淡泊"的病态格局。

信息过载。以明星为中心的互动，给他们带来了巨大的信息压力。美国杨百翰大学詹姆斯·奥尔德罗伊德（James Oldroyd）等人的研究表明，在网络中明星员工接收到的信息是普通员工的 18 倍，而且随着联结数量的增加，信息负载也以指数级增加。管理者经常会要求作为专家的明星员工提供各种意见和想法；普通员工也会出于"走捷径"的考虑经常咨询工作中的问题，而且这些问题就像"工作瘟疫"一般干扰明星员工的工作，使他们非但无法集中精力处理本职工作，而且还会出现"时间饥荒"。这种频繁的信息请求需要明星员工付出额外的信息处理活动。根据心理学家约翰·斯威勒（John Sweller）提出的认知负荷理论，人们通常只能同时处理 2 ~ 3 项信息，即使明星员工较常人能够处理得更多，但信息处理活动一旦超过他们所能承受的阈值，在超负荷状态下他们便会出现信息过载，降低工作效率，限制他们独特价值的发挥。

人才囤积。明星员工的中心地位，并不意味着他们总是享受组织优先权。很多时候，正因为他们在网络节点中太重要了，部门领导者或者出于追求自身提拔的自私本能或者出于担忧被取代的嫉妒本能，会把明星员工牢牢地摁在原有职位上，阻塞其上升通道。这种现象被《华尔街日报》记者约安·卢布林（Joann Lublin）称为"人才囤积"。2016 年美国企业生产力研究所的一项调查显示，近一半的企业存在这种现象，在业绩最差的公司中比例更是高达 74%。这种认知优势难以转化为社会身份跃迁优势的认知反噬现象，让本已不堪其重的明星员工平添更多无奈。

移置攻击。明星员工无论工作上还是自我发展上都承受了常人难以承受的压力，即使"能者多劳"，也难免造成"能者多疲劳"；疲劳导致情绪自控力削弱，难免又造成"能者多牢骚"；牢骚多了，无疑画地为牢，将自身置于孤立和高冷境地，"能者多劳"演变成"能者多牢"。当然，面对这种情形，明智的领导者自然不会袖手旁观，他们会竭尽安抚这些公司"顶梁柱"，避免他们离开。这同样消耗了领导者大量的情绪控制资源，从平衡角度看，他们同样需要释放"伺候"明星员工带来的负面情绪。俄亥俄州立大学班尼特·泰珀（Bennett Tepper）教授根据移置攻击理论的研究发现，在负面情绪下，领导者会策略性地选择攻击对象。鉴于弱者对组织的效用更低，伤害他们给领导和组织带来伤害也最小，他们更愿意侵害弱者。无疑，缺乏机会的普通员工最可能成为领导者"踢狗"效应的牺牲品。正所谓"干得越多，犯错越多"，面对领导的挑衅和苛责，普通员工就会愈加消极被动，循规蹈矩，以避免犯错而成为领导者的出气筒。这种明哲保身的心态使得原本缺乏机会的"佛系"员工变得愈加无欲无求。

一旦上述病态格局根深蒂固，不仅明星员工的潜能被严重束缚，更糟糕的是，一旦明星员工离开，企业将面临无法迅速调动长期处于惰性状态的"佛系"员工，以形成新的组织惯例的困境，从而使企业陷入难以逆转的危机之中。因此，如何有效破解"明星近视症"，已成为那些过度依赖明星员工的组织必须深刻反思并亟待解决的关键问题。

解药：促进非明星员工互动

要从根本上治愈"追星族"的近视症，首要任务是精准识别其症结所在。图 12 – 1a 清晰地描绘了明星近视症的症状：企业过度依赖明星员工（图中以粗线条突出显示），而相应地，非明星员工之间的互动则被显著弱化（以细线条表示）。正如古语所言，"解铃还须系铃人"，解决问题的核心策略在于积极促进那些长期以来被忽视的普通员工之间建立有效的互动（见图 12 – 1b）。这一策略的重要性体现在以下几个方面。

第一，有助于在普通员工之间形成新的知识共同体。人际合作是学习隐性知识的最佳方式。普通员工习得的隐性知识，因任务特性差别和个性差异而不同。增强良性互动，可以强化彼此间的知识往来，提高隐性知识的传播效率，从整体上提升普通员工知识储备的完备性。同时，积极互动有助于促进普通员工积极思考，协同解决工作中遇到的问题和挑战，在这一过程中不断激发他们对工作的兴趣和自我效能感，为组织发掘出更多的"明日之星"。

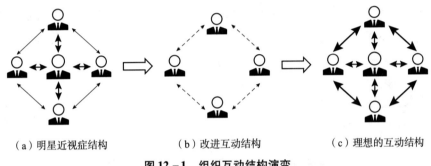

（a）明星近视症结构　　　　（b）改进互动结构　　　　（c）理想的互动结构

图 12-1　组织互动结构演变

注：中间人像代表明星员工，四周人像代表普通员工；双向箭头代表工作中员工的互动，线条粗细代表互动的强度，虚线代表改善举措。

第二，有助于为明星员工卸下繁重的工作"枷锁"。普通员工之间基于习得的隐性知识，通过交流合作共同完成一些力所能及甚至"跳一跳"可以够得着的任务，可以帮助明星员工从能者"多劳→疲劳→牢骚→画地为牢"的恶性循环中解脱出来，腾出更多的时间和精力精进主业，实现好钢用在刀刃上。

第三，有助于实现普通员工从"弱不禁风"的单个个体转化为一个整体。依据理查德·爱默生（Richard Emerson）的权力依赖理论，无论是通过知识增值实现"价值提升"，还是结成整体以形成"联盟力量"，都是普通员工在权力动态中寻求平衡与成长的策略。这不仅有助于普通员工的权力再生，还能增强明星员工对他们的反向依赖，进而构建一个均衡互赖、和谐共生的组织结构，有效避免两极分化，消除领导者对普通员工实施移置攻击的潜在风险。

第四，有助于形成组织非正式惯例。当明星员工因故离职或暂时缺席时，这些非正式惯例能够迅速填补空缺，确保组织的日常运转不受影响，并增强组织对未来变化的适应能力。美国德雷塞尔大学丹尼尔·萨巴尔（Daniel Tzabbar）等人的研究表明，明星科学家的离职虽然会打破组织现有的创新惯例，但同时也为组织提供了超越现有知识边界、探索全新知识领域的机遇。因此，强化普通员工之间的互动，能够在明星员工缺席时赋予他们更多探索未知、勇于创新的能力与勇气。

综上所述，加强普通员工之间的互动不仅有助于提升他们的个人能力与素质，还能为明星员工创造更加宽松的工作环境，更重要的是，它能够为组织储备新的惯例、拓宽创新的边界，从而在组织内部形成一个均衡互赖、充满活力的良性互动结构（见图 12-1c）。

经典理论

理查德·爱默生及其权力依赖理论

理查德·爱默生（Richard Emerson）是美国杰出的社会学家，1925年出生于美国犹他州的盐湖城。1955年，他在明尼苏达大学获得了社会学博士学位。爱默生的学术研究可以分为两个阶段：1955~1964年，他在俄亥俄州辛辛那提大学工作，专注于权力依赖关系的研究；1965年起，他转至华盛顿大学，其间深入探索了社会交换理论，成为该理论最为重要的贡献者之一。不幸的是，爱默生在1982年12月因病突然去世。

权力依赖理论（power-dependence theory）的核心是依赖概念，认为依赖关系的建立基于一方对另一方所拥有资源的需求程度。当一方掌握另一方所需的稀缺且重要的资源时，后者便对其产生依赖。在此框架下，权力被定义为影响他人行为的能力，这种能力源自他人对自己的依赖。爱默生进一步指出，在特定的交换关系中（如 A 与 B），A 对 B 的权力程度实则是 B 对 A 所控制的资源及行为的依赖程度的镜像。因此，依赖与权力可

视为一方对另一方控制资源的价值及这些资源替代来源的相对可用性的函数。爱默生将权力视为社会关系的一个函数，这一观点为微观理论的发展，尤其是社会网络与权力的关联，奠定了重要基础。

爱默生的理论框架涵盖了行动者、强化、行为、交换、报酬、选择性、代价、交换关系、依赖、均衡和权力等关键概念，并引入了交换网（exchange network）概念以描绘交换关系的形态。这些概念和理论为社会结构中权力动态的解析及个体间交换关系的理解提供了深刻洞见，对社会学和网络分析领域产生了深远的影响。

此外，爱默生还探讨了权力不平衡及其影响。依赖程度的不均等会导致权力分布的不平衡。在某些情境下，一方可能掌握更多或更重要的资源，从而加剧另一方的依赖，形成权力差异。例如，在市场竞争中，掌握核心技术的企业相较于其他企业拥有更大的权力。权力不平衡可能触发冲突和社会变革，弱势一方可能试图改变依赖关系以减少依赖，提升自身权力地位；而优势一方则可能利用权力维护现状，保持其优势。这种权力的博弈与冲突，可能引领社会关系走向变革。

如何促进非明星员工互动

正如管理大师彼得·德鲁克（Peter Drucker）所言，没有无能的员工，只有无效的激励。让"佛系"的普通员工之间有机会、有动力、有策略地进行互动，就要从根本上推进激励模式变革。

重塑金字塔之巅

事业的蓬勃发展，离不开资源的坚实支撑与合理配置。如图 12－2 所示，那些深受"明星近视症"影响的企业，往往倾向于构建一种陡峭的金字塔型组织结构。与之形成鲜明对比的是，其激励机制却呈现出一种倒金字塔的形态——即随着层级的不断提升，资源与机会的分配愈发集中于顶端（见图 12 – 2a）。当这两种截然不同的结构相互叠加时（见图 12 – 2b），无疑会形成一种不稳定且难以持续的态势。

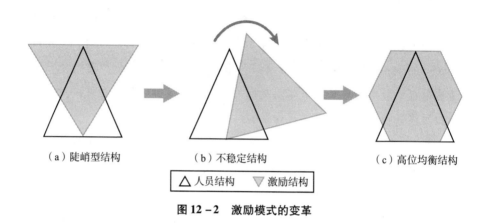

（a）陡峭型结构　　　　（b）不稳定结构　　　　（c）高位均衡结构

△ 人员结构　　▽ 激励结构

图 12 – 2　激励模式的变革

一个封闭的、仅由少数人掌控决策权的金字塔模型，其视野与潜力将受到极大的限制。正如华为任正非倡导的那样，"炸开金字塔塔尖"，有助于鼓励更多的员工参与到组织战略的探索与制定中来，共同推动组织的发展。这种变革的核心在于打破原有的"倒金字塔型"激励结构，构建一个高位均衡的激励体系。其中，"高位"意味着高水平的激励措施，旨在吸引并激发员工的积极性；"均衡"则强调了一种双向满足的平衡状态，即既要满足工作创新的要求，又要契合员工的内在价值需求。

通过"削峰、填谷、扩中"的策略，我们可以塑造出一个类似于几何学中正六边形的激励结构（见图 12 – 2c）。这一结构不仅坚固而且平衡，展现出一种独特的美感。一方面，它向金字塔下层的普通员工提供了更为丰富的信息、机会与收益等资源支持，从而激发他们的积极性，增强他们之间的互动频次、强度与深度。另一方面，通过适度减少塔尖上的资源分配，我们可以降低明星员工的工作压力与负荷，让他们能够将更多的精力投入到核心任务与自我提升中去。更重要的是，这样的调整还能有效减少金钱对他们内在动机的负面影响，使他们能够更加专注于工作本身并享受其中的乐趣与成就感。

滴水灌溉式精准激励

在成功"炸开金字塔尖"之后，组织还需进一步掌握滴水灌溉式的精准激励艺术，以确保每一位员工都能得到恰如其分的关注与激励。正如前一章节所深入剖析的那样，构建一个纵向分层、横向分类以及沿时间轴动态演进的三维激励结构，是实现这一目标的关键所在。

精准激励系统的首要特征是将幂律分布曲线被分解成一个个微型幂律分布曲线（见本书第十一章图 11 - 2）。这一转变意味着组织不再仅仅聚焦于尖峰层的明星员工，而是将目光投向了每一层的准明星或新星。通过这样的分层激励，无论员工处于哪个层级，都能感受到"跳一跳、够得着"的成就感，从而激发他们的潜能与积极性。同时，所谓"强中自有强中手"，在明星员工之间引入适度的竞争机制，不仅能够激活他们的进取心态，还能促进整个组织的活力与创新能力。

其次，精准激励系统的第二个特征在于依据员工的特色与专长，对同一层级的员工采取多元化的评价标准。这种差异化评价的目的在于引导员工形成错位优势，即每个人都能在团队中找到自己的独特定位与价值所在。正如在创新过程中，明星员工提出创意后，开发工程师要迅速概念化，结构工程师要迅速计算参数实现模型化，成本工程师要迅速测算成本和收益，营销工程师要迅速估算商业价值。这个过程需要差异化的互补式互动，要求每个人都能在自己的领域内发挥专长，形成差异化的互补优势。因此，作为激励的指挥棒，组织应避免同质化评价，而应分类引导，鼓励员工自发学习，形成独特的技能与优势。

最后，精准激励系统的第三个特征在于建立随时间递进的动态激励制度。这一制度旨在让每一名普通员工的成长过程变得可视化、可衡量，从而实现小步快跑式的持续自我激励。通过定期评估与反馈，员工能够清晰地看到自己的进步与成就，进而感受到自身人力资本的不断增值。这种增值感不仅是对员工个人努力的认可，更是对他们未来发展潜力的肯定。当员工切实感受到自己的人力资本增值优于企业财务增值时，他们将更加积极地投入到工作中去，为组织的持续发展贡献力量。

综上所述，滴水灌溉式精准激励艺术不仅要求组织在激励策略上做到精准、细致，更需要在评价标准与制度设计上实现多元化与动态化。只有这样，才能确保每一位员工都能在适合自己的位置上发光发热，共同推动组织的繁荣与发展。

本章小结

本章深入探讨了"明星近视症"对组织发展的影响，揭示了过度依赖以明星员工为核心的组织惯例可能带来的风险和对组织效能的损害。为突破这一发展困境，我们着重强调了激发普通员工的内在潜能、满足其成长需求及增强其自我组织能力的重要性，同时指出，挖掘并利用群体互动智慧是解决这一问题的关键所在。而这一切变革的源泉，深深植根于管理的核心——激励机制的创新。

我们首先探讨了"明星近视症"的概念、成因及其对组织的具体危害，包括明星员工面临的信息过载、人才囤积的困境，以及普通员工因遭受移置攻击而成为领导者"踢猫效应"的受害者，进而造成组织内部形成"能者多'牢'，'佛'者更佛"的两极分化现象。其次我们从构建新的知识共同体、提升普通员工价值并促进联盟形成、为明星员工解除束缚以及推动非正式组织惯例的形成等多个维度，深入探讨了通过促进普通员工之间的互动能否有效缓解"明星近视症"的症状。最后我们提出了打破传统的"倒金字塔型"激励结构，构建高位均衡的激励体系，并从实施滴水灌溉式的精准激励策略出发，旨在强化普通员工之间的互动与合作，推动组织非正式惯例的生成与固化，从而从根本上消除"明星近视症"对组织发展所带来的负面影响。

　　总而言之，唯有打破束缚普通人成长的金字塔式层级结构，代之以高位均衡的激励体系，通过精准激励赋能每一位普通员工，促使他们积极互动，从而在组织内部构建一个"群星闪耀，共舞其间"的均衡互补依赖结构，方能从根本上克服"明星近视症"，推动组织的持续健康发展。

第五篇
文化的守护

【本篇导读】

雅典娜之盾
——智慧与守护

在古希腊神话中，雅典娜，一位象征着智慧与勇气的女神，总是手持一面盾牌。这面盾牌不仅在战斗中为她提供了坚固的防护，更是她智慧的象征。在职场上，文化之光宛如雅典娜之盾折射的光芒一样，它代表着智慧与守护，为明星员工缓解身份焦虑，体现了对他们情感的关怀与支持。更为重要的是，文化所凝聚的人性光辉也照亮了底层默默奋斗的普通员工，给予他们希望与机遇。本篇探索的主题是"以文化的守护放大明星员工的溢出效应"。

首先，我们从雅典娜之盾的智慧之光中汲取灵感，探讨如何通过文化的滋养来"纾解明星员工的身份焦虑"，使他们在职业生涯中更加自信与从容。其次，我们将聚焦于雅典娜之盾的情感之光，探索如何通过情感的联结来"激发明星员工的价值共鸣"，在这个过程中，我们不仅要关注明星员工的专业能力，更要重视他们的情感需求，以真挚的关怀与支持为他们的成长与发展保驾护航。最后，我们将从雅典娜之盾的希望之光中汲取力量，探索如何通过人文的导航来"助力底层员工实现职场的跃迁与逆袭"，激励他们打破固定思维，积极追求逆袭与成长。

雅典娜之盾，不仅是战斗的武器，更是雅典娜内心世界的象征，承载着她对爱与守护的深刻理解。它启示我们，在职场中，只有以智慧为盾、以情感为桥、以人文为舵，我们才能最大化地激励和开发明星员工的潜力，发挥他们在组织中的创新引领作用，照亮每一名员工的前程，打造一个星光璀璨的事业舞台，推动组织不断前行。

第十三章

文化润养：纾解明星员工的身份焦虑

　　身份的焦虑源自于一种深层的忧虑——我们可能无法契合社会所界定的成功典范，从而失去他人的尊重和认可。这种忧虑如同一把利刃，悄无声息地割裂了我们生活的平衡与和谐。同时，我们还时刻担心自己当前所处的社会阶层是否过于平凡，或是忧虑着是否会滑向更低的社会阶层。这种对地位下滑的恐惧，进一步加剧了内心的动荡与不安。

　　——英国作家阿兰·德波顿（Alain de Botton），《身份的焦虑》

　　柳宗元，唐代文学巨匠，以其匠心独运的笔触，虚构了一种名为蝜蝂的奇异昆虫。这种昆虫有两个显著特征：一是在爬行过程中，它会毫不犹豫地拾取遇到的任何物件，驮于背上，直至被重负压垮；二是它对高处有着近乎痴迷的喜好，不断攀爬直至力竭而坠亡。

　　柳宗元借此昆虫，暗喻那些贪得无厌、疯狂索取之人。他们"遇货不避，以厚其室，不知为己累也，唯恐其不积"，这些人在面对财物时，眼中只有贪婪的欲望，会不择手段地将其据为己有，一心只想着让财富如雪球般越滚越大、不断增厚，却全然没有意识到这些财物早已变成了束缚自己的沉重枷锁，成为身心的负累，而他们的内心深处，只是一味地害怕财富积累得不够多。即便因为过度的贪婪而遭受了贬谪、流放的惩处，在艰难困苦中历经磨难，可一旦重新获得权势，他们便会重蹈覆辙，依然不知悔改，继续被贪婪的欲望所驱使。

与此同时，这些人"日思高其位，大其禄，而贪取滋甚，以近于危坠，观前之死亡，不知戒"，他们的脑海中每日都在盘算着如何能进一步提升自己的地位，怎样去增加自己的俸禄，在近乎疯狂的追求中，贪欲如同洪水猛兽般愈发膨胀，他们已经一步步地接近了危险的悬崖边缘，可即便目睹了前人因贪婪而落得个身败名裂、粉身碎骨的凄惨下场，却依旧麻木不仁，不知从中吸取教训，引以为戒。

柳宗元不禁喟然长叹，那些人啊，从外表上看，身形魁梧，有着令人瞩目的光环和显赫的名声，可若论及智慧，却与那渺小且愚蠢的蝜蝂毫无二致。这是一种怎样令人痛心疾首的悲哀啊！（"虽其形魁然大者也，其名人也，而智则小虫也。亦足哀夫！"）

柳宗元通过蝜蝂的寓言，深刻揭示了人类内心深处的贪婪本能，以及这种本能如何将人们引入一个无休止的循环：人们不断地追求更多，却始终难以触及真正的满足，最终被自己的贪欲所累。享乐跑步机（hedonic treadmill）理论为这一现象提供了理论支撑，指出人们往往过分看重物质财富对幸福感的长期贡献，而忽视了内心满足和感恩对于幸福感的深远影响。

这一理论阐释了为何那些在财富和地位上已经取得成就的人，依旧感到不满足，仍旧在追逐更多。因为他们迅速适应了新的财富水平，并将其视为新的常态，随后又陷入了新一轮的追逐焦虑之中，驱使自己不断追求更多，希望能够借此获得更多的幸福感。这引申出更深层的思考：究竟是什么因素，导致人们在名利的诱惑面前陷入"追逐—满足—适应—再追逐"的循环，变得如此贪婪？

经典理论

享乐跑步机理论

享乐跑步机（hedonic treadmill）理论，也称为快乐适应（hedonic adaptation）理论，由心理学领域的两位杰出学者菲利普·布里克曼（Philip Brickman）与唐纳德·坎贝尔（Donald T. Campbell）在 1971 年提出。这一理论深刻揭示了人类在面对生活的种种起伏时，其幸福感呈现出一种回归稳态的普遍趋势。简而言之，无论是生活中的喜讯还是噩耗，尽管它们能在短期内显著影响我们的幸福感，但随着时间的推移，人们往往能迅速适应这些变化，并最终回归到一种相对恒定的幸福基线。

享乐跑步机理论的核心观点是，人们在经历正面或负面的生活事件后，其幸福感会经历短暂的波动（上升或下降），然而，这种波动终将趋于平息，使人们回归到一个由遗传、环境及个人选择共同塑造的基本"幸福设定点"。这一设定点，犹如每个人的内在幸福标尺，衡量着个体在生活中的满足程度。例如，中得巨额彩票的人，在最初阶段可能会沉浸在极度的喜悦之中，但随着时间的推移，他们往往会逐渐回归至中奖前的幸福水平。同样，那些遭遇重大生活变故的人，尽管初期可能深感绝望，但随着时间的推移，他们也能逐步适应，并有可能重新找回事故前的那份宁静与幸福。

此外，享乐跑步机理论还涵盖了多个复杂的心理机制，包括认知适应、社会比较理论以及峰终规则。认知适应涉及我们如何调整自身的期望与抱负，以适应不断变化的环境；社会比较理论揭示了人类倾向于通过与他人的比较来重新评估自己的幸福状态，这一过程可能导致主观幸福感的微妙调整。而峰终规则，则强调了我们在记忆与评估经历时，往往更侧重于那些最为强烈或最终时刻的体验，而非整个经历的持续时间。

　　享乐跑步机理论为明星员工缓解身份焦虑提供了有益的启示。首先，它提醒我们，无论成功还是失败，都是暂时的，人们总会回归到自己的幸福基线。因此，明星员工应该学会接受这种波动，不要过分沉迷于成功的喜悦或失败的痛苦中。其次，它鼓励明星员工通过认知适应和社会比较等心理机制，调整自己的期望和抱负，以更加平和的心态面对职场中的挑战和变化。此外，对于企业和领导者而言，理解并关注明星员工的身份焦虑同样至关重要。企业应该建立完善的职业发展通道和激励机制，为明星员工提供更多的成长机会和广阔的发展空间，以缓解他们的焦虑情绪。同时，领导者也应该学会正确引导和激励明星员工，避免过度期望和过度控制带来的负面影响。通过这些措施，我们可以更好地理解和应对享乐跑步机理论所揭示的人类幸福感的复杂性。

高处不胜寒：现代社会的身份焦虑症

　　细究之下，不难发现，这种现象与传统的功名文化有着密不可分的联系。在传统观念里，功名往往被视为衡量一个人价值的唯一标准，这种理念在人们心中根深蒂固，悄然无声地塑造着人们的行为模式。在现代社会，这种观念演变成了普遍的"身份焦虑"。正如阿兰·德波顿在（Alain de Botton）在《身份的焦虑》一书中所指出的，人们在快节奏、竞争激烈的环境中，常常因为担心自己的社会地位不如他人，或者无法达到社会对成功的定义，而感到不安和焦虑。为了缓解这种焦虑，他们往往会不自觉地投身于对名利的激烈追逐之中。

　　精英阶层的身份焦虑并非虚言。20世纪90年代，全球领导力和职业发展领域的顶尖专家托马斯·内夫（Thomas Neff）和詹姆斯·希特林（James Citrin）曾评选出了美国50位最佳商业领袖，但到2009年，超过四分之一的人因各种原因黯然离场。其中，泰科公司前CEO丹尼斯·科兹洛夫斯基（Dennis Kozlowski）和前CFO马克·舒瓦茨（Mark Swartz）的商业欺诈事件，不仅使二人入狱，还导致公司市值暴跌 900 亿美元。科兹洛夫斯基事后反思，他本应满足于企业的平稳增长，远离聚光灯，做一个平凡的 CEO。Meta 公司近期的一次大规模裁员中，许多原本拥有高薪职位和精英光环的员工突然失去了工作，他们面临着巨大的经济压力和身份认同危机。这些员工在裁员后感到挫败和迷茫，不确定自己的未来在哪里，这种焦虑感在裁员后的一段时间内持续存在。

桥水基金的创始人雷蒙德·达里奥（Raymond Dalio）也提到，精英化和透明化的趋势正在重塑组织内部的权力结构，导致许多明星人物被新兴的"后浪"所取代，从而失去了原有的地位。对于组织中的明星员工阶层而言，身份焦虑主要表现在两个方面：一方面，他们在组织中掌握大量的资源和特权，根据之前提到的丹尼尔·卡尼曼的心理框架理论，在"收益框架"的影响下，他们对于既得利益和特权的损失表现出比常人更强烈的焦虑；另一方面，明星阶层在组织中享有的礼遇和优待，无疑会产生众多觊觎者，加之"后浪"们咄咄逼人的态势，他们同时也焦虑自己的"星光"被遮盖。在这种双重焦虑的推动下，这些明星员工仿佛柳宗元笔下的蝜蝂，陷入了一个无尽地追逐更多利益的循环之中，却始终难以获得真正的满足。

扩展阅读

阿兰·德波顿和他的《身份的焦虑》

阿兰·德波顿（Alain de Botton），英国作家，1969 年出生于瑞士苏黎世，毕业于剑桥大学历史系。德波顿的作品以其独特的视角和深刻的洞察力，引导读者重新审视生活中的各种现象和问题。

在《身份的焦虑》一书中，德波顿从渴求身份、势利倾向、过度渴望、精英崇拜、制约因素等方面深入探讨了身份焦虑的根源，并从哲学、艺术、政治、宗教等多个角度探索了舒缓和释放这种焦虑的途径。他深刻指出，身份焦虑的本质，源于个体对无法企及社会既定成功范式的深切忧虑，以及对身份沦丧、尊严剥蚀的深切恐惧。

焦虑的诱因，往往植根于人类对认可与尊重的深切渴望，以及在社会阶层中攀升更高地位的迫切期望，这些构成了焦虑情绪的潜在温床。社会风气中弥漫的势利倾向，使得人们习惯于以财富、地位、权力为标尺，衡量个体的价值。这种偏颇的价值取向，驱使人们为获取外界的认可，不惜一切代价追逐更高的身份标签，从而加剧了内心的焦虑与不安。同时，个体对自我的过高期许，总梦想着能够达到社会普遍认同的成功标杆，而当现实成就与内心期望之间横亘着难以逾越的鸿沟时，挫败感与焦虑感便如影随形。此外，社会对精英阶层的过度崇拜，激发了人们对精英身份的狂热追求，然而精英门槛的高不可攀，让大多数人只能望洋兴叹，这份对精英身份的遥不可及，同样成为焦虑滋生的土壤。再者，社会制度、文化传统、家庭背景等因素，如同一道道无形的枷锁，束缚着个体的发展与身份的跃升，令人深感焦虑与无奈。

针对身份焦虑的纾解之道，德波顿提出了诸多富有洞见的解决方案。哲学，如同一盏明灯，照亮人们理性审视外界评价与社会标准的道路，培养起独立的思考力与价值观。通过哲学的洗礼，个体得以更加客观地认识自我，不为外界的喧嚣与评判所动摇，从而有效缓解身份焦虑的困扰。艺术，则如同一扇窗，让人们得以窥见世界的多元与人生的多彩，打破传统的身份桎梏。沉浸在艺术的世界里，人们能够感受到人性的丰富与复杂，不再仅仅以社会地位与财富作为评判价值的唯一标准。书中，德波顿还以"波希米亚人"为独特视角，深入探讨了这种游离于主流文化之外，追求自由、独立、真实生活方式的群体。波希米亚人以其不羁的精神，挑战着传统的身份观念，为人们在不盲目追逐主流身份的同时，寻找自我价值与生命意义提供了有益的启示。

尤为值得一提的是，德波顿巧妙引用威廉·詹姆斯（William James）的公式（自尊等于实际的成就与对自己期待的对比值），深刻揭示了身份焦虑的产生机制，并据此提出了提升自尊的两大策略：一是通过不懈努力，取得更多成就；二是适时调整心态，降低对自我的过高期望。这一见解，无疑为深陷身份焦虑泥潭的人们，点亮了一盏指引前行的明灯。

资料来源：图片来自作者学术网站，https：//www.alaindebotton.com/cv/。

文化之光，如同雅典娜之盾折射的光芒，散发着人性的温暖光辉，潜移默化地发挥着抚慰人心的作用。在本章的探讨中，我们采取了系统性的视角，深入剖析了明星员工所面临的"身份焦虑"的根源，并着重强调通过文化的滋养来缓解明星员工身份焦虑。

地位损失：明星员工身份焦虑的助燃剂

明星员工的身份焦虑源于对地位损失的担忧，这种担忧主要由三个方面所导致。首先，组织中的地位灵活易变，并不固定，因此地位损失是一个非常普遍的现象。其次，鉴于地位的易变性，加之地位通常与各种资源和特权挂钩，因此成员更热衷于地位竞争，精英阶层面临的地位竞争也更激烈。最后，地位意味着资源、特权和机会，精英阶层在地位损失后的代价也更大。

地位的易变性。组织中的地位并非固定不变，而是灵活易变的，这使得地位损失成为一个普遍现象。尼古拉斯·海斯（Nicholas Hays）教授的研究发现，相对于权力等级，地位等级具有更大的可变性。珍妮弗·马尔（Jennifer C. Marr）教授的一项调查也指出，67%的受访者表示他们在职业生涯中至少看到过一位高管地位的丧失现象。因此，地位等级的易变性虽然给"小人物"提供了地位晋升的机会，却加剧了精英阶层对地位安全的焦虑。因为相对于"小人物"而言，精英阶层是既得利益者，在利得情境下更倾向于守成心理，更焦虑地位损失。

地位的竞争性。地位的易变性还会衍生出另一个身份焦虑的成因，即精英阶层会面临更大的地位竞争。这种地位竞争主要来源于两个方面。一方面，木秀于林而风必摧之，精英阶层会有很多觊觎者，觊觎者嫉妒他们占据过多的资源和机会，希望能够伺机将他们拉下马，取而代之。美国佐治亚大学特里商学院教授斯科特·格拉芬（Scott Graffin）等人的一项研究就发现，面对同样的错误，同事们更容易把"矛头"指向高地位的精英阶层，这就使精英阶层会比普通员工承担更多的责任。另一方面，初生牛犊不怕虎，企业中的"后浪"们极具创新和开拓精神，精英阶层也担心"后浪"们风头过劲，使他们呈现出"未老先衰"之态。

地位损失的显著性。精英阶层享有的特权和资源是其他人难以比拟的，因此地位的易变性和竞争性无疑会引发精英阶层对地位损失的焦虑。一方面，精英阶层在地位丧失后，将失去与之相伴的资源和特权。另一方面，精英阶层的觊觎者在他们地位受损时，可能会采取落井下石的行为。这种地位的丧失不仅意味着既得利益的损失，还包括人际关系的破裂，使得精英阶层难以在地位陨落后保持从容退出的姿态。这也从侧面印证了 2013 年富国银行（Wells Fargo）30 多名员工伪造客户签名、未经允许擅自为客户办理信用卡的事件，事后调查表明，这些员工正是出于对地位损失的担忧，才做出了此类不当行为。

精英主义：明星员工身份焦虑的催化剂

在文化心理的深层壁垒中，身份焦虑悄然滋生。社会结构在文化中创造了基于性别、种族、民族、宗教、外貌、社会阶层等的权力差异，这些差异赋予了某些人不自觉的特权。哈佛大学的迈克尔·桑德尔（Michael J. Sandel）教授在其著作《精英的傲慢》中深刻剖析了精英主义者的信念体系：他们坚信，个人的勤奋与努力是获取荣誉、职位及财富的决定性因素，而非源自先赋的阶层优势或命运的偶然安排。这一信念强调"天才是 1% 的灵感加上 99% 的汗水"，否定了先天条件的不平等，推崇一个基于努力与成就构建的公平世界。作为精英中的佼佼者，明星员工更是将这一精英主义思想演绎得淋漓尽致，却也因此成为身份焦虑的温床。

首先，"我成功是因为我努力"。如本书第一章所述，明星员工的进阶之旅堪比恒星诞生的涅槃之路。对于那些通过不懈努力实现阶层跃迁的明星员工而言，他们往往将自身的成功视为理所当然的回报，认为是自己汗水与智慧的结晶。无论是强大的内驱力，还是自我验证动机的驱使，他们都会迎难而上，通过积极的行动来验证和维护历经艰辛得到的身份地位。无疑，这一过程中所遭遇的各种挑战和难题都会带来不可预知的焦虑情绪。

其次，"我成功绝非优待所致"。牛津大学的梅根·赖茨（Megan Reitz）等学者在《哈佛商业评论》上的文章中提出，"没有人想要认为自己是通过不对等的优势而达到巅峰的"。一些确凿证据显示，职场精英，尤其是明星员工，往往对"被优待"或"胜之不武"的质疑深感困扰。文中以一位名叫大卫（David）的高级管理人员为例，他意识到自己既受益于不对等的优势，也意识到偏见的不公。他长相英俊、履历丰富、受过良好教育、身体健康、白人男性——这些身份特征为他提供了"不劳而获"的优势，他虽然明智地知道自己拥有这些优势，但在实践中却浑然不觉得这些因素在其中发挥作用。面对"靠天吃饭"的指责，他感到困惑，"我感觉像一个发现自己一直被别人让着赢得游戏的孩子，"他说。"如果游戏一开始就不公平，我又怎能为自己的成功感到自豪？"赖茨指出，大卫否认竞争环境的不平等，是一种"优势盲点"（advantage blindness）效应，即自我意识中的盲区，使得拥有优势者难以察觉他人眼中的自己。这种盲点不仅阻碍了强者对弱者的理解，还可能导致他们忽视自身特权地位的存在。

最后，"你不成功是因为你不够努力"。正因为把成功和地位归结于自我的努力，否定先天优势的影响，精英主义者往往不自觉地认为，那些未能成功的人之所以如此，是因为缺乏足够的努力，而非机会的缺失。这是优势盲点效应的又一体现，即站在优势地位的人难以理解背景不同的人所面临的现实困境。这种隔阂，源于意识的缺失而非同情心的匮乏，可能导致地位优越者在展现同情与包容时，未能真正触及他人的内心感受，导致他们的意图与别人所感受到的意图不一致。例如，明星员工在安排工作时，会按照自己的节奏部署任务，尽管他们也考虑到了普通员工的承受能力，但在实际运作上，他们一方面强调员工的能动性，另一方面却忽视了员工的真实困境。这也是他们得不到普通员工拥戴，甚至遭受恶意嫉妒和社会阻抑的根源。

此外，当精英们面临可能失去既有地位和权力的风险时，他们的内心深处充满了深刻的忧虑和不安，害怕自己会跌落到曾经不屑一顾的境地——"变成自己曾经厌恶的那种失败者"。这种文化心理的纠结和矛盾，成为他们难以解开的心结，不断加剧着他们的身份焦虑。总的来说，文化心理壁垒在精英群体中深刻地体现出对成功与失败的归因、对权力与地位的执着追求，以及由此产生的复杂心理状态。这种心理状态既是对个人奋斗价值的肯定，也是对潜在失落感的深切恐惧，共同构成了精英阶层在文化心理上的独特景象。

商业名著推荐

《精英的傲慢》

《精英的傲慢》（*The Tyranny of Merit*）是哈佛大学教授迈克尔·桑德尔（Michael J. Sandel）的一部力作，2020 年由企鹅出版集团（Penguin UK）出版。2021 年，中信出版社引进了中文版，译者是曾纪茂。

迈克尔·桑德尔，1953 年 3 月 5 日出生于美国明尼苏达州，在牛津大学贝利奥尔学院获得了政治哲学博士学位。现为哈佛大学政治哲学教授，美国艺术与科学院院士。他被誉为哈佛大学最受欢迎的讲席教授，其公开课《公正》是哈佛大学历史上累计听课人数最多的课程之一。《外交政策》评他为"全球杰出思想家"，《新闻周刊》称他为"最受欢迎的在世哲学家"，也被《新共和》杂志赞为"全世界最著名的哲学讲授者"。

在《精英的傲慢》中，桑德尔批判了绩优主义，即认为社会与经济的奖赏应当依据个人的才能、努力和成就来决定。他指出，这种观念背后的原理是"爱拼才会赢"，即只要努力就能获得成功，但实际上，这种原则并没有看起来那么好，因为它忽视了人们成功中不可控的因素，如性别、种族、地区、健康状况、天赋、家庭背景等。书中揭示了优绩制的不公平性，指出影响我们成功与否的因素大都不是我们自己能决定的，这些"运气"和你自己其实没有什么关系，却在很大程度上影响了你能否进入大学、能读什么样的大学，进而影响你未来的事业发展。优绩制固化了社会阶层，折断了人们向上攀登的阶梯，实际上造就了新的世袭制。精英阶层能够将优越的社会和经济地位"代际传递"给自己的子女，通过教育和其他资源的不平等分配，使得精英阶层的子女在各级入学申请中获得难以匹敌的竞争力。桑德尔认为，昔日激励无数人奋斗的"美国梦"，恰恰是造成今日美国社会分裂的根源。这种看似公平的成功观造成精英的傲慢和底层民众的怨恨，使成功者深信其成功是自身努力的结果，忘记帮助他们的时机和运气，轻视比自己不幸和缺乏资格的人。这一现状阻碍了社会流动，助长阶级对立，侵蚀民主政治，最终导致民粹主义的兴起。

面对优绩制的霸权，桑德尔希望每位公民思考：不同阶层的人是否可以跨越阶层的隔阂，共同谋求一种超越个体利益的公共福祉？我们对彼此的责任是什么？他带领我们从教育的本质与目的、如何建立每一份工作的价值与尊严、重新反思成功的意义这三个方面进行思辨。桑德尔提醒我们保持谦卑，珍惜所有人的付出，积极讨论更有利于社会公正的举措，走向一种少些怨恨、多些包容的公共生活。

这些思想对于研究明星员工管理具有重要的启示。第一，它提醒我们重新定义成功，超越单纯的成就和业绩，探讨成功背后的机遇、资源等多元因素。第二，它提示我们从社会结构出发关注明星员工，思考他们对其他员工上升机会的影响。第三，它强调了理解工作价值与尊严的重要性，指出明星员工应该不仅仅为个人成就而工作，而是应该服务于更广泛的社会需求和公共利益。第四，它讨论了绩优主义如何导致精英的傲慢和对失败者缺乏同情，提示我们探讨明星员工如何与团队互动，是否能够保持谦逊，以及他们的行为如何影响团队的凝聚力和合作精神。第五，它呼吁我们抵制物质成功等同于幸福快乐的观念，关注明星员工的个人价值观和幸福感，而不仅仅是他们的职业成就。

明星身份焦虑的制度诱因

身份焦虑的深层动因源自个体对权力的深切向往。为有效缓解"大人物"群体中的身份焦虑现象，我们需深入剖析地位在职场生态中的本质意义。

地位是权力的基石

地位，作为权力的坚实支撑，与权力虽各有侧重，却紧密相连。在企业环境中，权力往往与职位紧密相连，呈现出较为稳定的态势；而地位则更具灵活性，为员工提供了更多自我提升的空间。纽约大学斯特恩商学院的乔·麦基（Joe Magee）教授等人的研究揭示，地位与权力之间存在着相辅相成、互相强化的关系，地位是评判权力合法性的重要标尺。因此，员工对地位的渴望，本质上是对权力的维护与追求，正如美国喜剧巨星梅尔·布鲁克斯（Mel Brooks）的名言："为王之道，妙不可言！"

职业发展通道模糊

尽管众多企业已着手构建多元化的职业发展通道体系，以期为员工提供更为广阔的成长空间，然而，这些体系在实际运作中却暴露出诸多不足，成为员工追求职业地位的重大障碍。这些所谓的多元化体系往往仅停留于表面形式，对于专业序列的建设缺乏足够的重视，岗位通道的划分也显得模糊不清。

原本应呈现为"H"型的员工职业发展路径，在现实中却扭曲成了断头的"h"型。这种"H→h"的畸形发展，使得企业虽然表面上建立了多职业发展通道，但员工在实际晋升过程中，相对于职务（职位）晋升通道，专业技术（职级）的向上晋升通道被封死，难以摆脱"专而优则仕"的传统观念束缚。地位，作为升职过程中的关键环节，同时也是衡量职位职权合法性的重要标尺，其重要性不言而喻。然而，正是由于职业晋升通道的扭曲，特别是晋升的"最后一公里"遭遇职业生涯"天花板"，使得员工在职业生涯中倍感迷茫与焦虑。他们对地位的渴求，实际上是对职业晋升路径不畅的无奈反映。这种模糊的职业发展路径，不仅限制了员工的个人成长，也阻碍了企业的整体发展。

因此，为了打破这一困境，企业需要重新审视并优化职业发展通道体系，确保其实质性地满足员工的成长需求，为员工的职业发展提供更为清晰、明确的路径指引。

组织激励模式扭曲

"H→h"的职业发展模式不仅扭曲了员工的职业发展路径，更进一步导致了企业激励模式的失衡。在单一的职业晋升通道下，企业所能提供的晋升激励显得捉襟见肘，这直接催生了精英阶层因身份焦虑和地位威胁而刻意压制新兴力量的现象。资历，作为地位的重要基石，赋予了精英阶层在地位体系中的显著优势，而这种优势又往往与各种资源和待遇紧密相连。

在这种资源过度向精英阶层倾斜的激励模式下，问题愈发凸显。一方面，年轻的"后浪"们承载着巨大的经济压力，他们怀揣着强烈的自我成就动机，拥有卓越的学习能力和新颖的知识储备，渴望在工作中得到资源的支持以实现个人价值；另一方面，精英阶层在既得利益面前滋生了守成心理，加之资历背后的"经验惯性"现象，使他们在面对颠覆性创新和技术的快速迭代时显得力不从心。

这种不当的激励模式，不仅极大地挫伤了"后浪"们的工作热情和创造力，还导致本就有限的资源无法得到合理配置和高效利用，严重制约了企业的健康发展。因此，精英阶层身份焦虑的根源在于"三座大山"：激励模式的扭曲、职业发展通道的模糊以及人们对权力的内在渴望。这些内在根源具体表现为精英阶层在组织中地位的易变性、竞争性以及地位损失的显著性。

为了应对地位威胁，精英阶层不得不采取拉帮结派、形成组织断裂带等策略，刻意压制"后浪"，以避免自身及其追随者陷入地位动量效应和鲸落效应的困境。然而，这种做法不仅加剧了组织内部的矛盾与冲突，还阻碍了企业的创新与发展。因此，企业需要重新审视并优化激励模式，确保资源的合理分配与利用，为所有员工提供公平、公正的职业发展机会，以激发整个组织的活力与创造力。

明星身份焦虑的后果

以明星员工为代表的精英阶层毕竟在企业中掌握着话语权和控制权，他们也不会对身份焦虑和地位威胁听之任之，很有可能主动出击，积极把控风险边界，但这又带来如下隐患甚至更大的破坏。

形成组织断裂带。船稳不怕风大，面对潜在的身份焦虑，精英阶层会进行反向平衡操作，利用手中的资源和机会，拉拢其他员工，以形成联盟的方式应对地位等级的易变性和竞争性。加州大学洛杉矶分校安德森商学院教授科琳娜·本德斯基（Corinne Bendersky）等人的研究就发现，捍卫地位的一个重要手段就是形成联盟。这种"联盟"方式本质上是一种利益集团，这会使利益集团中的成员产生一种"非我族类，其心必异"的思想，在工作中做出一些党同伐异的行为。未能加入某一利益集团中的同事以及一些觊觎者，面对利益集团的排挤和"针对"也会选择抱团取暖，加剧企业内部分裂。

刻意压制"后浪"。正如曾经火爆各大网络平台的《后浪》中台词描述的那样，"人类积攒了几千年的财富，所有的知识、见识、智慧和艺术，像是专门为你们准备的礼物"。就组织中的"后浪"们而言，如果他们能够开创出一片新天地，也一定离不开企业资源和机会的扶持。但如果"后浪"们风头过劲，甚至给精英阶层带来了身份焦虑和地位威胁，那么精英阶层也必不会任由"后浪"们肆无忌惮地蓬勃发展，反而会利用手中资源和机会的支配权，刻意压制他们。例如在资源分配上，他们可能会减少对这些新人的项目投入，或者将优质的技术资源倾斜给其他团队，使"后浪"们缺乏足够的支持来进一步拓展业务。在机会给予方面，他们会把重要的项目机会优先分配给自己的亲信或其他对自己地位无威胁的团队，让新人们失去展现才华和提升能力的平台。甚至在评价机制上，他们也可能会制定一些不利于新人的标准，对他们的绩效和贡献进行不公正的评价，从而限制"后浪"们在企业中的发展空间。这种刻意压制的行为，不仅会阻碍年轻一代的成长和创新，也会对企业的长期发展产生负面影响，破坏企业内部的创新生态和积极向上的竞争氛围。

引发地位动量效应。美国肯塔基大学助理教授埃里克·格莱斯顿（Eric Gladstone）等人受到物理学中动量原则的启发，发展出的地位动量理论认为，就像运动中的物体在受到阻力后不会立即停止运动一样，地位变迁也会由于类似的动量而继续沿着它们的轨迹运动。因此，即使两个个体当前处于同样的地位，因为擢升而到达这个地位的个体，将被视为更高的地位，而因为贬谪到达这个地位的个体，将被视为更低的地位。当其他员工在地位动量的影响下对地位损失后的精英阶层表现得不够尊重时，他们很可能觉得自己遭受了不公正对待，伤及自尊。低地位补偿理论认为，自尊威胁是引发冲突的重要前因。因此，精英阶层的地位陨落很可能在团队中引发更大的人际冲突。

产生鲸落效应。生物界有一种"鲸落"现象，指鲸鱼在海洋中死亡后尸体最终将沉入海底，从而以养分的形式为其他生物提供生存和发展的机会，正所谓"一鲸落，万物生"。这又何尝不是精英阶层陨落后的生动写照。当精英阶层遭受地位陨落后，就会在企业内部留下一个高地位"真空"，同时为其他同事创造了一个地位升迁的机会。欧洲工商管理学院教授斯蒂芬·肖（Stefan Thau）等人的研究就发现，当个体出现地位陨落时，有利益相关的同事更愿意去挑战陨落者。此外，覆巢之下安有完卵，精英阶层的追随者很有可能在其倒下后遭受"株连"。例如，2019年，继拜腾汽车董事长毕福康于4月上旬确认离职后，其在拜腾的"追随者"也失去了庇佑，成为"组织架构调整"的牺牲品，4 月中旬，"毕福康系"技术高管陈泰宇确认离职。无独有偶，2018 年谷歌云首席执行官黛安·布莱恩特（Diane Bryant）离职一个多月后，其 VP 级"追随者"也相应离职。组织中每个位置都会有相应的竞争者，这些竞争者无不希望在"大人物"倒下后分一杯羹，而且一朝天子一朝臣，新官上任也同样需要建立起自己的队伍，因此很有可能会对"大人物"及其追随者连根拔起。

文化耕心：以文化之名，破解明星员工的身份焦虑

在我们的生存空间中，无处不在的"场"如同无形的织网，编织着世界的纹理。从深邃的"引力场"到"重力场"，再到微妙的"电场"和"磁场"，这些场域虽看不见摸不着，却以一种超自然的能量方式，发挥着"超距作用"，让我们时时感受到他们的存在。在组织的世界里，同样弥漫着这样的无形力量——价值观、愿景、使命、道德规范，它们构成了文化的精髓，如同一个看不见的"场"，渗透到组织的每一个细胞，潜移默化地塑造着员工的行为模式。这便是文化的力量。

文化之所以能够引发"振臂一呼，应者云集"的共鸣，其根源可追溯至三个核心要素。首先，文化的向心力，如同意象艺术般，绘制出一条连接员工、组织与工作内容的情感纽带，挖掘出深藏在每个人心中的共鸣，将其凝聚成个体自省的哲学基石。这一过程，仿佛是"从群众中来，到群众中去"的循环，高度的认同感铸就了无与伦比的凝聚力与执行力。其次，文化为员工提供了清晰的预期，增强了职业安全感，明确了工作的方向。最后，与传统的授权模式相比，尽管文化看似"虚无"，缺乏构建组织秩序所需的结构和管理工具，但"场"的力量却是实实在在的，它蕴含着丰富的组织能量，助力我们构建秩序。正如纸板上的铁屑在磁石的吸引下，统一行动，形成独特的图案，文化的"场"也在无形中引导着组织的行为与方向。

由此可知，文化如同深耕的犁铧，不仅滋养着组织的根系，更是破解精英身份焦虑的钥匙。强化精英阶层的合法性认同，是文化耕心的首要任务。

正如古典管理大师切斯特·巴纳德（Chester Barnard）所强调的，权威的真谛在于下属的自愿追随，而非单纯源自上司的权力。这意味着，精英阶层需通过自身的行为与贡献，赢得"小人物"的真心认可，从而奠定其职位职权的合法性基础。这就要求精英阶层在手握重权的同时，更要保持谦逊与担当，做到敬始慎终。

以文化熏陶之力，潜移默化地改变精英思维

改变传统标签文化

明星员工往往因其卓越的绩效、高知名度和广泛的社会网络而被贴上特定的标签。这些标签可能是正面的，如"销售冠军""技术大咖"等，也可能是负面的，如"工作狂""难以合作""名不副实"等。这些标签的形成是社会互动的结果，即同事、上级、下级等根据明星员工的行为和表现对其进行定义和标定。正面标签虽代表着荣誉与认可，却也如影随形地带来了高度的期望与压力。一旦员工被贴上这样的标签，他们便自然而然地成为了众人瞩目的焦点，被寄予始终保持卓越表现的厚望。这种持续的期待，不仅可能使员工心力俱疲，还可能触发他们的焦虑情绪。明星员工可能会因担心自己无法持续满足这些高期望，而陷入对自我价值的怀疑与身份认同的迷茫之中。

为了有效缓解正面标签对明星员工身份焦虑的影响，组织和个人都需采取积极的举措。组织层面，应提供充分的心理支持与资源，助力明星员工更好地应对压力与焦虑。以网易为例，其内部沟通中已取消"哥、姐、总"等称呼，转而统一使用昵称，这一举措旨在通过营造去"头衔"、去"称呼"的工作氛围，减轻员工对企业内部身份差异的感知。阿里巴巴集团内部实行"花名"制度，员工入职时会取一个易于记忆和发音的花名，用于内部沟通和交流。这一制度有助于打破职位和身份的界限，促进员工之间的平等和协作，从而遏制团队中的恶性竞争，有效缓解精英阶层的身份焦虑。

通过提高声望地位来提升身份等级

简而言之，明星员工所经历的身份焦虑，其本质与柳宗元笔下"蝜蝂"的执着追求如出一辙，都是努力获得高的社会等级，同时警惕着可能的跌落。严格意义上，明星员工的地位等级是因其在团队任务规划、行动协同以及最终成功中扮演的关键角色而获得的。现有研究揭示了两种获得社会等级的途径：一种是通过引发敬畏或畏惧的支配策略，另一种则是通过赢得尊重和钦佩的声望策略。支配策略侧重于通过控制资源来激发他人的畏惧，以此提升地位，这种策略常常伴随着强硬的言辞和甄选、考核、激励等管理手段，施加压力以强化权威，激发下属的畏惧和顺从。与那些占据支配地位的个体相比，享有声望的个体给人以更加温和、更值得信任的印象。格罗宁根大学的丹尼尔·雷德海德（Daniel Redhead）等人研究指出，在团体形成的初期，威望与支配均为获取社会等级的有效方式。然而，随着时间的推移，这两条路径的发展轨迹却出现了显著的分化。其中，只有威望能够对社会等级产生持续且稳定的积极影响。因为支配地位极易遭受同事抵制，致使其与社会等级之间的纵向联系被削弱。相反，那些拥有高声望的个体在职场中常常能够收获广泛的尊重、亲近和支持，同事更愿意主动接近并模仿他们所敬重的人，寻求其宝贵的建议与指导，而不是心生嫉妒。

同时，高声望的个体会通过展现亲和力、秉持任务导向以及积极鼓励团队合作等特质来强化其社会地位。他们深知集体利益的重要性，会竭力避免任何可能损害团队利益的行为，并通过塑造公正、可信赖的形象来维护自身的声誉。值得注意的是，声望的构建并非空中楼阁，而是建立在个体所具备的专业技能与丰富知识之上。同事们普遍认为，那些享有声望的核心员工不仅展现出了超凡的专业能力和渊博的知识储备，还对团队做出了卓越的贡献。他们的成就并非依靠外在的包装或短暂的"明星效应"，而是源于扎实的实力和不懈的努力。因此，高声望地位而非支配地位的明星员工，更容易获得同事的尊重与钦佩，自然而然地成为他们学习与效仿的楷模，而非嫉妒的焦点。这不仅有助于明星员工在职场中稳固其地位，更能有效缓解他们的身份焦虑。

打破狭隘的精英主义思维

如同佛经中"渡劫"的智慧，救赎他人亦是自我救赎。要化解明星员工的身份焦虑，关键在于打破精英主义的桎梏。打破精英主义，核心在于解决机会不平等的问题。这要求明星员工要承认自身的系统性优势和劣势。通过认识到自己的优势盲点，明星员工可以减少偏见的影响，将个人优势转化为集体利益，利用自己的影响力挑战组织中固有的"倒金字塔"型激励体系，积极推动不同层级员工之间的沟通、交流和协作，从而营造一个更加公平的竞争环境。

首先，明星员工应深谙取舍之道，把握进退之机。在组织管理中，他们作为领航者，应如园丁般不仅精心培育自己的领域，更要具备辨识和培养后辈的眼光，勇于提携新一代，推动组织的整体繁荣与可持续发展。根据南加州大学马歇尔商学院助理教授丽·托斯特（Leigh Tost）提出的合法性模型，通过提携后进以捍卫组织利益，精英阶层的职位与职权将获得更多的正当性与认可。这种行为不仅不会引发精英阶层的自我威胁与焦虑，反而能进一步巩固其领导地位的合法性基础。

其次，明星员工应坚决摒弃帮派意识，以公正无私的态度行使资源与机会的分配权。从资源分配的高度来看，他们掌握着组织发展的命脉，因此，行事公正不仅是道德要求，更是巩固自身合法性的关键。合法性的提升，如同为精英阶层筑起了一道坚固的防护墙，能够有效缓解地位动量在其影响力减弱后的潜在冲击。当成员对精英阶层的认可源自内心的尊重与信任，而非单纯的地位或头衔时，即便精英阶层遭遇地位变迁，也不会触发地位动量效应，导致组织的动荡与不安。同时，公正的行事风格还能有效削弱鲸落效应，使得精英阶层的领导地位更加稳固，减少了觊觎与竞争，维护了组织的和谐与稳定。此外，摒弃帮派意识还能有效规避明星员工"鲸落"带来的连坐风险，确保组织在核心人物更迭时仍能平稳过渡，持续发展。

以制度创新之力，切实化解地位焦虑

企业必须从顶层设计出发，创设彼此认同、相互成就的激励文化，建立和完善职业发展通道制度，发挥"选窝效应"的功效，将员工的焦点从地位争夺引导到找到自我发展的"窝"和独特价值。

完善职业发展通道：构建"H"型多元成长路径

为了有效纾解明星员工的身份焦虑，我们亟须对现有组织职位晋升体系进行根本性变革，从传统的"h"型单一断头式晋升模式，转变为兼具纵向晋升与横向贯通的"H"型职业发展通道。这一转变旨在打破明星员工仅限于技术条线发展的局限，赋予他们更为丰富多元的职业成长契机。

在此架构下，明星员工不仅能持续深耕技术专长，成为组织的知识灯塔与技术先驱；他们也有机会转型至管理岗位，展现其卓越的领导魅力和组织协调能力，掌握关键权力，积极参与到战略决策的制定中。正如埃德温·霍兰德（Edwin P. Hollander）所强调的，专业能力始终是领导者效能的核心要素。追随者更倾向于接受和遵从那些已经证明自己专业能力的领导者。即便明星型任务经理并未采取与其他经理不同的行动，他们仍可能比其他经理更能激发下属的积极性，这仅仅是因为下属对他们明星级任务技能的尊重和钦佩。由明星员工担任领导角色，还有助于打破制度体系中的官僚壁垒，为技术革新和项目推进创造更顺畅的路径，从而高效推动团队和项目的繁荣发展。这种设计巧妙地平衡了对明星员工专业能力的尊重和为他们提供广阔职业发展机会的需求。

值得强调的是，明星员工转型为管理者对组织绩效具有复杂影响，既可能带来积极的明星效应，如凭借自身能力和声誉提升团队效率、吸引资源，也可能面临管理挑战，如管理经验不足、角色转换困难。从个人贡献者到管理者的角色转变需要新技能，如领导力、团队协调、战略规划等，明星员工可能因缺乏这些技能而在管理初期遇到困难，影响团队运作。明星员工习惯关注个人成就，转型后需将重点转向团队整体目标，这一角色认知转变可能较难，若处理不当，可能导致个人与团队目标冲突，影响组织绩效。例如，明星员工转型为管理者后，仍过度追求个人业绩，忽视团队成员发展和团队整体绩效提升，引发团队内部矛盾。

我们应借鉴《资治通鉴》中唐代名臣李泌的睿智，警惕"非才则废事"与"权重则难制"的双重风险。李泌深刻地指出，官员的选拔是基于才能，而爵位的赐予则是对功绩的认可。他警告说，将官职单纯作为奖励手段存在两大隐患：一是缺乏管理才干的功勋人物可能因身居高位而阻碍组织前行；二是当功勋人物权力过大时，他们可能滥用职权，追求个人荣耀，导致组织失控。李泌的论述揭示了组织管理中"权力"与"地位"的本质区别及其潜在冲突。

对于明星员工的管理，李泌的洞见具有深远的指导意义。作为组织的"功勋"，明星员工的专业造诣与对组织隐性知识的掌握是其核心竞争力。然而，技术与管理的运作逻辑迥异。因此，在将明星员工提拔至领导岗位时，我们必须审慎行事，确保他们具备必要的管理素养与领导能力。为此，我们可以依据明星员工的贡献，授予他们更多的荣誉头衔，以表彰其卓越成就。若赋予其管理职责，则需全面考量其管理经验与实际能力。若明星员工展现出领导潜能，组织应提供全面的管理培训与支持，助力其顺利转型为管理者。

此外，"H"型职业发展通道还为普通员工开辟了更为广阔的职业发展路径。通过引导他们将关注点从权力地位的争夺转向提升各自职业发展通道的资质标准，我们可以有效缓解因晋升资源稀缺而引发的恶性竞争。这一变革不仅有助于减轻明星阶层所感受到的地位威胁与身份焦虑，更能促进组织的和谐稳定与可持续发展。

拓展阅读

《资治通鉴》中权力与地位的智慧

《资治通鉴·唐纪三十六》中记载了安史之乱时期的一段对话。唐肃宗忧虑地提出，郭子仪、李光弼等已担任宰相，若未来成功收复两京、平定四海，将无官职可赏赐功臣（"今郭子仪、李光弼已为宰相，若克两京，平四海，则无官以赏之，奈何？"）。对此，名臣李泌提出了他的见解，他认为古代官员的职位是根据个人才能来任用的，而爵位则用来奖励有功绩的人（"古者官以任能，爵以酬功"）。他警告说，如果用官职作为奖励手段，可能会引发两个问题：一是那些缺乏管理才能的功勋人物可能会因身居高位而阻碍组织的发展；二是当功勋人物的官职权力过大时，他们可能会滥用权力追求更多的个人荣誉而难以节制（"夫以官赏功有二害，非才则废事，权重则难制"）。因此，他建议君主在用人时应将"官"与"爵"分开，合理分配权力和地位，把地位给予那些有功之人（"莫若疏爵土以赏功臣"）。

李泌的论断触及了组织管理中两个关键概念："权力"和"地位"。在这里，"官"代表正式的职位，涉及权力和资源；而"爵"则代表荣誉称号，体现尊贵地位。这一观点对于管理明星员工具有重要的启示。明星员工作为组织的"功勋"，他们的特长体现在对专业的精进和对组织默会知识的掌控上。一般而言，职权的运行有一套成熟的管理逻辑，需要专业的管理知识和领导才能。尽管明星员工中不乏具有管理才能的，但是，技术条线和管理条线的运作逻辑差异很大。正如李泌所提醒的，如果不具有管理才能的明星员工被提拔到领导岗位，一方面可能因为不善于沟通和指挥，让下属无所适从，民怨沸腾，另一方面，更有可能的是运用手里的法定权力，以自己为核心，置组织方向不顾，发展自己感兴趣的方向，任人唯亲，大搞圈层化，打破组织多样化和平衡性，在组织内部造成断裂带，最终"权重则难制"，形成"成就一个人，麻木一群人"的错位格局，加剧组织运行风险。

因此，我们应当根据明星员工的贡献给予他们更多的荣誉称号，而对于管理职务的赋予，则应基于他们的管理经验和实际能力。如果确实需要将他们提拔到领导岗位，组织应提供必要的管理培训，帮助他们顺利过渡到管理角色。这样的做法不仅能够激励明星员工，还能够维护组织的稳定和发展。

激励模式的变革与创新

激励之魅力，在于它凝聚了人性的光辉。不恰当的激励机制最显著的问题在于激励措施与个体内在需求的脱节，这往往是加剧明星员工等精英阶层身份焦虑的主要原因。因此，企业需要进一步改革激励机制，将个人对自我成长的追求、事业发展的要求以及同事间的自我提升需求整合到同一发展路径上。

一方面，可以建立精英员工与新兴力量的"拧麻花"式样的交叉激励模式。通过实施团队与个人绩效相结合的薪酬制度，将双方利益紧密绑定，既发挥少数精英类员工的引领作用，又激发新兴力量的创新活力，实现相互促进和成就的激励效果。另一方面，加州大学商学院的学者智恩·帕侬（Jieun Pai）发现，员工对企业内部职务职级体系的"坡度"感知越陡峭，成员间越容易出现恶性竞争。虽然职务职级是量化的结构性因素，但企业可以通过其他方式减轻成员对职务职级的"坡度"感知。例如，2022 年 8 月中旬，阿里巴巴宣布在内部系统中取消"P"序列职级显示，员工在邮件、钉钉、内网等系统中已无法看到彼此的职级，只能看到所属部门。

总而言之，文化培育是一项复杂而系统的工程。通过加强精英阶层的合法性认同、完善多职业发展通道制度、改革企业激励模式等一系列措施，企业可以逐步解决精英身份焦虑的问题，为组织的持续健康发展奠定坚实的基础。

本章小结

在本章中，我们深入探讨了如何通过文化的滋养，纾解明星员工所面临的身份焦虑。在今天日益强调精英化和透明化的商业环境中，精英阶层的身份焦虑实质上是组织中"实权人物"对自己职位职权和未来前景的担忧。如果处理不当，不仅可能导致明星员工的黯然失色，更可能将整个组织推向绝境。

我们的讨论启程于柳宗元笔下的"蝜蝂",以此揭示了现代社会普遍的身份焦虑——那种高处不胜寒的孤独感。我们进一步从地位损失和精英主义思维两个维度,深入剖析了明星员工身份焦虑的现实和文化根源,并从现有制度设计的角度,反思了身份焦虑产生的深层次制度根源。接着,我们从组织断裂带、压制"后浪"、地位动量效应、鲸落效应四个方面,阐述了身份焦虑对组织可能造成的破坏性影响。最终,我们提出了通过改变精英主义思维和推动激励制度创新,以文化之力破解身份焦虑的具体对策。

综上所述,破解精英阶层身份焦虑的关键在于双管齐下:一方面,明星员工需要超越精英主义的文化狭隘,从对支配地位的追求转向声望地位的获取,增强自身明星身份的合法性;另一方面,企业必须从顶层设计出发,创设相互成就的激励文化,建立和完善职业发展通道制度,发挥"选窝效应"的功效,将员工的焦点从地位争夺引导到找到自我发展的"窝"和独特价值。这样的策略不仅能够打破精英阶层的身份焦虑,更能为企业的未来发展注入凝聚力和韧性,使其在激烈的市场竞争中立于不败之地。

第十四章

情感联结：激发明星员工的价值共鸣

　　亲密社群的团结性就倚赖于各分子间都相互的拖欠着未了的人情……亲密社群中既无法不互欠人情，也最怕"算账"。"算账""清算"等于绝交之谓，因为如果相互不欠人情，也就无须往来了。

　　　　　　　　　　　　——著名社会学家 费孝通，《乡土中国》

　　正如本书前文所述，领导者通常遵循权力的运行逻辑，以组织目标为引领，倾向于依据既定的组织框架和流程来管理明星员工；而明星员工则更多地遵循知识与技术的演进规律，他们渴望在更为宽松的环境中精进专业技能、发挥个人所长，往往将组织目标置于相对次要的位置。然而，过度的自由可能导致个体与组织目标及体系脱节，削弱其组织认同与归属感。简而言之，双方在控制与自由之间横亘着一道显著的价值观鸿沟。

　　著名心理学家埃里克·弗洛姆（Erick Fromm）为我们提供了深刻的洞见：爱与情感，是连接自由与归属感的桥梁。在本章节中，我们将从文化体贴与情感联结的全新视角出发，深入探讨"情感联结"与激励策略如何协同作用，以激发明星员工与组织之间的价值共鸣。通过情感层面的深度绑定，不仅能够有效缓解控制与自由之间的矛盾，还能促进双方的理解与协作，共同推动组织目标的实现。

马云起于微时，其辉煌成就的背后，离不开"十八罗汉"的坚定追随与无私奉献。史玉柱在巨人大厦倾覆之后①，亦能凭借"四大金刚"的矢志不渝，最终实现东山再起的壮举。同样，在英特尔（Intel）的传奇发展历程中，安迪·格鲁夫（Andy Grove）的智慧决策与罗伯特·诺伊斯（Robert Noyce）、戈登·摩尔（Gordon Moore）的并肩作战，共同书写了公司在"刀锋边缘"华丽转身的辉煌篇章。

而追溯至历史深处，《史记·田儋列传》中记载的一段悲壮故事，亦为我们揭示了领导者与下属之间那种超越生死的忠诚与信任。田横，这位曾经的齐王，在刘邦一统天下后，面对招降与威胁，毅然选择以死明志，保全部下。刘邦得知此事后，深感震惊和敬佩，从而认识到田横的门客们都是难能可贵的贤士，于是再次派遣使者去招抚那些留在海岛上的五百壮士。得知田横死讯的他们，纷纷选择了"蹈海"自尽，用生命诠释了"士为知己者死"的深刻含义。这个海岛，因此被称为田横岛，成为忠诚与牺牲的象征。

究竟是何等魅力，能让这些明星下属如同被无形的枷锁紧紧束缚在英明领导者个人理想的战车上——顺境时冲锋陷阵，逆境中誓死相随？

情感激励原理：唤醒、交换与承诺的力量

情感，是一种复杂的心理状态，由生理唤醒和主观体验交织而成，涵盖

---

① 巨人大厦的"倒塌"是中国商业史上的重大事件。1993 年，巨人集团启动巨人大厦项目，原计划建 38 层，后因多种原因增至 70 层，预算也从 2 亿元增至 12 亿元，工期延长至 6 年。资金筹集采取集资和卖楼花方式，但 1994 年政府宏观调控使卖楼花受阻，资金链断裂。1997 年，巨人大厦仅建至三层便停工，集团陷入财务危机，史玉柱负债 2.5 亿元，成为"中国首负"。此事被媒体放大，公司信誉受损，巨人集团名存实亡。后来，史玉柱凭借"脑白金"等保健品业务东山再起，重返商界巅峰。

从短暂情绪（emotion）到持久感情（mood）的情绪状态。同时，情感是在社会互动中产生、表达和传递的，生成对特定社会文化结构的承诺。美国社会学家彼得·伯格（Peter L. Berger）提出的情感期望理论指出，情感反应经过"情感唤醒→情感交换→情感定向"三个阶段，如图 14 - 1 所示。其中期望是情感产生的核心动力机制——犹如水位差，当期望与实际发生结果一致时，则产生积极情感，反之，则产生消极情感。

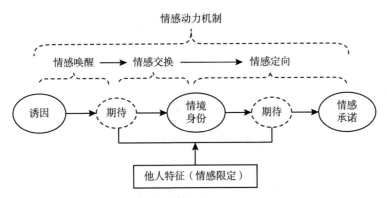

图 14 - 1　情感动力模型：情感承诺是如何产生的

美国社会学家乔纳森·特纳（Jonathan H. Turner）指出，情感是隐藏在对他人或组织的社会承诺背后的力量。人们对他人或组织产生的情感，如喜爱、信任、感激等，会促使他们愿意做出社会承诺。例如，员工对所在公司有深厚的归属感和认同感，就会更愿意承诺为公司长期服务，努力工作，因为他们在情感上与公司建立了联系，希望公司发展得更好。社会承诺并不仅仅是一种理性的决策或义务，其中往往蕴含着情感成分。当人们做出对他人或组织的承诺时，背后可能是出于对对方的关心、爱护、忠诚等情感。比如，朋友之间相互承诺在困难时给予帮助，这背后是基于彼此之间的友情和相互关心的情感。

情感的唤醒与传递依赖于外部诱因。图 14 - 1 情感动力模型揭示，当个体在生活中受到特定的外部情感刺激，比如，突如其来的晋升机会或是收到一份贴心的健身卡礼物，这些诱因一旦与个体的内心期望相契合，便会点燃积极的情感火花，唤醒沉睡的情感世界。这股被唤醒的情感力量，推动着情感在人与人之间交换与传递。这种交换遵循着"投桃报李"的古老法则，让个体在互动中感受到角色义务与互惠的规范，进而塑造出独特的情境身份。这一过程不仅增强了情感期望的稳定性，还引导着情感定向的形成，最终催生出深厚的情感承诺。而互动双方的特征，尤其是领导者的地位与权力，更是微妙地影响着个体的期望水平，从而界定了情感表达的边界与强度。

以笔者团队收集的案例为例，有一位才华横溢、团队业绩斐然的明星员工，根据公司的晋升制度和任职资格要求，他本应被提拔至总监职位。然而，由于缺乏相应的职位空缺，他不得不继续留在原岗位，造成"人才囤积"现象。面对竞争对手公司通过猎头提供的更优厚待遇，这位员工开始考虑跳槽。但一次偶然的电梯邂逅彻底改变了局面。公司董事长的一句鼓励——"小伙子，你很优秀，前途无量，好好干"——深深触动了他的内心，激发了他的情感，使他决定放弃离职，继续为公司贡献力量。三个月后，当他期待已久的职位出现空缺时，他顺利晋升为总监。

这个案例展示了情感是如何生成的以及情感承诺的强大力量。一切的起点仅仅是一句有意或者无意的简单鼓励，却成为情感的诱因，满足了该明星员工的情感期待，推动了情感的交换。这种情感交换不仅塑造了他在职场中的身份，如忠诚的团队领导者，而且激发了他对自我价值实现的期待。他因此更加将自己视为组织不可或缺的一部分，愿意为组织的目标贡献力量。随着情感定向与承诺的形成，他对组织的依恋加深，更愿意为组织的长远发展付出努力，哪怕有时需要牺牲个人利益。

在这一过程中，领导者的影响力和组织的文化特征对明星员工情感的表达强度起着至关重要的作用。领导者通过以身作则，展现出对关键员工的真诚关怀与尊重，能够极大地激发员工的积极情感。同时，一个充满正能量、鼓励创新与协作的组织文化，为明星员工提供了一个宽松的环境，使情感交流更加顺畅。

综合来看，从激励的视角出发，情感的唤醒与传递是组织与员工建立深厚联系的关键。通过精心设计的情感诱因，如晋升机会和奖励，组织不仅能够有效激发员工的积极情感，还能促进员工与组织之间的情感交换和承诺。这种基于情感的互动，不仅增强了员工的忠诚度，也为组织的稳定和发展注入了持久的动力。

激励杠杆与高明领导的情感绑架术

著名社会学家彼得·布劳（Peter Blau）在《社会生活中的交换与权力》中指出：当交换与权力产生交集时，处于低地位的个体常常更倾向于凭借自身付出的努力以及承担的责任，来换得组织或他人对自身的认可和赞同，甚至并不期望可以按自己所付出的比例获得对等收益，而仅仅是为了在社会互动中彰显自身所肩负的责任。由此我们可以进一步推断，情感交换的结果会使员工萌生出类似"滴水之恩，当涌泉相报"的强烈角色义务感。这种不对称的互惠规范，也就是所谓的"报恩"，在社会学家兰德尔·柯林斯（Randall Collins）提出的互动仪式链理论（interaction ritual chains）的视角下，类似于"投名状"，即对获得成员身份的深切渴求。依据该理论，成功的互动仪式能够塑造出群体成员身份的标志性符号，并且为个体注入充沛的情感能量。这种情感能量属于一种积极的情感体验，能让个体感受到自身充满活力、自信满满且热情洋溢。它不但能够有力地激励个体踊跃参与更多的互动仪式，还能够显著增进个体对所属群体的认同感与归属感，这就是情感激励所发挥的杠杆作用。

据明代冯梦龙的《智囊全集》记载，在魏晋南北朝时期，东魏的权臣高欢在临终之际，将嫡长子高澄召至床前，语重心长地告诫他，自己一旦去世，部将侯景手握重兵且野心勃勃，极有可能发动叛乱。而高澄作为继任者，恐怕难以抵挡。然而，他麾下有一名军事才能出众、忠诚勇猛的低阶军官，名叫慕容绍宗，唯有他能战胜侯景。但是，他生前故意忽视并打压慕容绍宗，即便其战功显赫，也鲜有封赏。这样做的目的是让高澄在继位后，破格提拔他，他必感恩戴德，为其效死力。高欢言毕，溘然长逝。

不久，高欢的预言成真。侯景果然按捺不住野心，起兵反叛。高澄虽亲率大军出征，却难以抵挡侯景的狡猾多变。此时，高澄才深刻体会到父亲的远见卓识，他迅速调整策略，破格提拔慕容绍宗为中军主将，委以平叛重任。慕容绍宗受命后，展现出了非凡的军事才华，一举击败侯景，为东魏江山稳固立下了赫赫战功。

高欢生前对慕容绍宗的苛刻对待，实际上是为高澄预留了提拔和激励的操作空间。高澄通过破格提拔慕容绍宗来赢得他的忠诚。这种不对称的互惠规范，即"滴水之恩，涌泉相报"，使得慕容绍宗在得到提拔后，更愿意为高澄赴汤蹈火。高欢的识人用人智慧，生动地展现了情感杠杆在英明领导与杰出下属情感互动过程中所起到的关键作用。

拓展阅读

彼得·布劳和《社会生活中的交换与权力》

《社会生活中的交换与权力》（*Exchange and Power in Social Life*）是由美国著名社会学家彼得·布劳（Peter Blau）所著的一部深刻剖析社会互动本质的学术经典。布劳曾任教于康奈尔大学、芝加哥大学和哥伦比亚大学，并担任过美国社会学会会长及美国国家科学院院士。作为交换关系微观社会学研究的奠基人，他在阶层分析理论和组织社会学等多个领域产生了深远的影响。

在《社会生活中的交换与权力》一书中，布劳挑战了传统的社会结构理论，提出社会互动中个体之间的交换关系是社会结构形成和维持的基础。他将经济学中的交换概念引入社会学，探讨了个体如何在社会互动中通过资源的交换来获取权力和地位。布劳认为，社会交换不仅仅是物质的，还包括社会支持、信息和情感等非物质资源。通过对社会交换的微观分析，揭示了社会权力的分布和不平等的产生机制。他认为，个体在社会交换中的地位和权力是由他们控制的资源的稀缺性和价值决定的。这种分析不仅为理解社会结构提供了新的视角，也为研究社会不平等和权力关系提供了理论基础。

　　布劳试图通过研究人际交往，认识社会生活中复杂的社会结构，如权力的产生、权力的维持，对立双方的冲突合作等社会问题，把微观层次的分析法应用于宏观结构，力求从个人人际互动的简单过程中寻找支配社区和复杂社会结构的社会过程。书中认为，在社会生活中不仅存在着和谐和稳定，也存在着大量的冲突和变迁。人们为了继续得到利益，需要对给予自己利益的对方作出回报，这种需要是社会交换的"原动力"，而基本的对等规范则控制着具体的交换活动。社会吸引会导致交换过程的产生，非交互性交换又将导致权力的分化。书中指出，在社会组织活动过程中逐步产生的"共同价值观"既规定了人们在获得奖励后负有报答的义务，又给人们提供了判断交换是否公平的标准，它作为一种交换媒介，约束着组织中每个成员的行动，调节着复杂的交换关系，巩固了对等原则和公平交换原则，促进了社会的整合，同时，书中还把辩证的冲突论的成分也纳入了社会交换模式的体系，认为除了共同价值外，有许多社会价值没有在交换体系中制度化。这是一些"对立的价值观"，在宏观社会结构中是反制度的成分，是产生分歧和不平衡的力量。书中进一步指出，要保持组织权力结构的稳定，必须使权力得到集体的公认，使权力合法化。这种权力的合法化就是权威，权威的出现有助于组织或社会的稳定和团结。

　　回到组织场景，尽管明星员工在组织中拥有较高的地位，但其所拥有的仅仅是技术条线的权力。相较于领导所掌握的正式权力而言，明星员工在组织中的地位与影响力还是略逊一筹。倘若领导者能够秉持"三顾茅庐"般的用人精神，由衷地欣赏并认可明星员工的地位，那么必然能够换来明星员工心甘情愿且毫无保留的回报。如此一来，组织中分别代表权力线和技术线的两大关键力量，便能够齐心协力、同心同德，共同为推动组织这辆战车在发展的道路上疾速前行而不懈努力。

情感激励的神经基础：镜像机制与"情感绑架"

20 世纪 90 年代，意大利帕尔马大学的贾科莫·里佐拉蒂（Giacomo Rizzolatti）教授在研究恒河猴大脑前运动皮层神经元活动时，意外地发现了一个现象：当猴子观察实验人员执行抓取食物的动作时，其大脑内某些神经元的活动模式与猴子自己执行该动作时极为相似，这些神经元因此被命名为"镜像神经元"。

镜像神经元，作为灵长类动物大脑中一种特殊的神经元群体，与运动控制、感觉信息处理及语言功能等高级认知活动紧密相关。它们不仅参与动作的理解与模仿过程，使个体能够通过观察他人的动作来模拟并理解其背后的意图，还在情感共鸣与社会认知方面发挥着关键作用。当个体观察到他人的情感表达时，镜像神经元的激活能够引发相似的情感体验，从而促进情感共鸣的产生，并帮助个体根据他人的行为和表情推断其内心状态。

进一步的研究表明，人脑中的镜像神经元系统构成了一个复杂的"脑中之镜"，能够反映并模拟他人的行为，使个体在观察他人行为时仿佛亲身体验。这种机制不仅促进了人与人之间的默契与理解，还为实现情感共鸣提供了神经基础。更重要的是，镜像神经元系统能够自动对观察到的行为进行编码和存储，使得个体在面临相似情境时能够迅速做出反应，无须额外的思考过程。

在领导与管理的语境中，高明的领导者往往能够巧妙地利用镜像机制来"绑架"下属的情感。他们通过深入观察和理解下属的想法、意图和需求，将自己的行为意图和情感表达与下属的情感状态相契合，从而形成一种良性的双向互动。这种互动不仅增强了领导者与下属之间的情感联系，还激发了下属的积极反馈和忠诚行为。领导者通过施惠于下属，激活了下属的镜像神经元系统，使其产生与领导者相似的情感体验和行为倾向。这种"情感绑架"策略不仅有助于巩固领导者的地位，还提升了团队的整体凝聚力和执行力。

历史典故"白帝城托孤"生动地演绎了双向镜像机制的魔力。刘备之所以临终敢对诸葛亮说出"若嗣子可辅，辅之；如其不才，君可自取"的话，正因为君臣之间经过反复的镜像反应打磨，能够彼此读懂对方情感和真实意图。于是，三顾茅庐的知遇之恩与临终重托的信任，犹若双重枷锁，牢牢地束缚着诸葛亮，直至鞠躬尽瘁，死而后已。

公元 221 年，刘备为报兄弟关羽之仇并夺回荆州，毅然发动了对东吴的夷陵之战。然而，刘备的军队最终被东吴陆逊所击败，无奈撤退至白帝城，并一病不起。刘备深知自己大限将至，于是召来诸葛亮，将儿子刘禅以及蜀汉的未来命运郑重托付于他。刘备对诸葛亮言："君才十倍曹丕，必能安国，终定大事。若嗣子可辅，辅之；如其不才，君可自取。"诸葛亮闻听此言，顿时汗流浃背，手足无措，哭拜于地，说道："臣敢竭股肱之力，效忠贞之节，继之以死！"言罢，叩头直至流血。此后，诸葛亮始终坚守承诺，全力辅佐刘禅，做到了鞠躬尽瘁，死而后已。

镜像机制作为情感激励的神经基础，为理解人与人之间的情感共鸣和社会互动提供了重要的视角。而"情感绑架"作为领导与管理中的一种策略，其背后蕴含着深刻的神经科学原理。通过理性地分析和运用这些原理，我们可以更好地理解人类情感的奥秘，并在实践中提高驾驭情感杠杆的技巧。

值得注意的是，情感施与并非一种单向的利用手段，而是具有利人利己的双向价值。科学研究表明，进行情感投射时，人体内免疫细胞的活性增强，免疫力得到提升；相反，疏离情感、恶意待人则可能导致机体失衡和认知能力的下降。因此，善用"情感绑架"策略的领导者不仅能够在管理上取得成功，还能够在个人成长和身心健康方面获得益处。

情感激励的障碍分析

在本书前面分析领导者与明星员工之间的关系时，我们发现情感同步之所以难以实现，根本在于双方价值追求的差异，二者背后又源于领导者认知上的"视角偏差"，这主要表现为责任偏差和用情过深两大障碍。

责任偏差：灯下黑的认知迷雾

正如人们站在聚光灯下突显自我，却因光线遮挡而忽视周围环境一样，我们在工作中也常犯"灯下黑"的错误。我们倾向于展示自己的成就，却往往忽视了他人的贡献。心理学将这种高估自己、低估他人的现象称为"责任偏差"。

美国匹兹堡大学的乔纳斯·索尔克（Jonas Salk）教授是一位杰出的实验医学家和病毒学家，1955 年 4 月 12 日他宣布成功研制出安全有效的小儿麻痹症疫苗，这一成就被视为现代医学史上的一次重大飞跃，拯救了上千万的儿童，为他赢得巨大光环。在疫苗实验成功的发布会上，他全面报告了自己天才般的发现历程和艰难的实验过程，但自始至终都没有提到恩德尔斯（John Enders）等三位医学家培养出病毒对他最终成功开发疫苗，所做出的基础性贡献，更没有提到他的六位助手付出的艰辛。据报道，这六位助手最后含泪离开会场。

亚当·格兰特（Adam Grant）在经典著作《给予还是索取》一书中称索尔克为不懂施予的获取者，自然无法驾驭情感绑架艺术。他的镜像被社会美誉的光环笼罩，全是自己的血泪折射出的五色彩虹，同事的付出则被眩光遮蔽，不见踪影。索尔克是一位杰出科学家，但绝对不是一名好的领导者，而独揽功劳的行为，也没能给他带来任何好处。他因此至今没有入选美国国家科学院院士，也没有获得诺贝尔奖，同事也不愿与他合作，这也导致他后期取得的成果乏善可陈。

这一案例警示我们，领导者在引领明星下属时，必须警惕责任偏差，学会公正地认可并分享成就。

用情过深：情感绑架的陷阱

与以自我为中心的责任偏差不同，用情过深则是一种过度关注他者情感的倾向，它源于领导者对下属形成的刻板印象，导致他们在决策时情感超越理性，从而牺牲了原则和客观性。

春秋时期的齐桓公，不计前嫌，重用管仲为相，并尊称其为仲父。管仲也全力以赴，辅佐齐桓公，使齐国成为春秋五霸之首。然而，晚年的齐桓公未能听从管仲临终前的忠告，陷入了感情用事的误区。他重用为表忠心不惜阉割的竖刁、为表赤诚不惜将儿子烹杀的易牙，以及为表尽职不为父守孝的开方。最终酿成了国家内乱与个人饿死的悲剧。齐国也从此倾颓。

在组织管理中，类似的现象并不罕见。我们之前已经深入探讨过，明星员工虽然光芒四射，但他们往往也伴随着"过于独立"和"缺乏温情"等短板。更为复杂的是，由于"气质信用效应"的存在，领导者在面对他们特别欣赏的明星下属时，往往会不自觉地放宽对原则性错误的容忍度，即便是像任正非这样的卓越领导者也难以完全避免这一人性的弱点。李一男，这位才华横溢、潜力无限的青年才俊，曾是任正非麾下备受瞩目的新星，两人的关系亲如父子，甚至一度被外界视为华为未来的掌舵人。然而，2000 年的那场风波，李一男因不甘于现状，携带华为的技术和设备另起炉灶，成为华为的直接竞争对手，给华为带来了前所未有的压力。尽管有战略上的考量，但情感上的影响不容忽视。当李一男后来陷入困境时，任正非再次展现出了他深厚的情感纽带，不惜以高价回购李一男的企业，并重新赋予他首席科学家和副总裁的重要职务。然而，命运似乎并未因此改写，2008 年，李一男再次选择离开华为，并最终因涉及内幕交易而锒铛入狱。这一连串的变故，无疑给任正非带来了深深的痛楚和反思。

学者斯塔乌将这种现象称为"对失败行为的承诺升级"。这意味着，尽管已经投入了大量的时间、精力和资源，但人们对于过去的沉没成本仍然难以割舍。当情况恶化时，人们往往会陷入一种情感上的纠结：如果不给他最后一次机会，将来会不会后悔？如果再帮他一次，说不定能够感化他，改变结果。所以很多人面对寄予感情的"坑爹"下属，往往会选择继续扶持，来证明自己当初的付出是对的，即使是任正非也难免掉入"用情太深"的窠臼。

这一案例深刻地揭示了领导者在情感与理性之间寻求平衡的重要性。尽管情感因素在人际关系中不可或缺，但在组织管理中，领导者必须时刻保持清醒的头脑，既要珍惜并培养与明星下属之间的深厚情谊，又要坚守原则，不因个人情感而牺牲组织的整体利益。

情感如何绑架：在理智与情感间寻找平衡

　　汽车在夜间的行驶中，通过双光透镜的巧妙切换，实现了光照效果的灵活变化，为驾驶员提供了多重视角的环境观察，极大地提升了行车的判断力和安全性。这一切换效果的核心，在于一个由电磁驱动的遮光片。在近光模式下，遮光片巧妙地遮挡部分光线，避免了眩光带来的视觉不适，同时提高了物体的可见度；而在远光模式下，遮光片则完全移开，使大量光线通过透镜投射，形成强大的远光，拓宽了驾驶员的视线范围，增强了观察视野。

　　在领导者的决策系统中，同样需要这样一个"遮光片"，帮助领导者实现视角的灵活切换。一方面，领导者需要从内部出发，站在明星下属的角度进行换位思考，深刻领悟人性所能达到的高度，深入理解他们的工作内容和面临的挑战，不能责备求全；另一方面，领导者还需要从外部视角出发，以旁观者的身份进行理性考察，将明星员工置于更广阔的社会关系网络中，全面、客观地认识他们的地位和贡献，从情感账户视角，通过构建"相互拖欠的未了之情"，来促进领导者与明星员工的情感互动和情感联结。

超越参照标准：实现真正的情感共鸣

　　认知坐标或参照标准，就如同汽车的双光透镜中的遮光片。许多领导者在大会小会上，都强调换位思考的重要性，并努力站在下属的立场上思考问题。然而，他们往往仍然使用自己的参照标准来衡量下属的立场和需求，这就像遮光片虽然存在，但并未真正打开。

　　心理学家曾进行过一个实验，让三组志愿者分别预测房屋的寒冷程度。其中，一组志愿者的手浸泡在温水中，另一组则浸泡在冰水中，还有一组同样浸泡在冰水中，但需要在 10 分钟后进行预测。按常理，冰水组的志愿者应该会感受到更强的冷痛感。然而，实验结果显示，第三组志愿者在 10 分钟后预测的寒冷程度，竟然与温水组的志愿者相似。这表明，当痛感消失后，人们往往会低估它之前的影响。这正是许多领导者难以与下属实现情感共鸣的根源所在——他们缺乏真正的感同身受。

领导者之所以愿意换位思考却难以放弃自我标准，很大程度上是因为他们被已有的知识专长和成功经历所束缚，成为自己头脑中成功原型的奴隶。这实际上反映了领导者在情境阅读和场景切换能力上的不足。他们的潜意识里往往隐含着一个前提："即使这样，你也应该怎样。"

因此，情感绑架的第一原则是，领导者不仅要学会从下属的视角思考问题，更要超越自我标准，真正倾听下属的想法、意图和需求。他们需要通过切换情境，将情感频道调整到与明星下属共振的状态，而不是用自己的权力改变人。

理解人性所能达到的高度：拒绝责备求全

领导者领悟"情感绑架术"的真谛，必须深刻洞察人性的本质及其潜能。这构成了情感激励的第二大核心原则。在《资治通鉴·梁纪十三》的记载中，东魏权臣高欢通过一次对文官杜弼的回应，再次向我们展示了他对人性的深刻洞察与情感激励的高超运用。

在大军出征之际，文官杜弼向高欢提出了一个请求，希望清除那些掠夺百姓的将军和大臣（诸勋贵掠夺百姓者是也。），以此祭奠军旗。高欢并未直接作出答复，而是让大军集结，让杜弼在全副武装士兵中间行走。杜弼因此吓得魂飞魄散，汗出如浆。高欢于是缓缓地告诫杜弼说："箭头虽然搭在弦上但并没有射出去，刀虽然高高举起但并没有砍下来，长矛虽然握在手中但并没有刺出去，即便如此，你就已经吓得丢了魂魄、没了胆量。那些立下功勋的将领们，亲身在枪林箭雨中冲锋陷阵，历经百死一生，他们即便偶尔有贪婪卑鄙的行径，可他们立下的战功是巨大的，怎么能拿寻常人的标准去要求、衡量他们呢！"（欢乃徐谕之曰："矢虽注不射，刀虽举不击，槊虽按不刺，尔犹亡魄失胆。诸勋人身犯锋镝，百死一生，虽或贪鄙，所取者大，岂可同之常人也！"）。杜弼听后，连忙向高欢叩头谢罪。

这个故事不仅展示了高欢对人性的深刻理解，更体现了他在情感激励方面的卓越智慧。他深知，人性的格局往往受制于具体情境，而将士们的逆向行为正是激励缺位的结果。在战争期间，制度不可能完善，将士们随时可能丧命，为家人争取额外利益也是人之常情。

因此，我们不能因为激励缺失而诱发的人性消极面，就否定他们建功立业的人性积极面。要完善情感激励制度，就需要对人性有深刻的理解。华为推出的时间单位计划（TUP）就是一个值得借鉴的典范。

TUP 计划旨在解决工作五年内新员工激励的难题。这些新员工渴望证明自己，但同时也面临着娶妻生子、购房等生活压力。在华为的员工分类中，他们属于普通劳动者，收入相对较低，因此自我成就与生活需求之间形成了尖锐的矛盾。如果激励缺位，可能会导致新员工出现逆向行为。然而，直接提高待遇不仅与华为强调贡献的激励文化相悖，也可能导致激励越位。因为初入职场的年轻人贡献有限，在薪酬总量不变的情况下，这对其他贡献者显然是不公平的。同样，如果通过提高绩效标准来加大激励强度，虽然可能吸引一些人，但也可能违背年轻人的生理和心理属性，使他们为了达标和高收入而疲于奔命，从而失去灵性和创造力，这是一种典型的激励错位。

因此，华为在 2013 年推出了 TUP 计划。这是一种虚拟受让的现金奖励型递延分配计划。新入职员工在当年即可获得 5000 股这种计划，从第二年开始逐年递增分红权，直至第五年全额分红并结算股本增值。五年后，TUP 计划取消，但前 30% 的优秀者将获得更为有效的激励方式，如虚拟股权等。

从情感激励的视角来看，TUP 计划不仅满足了员工的物质需求，更关注他们的情感和心理需求。通过递延的现金奖励，TUP 计划向员工传达了组织的长期承诺和信任，增强了他们的安全感和归属感。同时，将分红权和股本增值与组织绩效挂钩，使员工深刻感受到自己的工作对组织的重要性，从而激发了他们的工作热情和忠诚度。这种激励与情感的完美结合，不仅促进了员工的个人成长，也推动了组织的持续发展。

重视社会连带关系：构建情感纽带

从自我坐标切换到以他人为坐标，关键在于打通理性认知与情感之间的经脉，实现理治于外、情感于内的和谐统一。

正如"对失败行为的承诺升级"效应所示，恋爱中的女生往往难以割舍对"渣男"的情感投入，总希望通过加大投入来感化对方、改变对方。这是因为她们没有意识到自己的行为对父母、朋友及其他连带社会关系产生的影响。同样地，一名高明的领导者会密切关注自己的决策对相关利益人的连带影响。在经营情感时，他们要学会将明星下属置于一个社会网络的架构下，构建彼此关系。

新闻中报道的某地疾病肆虐，可能会激发我们的同情心，但并不会立刻驱使我们采取行动。然而，当我们看到某个具体的悲惨患者及其家庭的报道时，我们很可能会立刻行动起来。这表明，那些有名有姓、活生生的社会关系比抽象的数据，更能激发我们的情感反应和行动意愿。

在现实中，领导者往往热衷于用数据说话，将管理简化为依据财务报表分析、绩效管理等数据信息来促使行动付诸实践的程序。特别是随着大数据和人工智能的发展，这种趋势越来越明显，大有泰勒主义复兴的势头。然而，在这种背景下，情感却越来越被挤到领导者的视角盲区。尽管数据管理在简化管理上具有无可比拟的优势，但员工在理智上可以理解的同时，情感上未必能够接受。因此，在倡导"仁者爱人"的本土文化背景下，重视那些活生生的社会关系具有特殊的意义和价值。这就是情感绑架的第三原则。

吉祥航空的机务人员收入未必最高，但却能够吸引到全行业最优秀的人才加盟。很大程度上归功于其母公司均瑶集团在教育福利方面的独特布局。自1996年创办、2005年加入均瑶集团的上海世界外国语中学（简称"上海世外中学"），凭借其鲜明的办学特色和卓越的学生表现，已成为上海炙手可热的名校，为均瑶集团的员工子女提供了优先入学的难得机会。这一贴心举措，不仅为员工解决了子女教育的后顾之忧，更极大地增强了他们对企业的认同感和忠诚度。这正是创始人王均瑶善用情感纽带的魅力所在。

尽管并非每位领导者都能具备如此超前的洞察力，但那些愿意倾尽资源、为员工家庭排忧解难，甚至不忘关怀员工家属的领导，都在巧妙地运用情感的力量，激发员工的正面情绪和忠诚之心。这些看似微不足道却充满温情的小细节，实则蕴含着高超的管理艺术，能够在无声无息中点燃员工的热情与责任感，为组织注入不竭的动力与价值。

此外，领导者还需要注意组织内部的社会关系平衡，切忌内外有别。要在制度的框架下经营情感，即使对待组织内不可或缺的明星员工也要以不破法规、不破常规的智慧来创造情感涟漪。这种情感的引力波应该从关键少数传导到绝大多数人，从而激活组织内部的看齐意识。

相互拖欠的未了之情：情感激励的艺术

领导者在运用情感激励这一强大工具时，需精心布局，从三个紧密相连的维度入手，共同编织一张紧密相连的人际网络，以激发团队的无限潜能，这是精通情感绑架的第四原则。

首先，建立情感账户，这是人际关系的核心所在。情感账户如同人际交往中的隐形储蓄罐，存储着信任与情感的投入，为彼此相处提供坚实的安全感基础。每一次真诚以待、每一次守信重诺，都是向这账户中存入宝贵资产，使得在关键时刻，能够收获来自他人的无私援助。相反，任何形式的粗鲁、轻蔑或失信行为，都将无情地消耗这些存款，直至关系破裂。在中国文化中，"知恩图报"的传统美德，正是情感账户理念的生动体现，它强调了互惠互利、情感共鸣的重要性。

其次，提升文化关怀力，这是深化人际连接的关键。正如老子在《道德经》中的智慧，最高境界的领导者虽不显山露水，但其影响力却如影随形，这便是"超距影响力"的魅力所在。二流领导者或许能赢得人们的亲近与赞美，而三流者则只能依靠威严使人敬畏（"太上，不知有之；其次，亲而誉之；其次，畏之"，见《道德经》第十七章）。《哈佛商业评论》的研究也佐证了这一点，亲和力低下的领导者成为卓越领导的可能性微乎其微。因此，领导者应致力于培养亲和力，使之成为连接人心、激发团队凝聚力的桥梁。

最后，赋予正式激励以象征价值，特别是针对组织中的明星员工。领导者需巧妙融合金钱与情感，让每一份奖励都承载着深刻的意义，使金钱不仅仅是冰冷的数字，而是成为情感交流的媒介，温暖人心，激发更深层次的情感承诺。正如费孝通所言，社群的紧密团结源于成员间相互拖欠的"未了之情"。领导者应借此机会，在明星员工的情感账户中存入"未了的情分"，为未来的挑战储备情感资本。同时，领导者还需不断提升自我修养与能力，成为员工心中的精神灯塔，无形中放大正式激励之外的情感共鸣，让团队在顺境中勇往直前，在逆境中更加团结。总之，建立情感账户、提升文化关怀力以及赋予正式激励象征价值，共同构成了领导者情感激励的艺术，为构建高效、和谐的团队文化奠定了坚实的基础。

本章小结

本章深入挖掘了如何借助文化的力量，运用情感激励的杠杆效应，以激发明星员工的深切共鸣和价值认同。常言道："以势相交者，势倾则绝；以利相交者，利尽则散；以心相交者，方能成其久远。"精通情感"绑架"艺术的领导者，善于构建双向的镜像系统，通过细致的换位思考和灵活的场景转换，使双方的情感频道达到和谐共振，实现领导者与明星员工之间的强强联合，有效弥合价值观的差异。

我们首先从历史上英明领导者与忠诚下属间坚不可摧的深厚情谊出发，定义了情感及情感激励的内涵。接着，我们深入剖析了情感杠杆的激励作用，并从镜像神经元的角度，揭示了高超领导者情感"绑架术"背后的神经机制。然后，我们讨论了制约情感激励的两大心理偏差：责任偏差与用情过深。最后，我们从四个方面探讨了领导者如何驾驭情感激励杠杆，实现情感"绑架"的艺术：一是超越参照标准，进行深入的换位思维，真正站在明星员工的角度思考问题；二是接受不完美，理解人性所能达及的高度；三是灵活切换场景，重视社会连带关系，构建稳固的情感纽带；四是利用相互拖欠的未了之情，加深彼此间的情感联系。通过这些方法，领导者可以更有效地激发明星员工的潜能，实现团队的整体提升。

总结而言，与直接的帮助相比，潜移默化的情感"绑架"更能触动人心，同时也赋予领导者更强的再生性权力。这种权力不受外界因素的干扰，能够增强内心的亲切感与归属感。与去人格化的、带有强制色彩的管理方式相比，富有人情味的管理更能深入人心，激发员工的内在动力。因此，培养擅长情感"绑架"的领导者，关键在于提升其换位思考、情境阅读与场景切换的协同能力，实现理性管理与情感关怀的完美结合。

第十五章

人化导航：引领普通员工实现跃迁逆袭

大多数人过着平庸的生活，不是因为他们缺乏才能，而是因为他们缺乏勇气和方法去探索自己的潜能。

——亚当·格兰特（Adam Grant），《隐藏的潜力》

著名社会生物学家罗伯特·特里弗斯（Robert L. Trivers）在其经典著作《愚昧者的愚昧》中提到了一个有趣的实验案例。在哈佛大学，一群白人和黑人本科生被召集至实验室，参与一项挑战性的才能测试。其中一批学生仅单纯进行测试，在这种情况下，白人学生与黑人学生的成绩几乎不相上下。而另一批学生在参加测试前，先需要做一个简单的个人情况陈述，内容包括个人的人种信息。令人惊讶的是，在这一批学生中，黑人学生的成绩出现了大幅的下滑。

这一现象是一种典型的、设定了启动条件的"内隐联想测试"① 的一个经典范例。对此,特里弗斯给出了深刻的解释。对于那些长期遭受边缘化和贬低的少数族群来说,他们内心深处可能已经形成了一种内隐的消极自我认知。这种认知导致他们在潜意识中对其他族群(通常是那些曾经压迫他们的族群)表现出更强烈的偏好。当他们意识到自己的边缘地位时,这种潜意识不仅影响了他们对自我的看法,还会影响到他们在其他方面的表现。

我们需要去识别并挖掘自身存在的"潜意识偏见"或"内隐偏见",同时勇敢地承认自身所处的处境。唯有如此,我们才能够拥有修复自我的勇气,而这恰恰是重塑自我、改善生活的重要开端。这就像是在黑暗中摸索的人,找到了那扇通往光明的大门,只有推开它,才有可能走向充满希望的新征程。

内隐偏见:我命天定还是我命由我不由天?

由彼得·勒文(Peter Levin)执导的美国影片《风雨哈佛路》(*Homeless to Harvard：The Liz Murray Story*),是一部根据真实故事改编的励志电影,它细腻地描绘了社会活动家丽兹·默里(Liz Murray)的非凡人生旅程。

丽兹出生在纽约一个原本幸福的家庭,然而,毒品如同恶魔般侵蚀了这个家,将其撕裂得支离破碎。童年与青少年时期,丽兹沦为无家可归者,靠捡垃圾为生,在地铁里过夜。她所承受的,不仅是父母吸毒成瘾带来的家庭贫困,还有社会那如芒在背的偏见与歧视。

丽兹的母亲在酗酒、吸毒和精神分裂症的多重折磨下,最终被艾滋病夺去生命,丽兹跳入墓穴,躺在廉价的棺椁上,与母亲作最后的告别。那一幕

---

① 内隐联想测试(implicit association test,IAT)由美国社会心理学家安东尼·格林沃尔德(Anthony G. Greenwald)提出,是一种用于测量个体内隐社会认知的工具。它通过测量人们在自动加工过程中对不同概念之间的联系强度,来揭示个体潜意识中的态度、刻板印象和偏见等认知内容。简单地说,就是挖掘人们在无意识状态下,脑海中对某些事物组合产生的快速而自动的联想反应。

充满了不舍与悲痛，那场景令每一个观者都为之揪心。面对这看似已毫无退路的人生绝境，丽兹心中却有一团燃烧的信念之火，她坚信唯有知识才能成为改变命运的钥匙。她带着无比的真诚叩开了高中校长的心门，为自己争取到了珍贵的读书机会。此后，她开启了边打工边上学的艰辛历程，仅仅用了两年时间便完成了高中四年的学业。不仅如此，为了能够踏入哈佛大学的校门，她还成功获得了申请《纽约时报》全额奖学金的宝贵机会。影片中有一个场景格外触动人心：当丽兹申请上学需要父亲签字时，她在流浪收容所找到了面容憔悴、衣衫褴褛的父亲，她眼中含泪，轻声对父亲说："爸爸，我爱你。"父亲听到这句话，手足无措，只是试图从口袋里找出一些钱来给女儿，可摸遍全身，却连一分钱都找不到，只能满脸尴尬对丽兹说："好好学习，我搞砸了，但你行。"这一幕，让人动容。

丽兹所经历的苦难是那样的真实可感，而她对父母的爱却又是如此的深沉且无条件。即便在旁人眼中，父母是那般的不堪，是令人恐惧的瘾君子，但在丽兹心中，他们永远是值得敬重与呵护的亲人。她在终极面试时那段深情流露的话语——"如果能够复原家庭，我宁愿放弃哈佛大学的入学机会"，展现了她对亲情的坚守以及面对困境时那不屈不挠的精神，如同黑暗里的一束光芒，照亮了她整个故事，成为最打动人心的部分。最终，丽兹凭借着自己的努力，如愿以偿地获得了《纽约时报》的全额奖学金，并成功考入了哈佛大学。

丽兹·默里的故事为处于职业"迷航"状态的人们带来了诸多深刻启示。

首先，无论我们出身是何等低微，又或是深陷于何种艰难逆境，关键在于要勇于打破自身所存在的"潜意识偏见"或"内隐偏见"，拥抱自知之明。自我觉察，作为真正理解自我的第一步，它能引领我们清晰地审视自身的长处与短处，精确地评估和把握自身的能力边界，同时也能让我们了解自己的爱好所在以及心往何方。这些认识构成了改变命运的坚实基石。当我们拥有了这份对自我的清晰洞察，我们便能真切地理解当下的处境，明确自己在社会这个大环境中处于何种阶层和位置，从而在现有的条件和能力范围内，做出最为明智和收益最大化的选择与行动，进而激发出自我效能感的强烈涌动。

然而，在我们取得一定成就并清晰认识到自身优势后，往往容易陷入自我膨胀的陷阱，一叶障目，忽视了周遭环境的挑战与他人的长处。一旦目标难以企及，便会陷入痛苦与迷茫之中。此时，我们应该及时强化自我修复的能力，学会控制本能的冲动与欲望，坦诚自己的不足，承认天外有天，避免盲目地承担超出自身能力范围的任务。

最后，在深刻理解自我优势所在的基础上，我们还要积极培养知人善任和与他人共情的能力，借助社会资源和力量，凭借坚定不移的信念与持之以恒的行动，在命运的长河中逆流而上，在实现逆天改命的壮举和书写属于自己辉煌篇章的同时，引领众人行，成就他人。

扩展阅读

罗伯特·特里弗斯和《愚昧者的愚昧》

罗伯特·特里弗斯（Robert Trivers），美籍犹太裔进化生物学家，1943 年 2 月 19 日出生。特里弗斯以其在社会生物学和行为生态学领域的开创性理论而闻名，这些理论对生物学、心理学、人类学和社会学都产生了深远的影响。学者史蒂文·平克（Steven Pinker）认为特里弗斯是"西方思想史上最伟大的思想家之一"，1999 年，美国的《时代》杂志把他评为 20 世纪 100 位最伟大的思想家和科学家之一。

特里弗斯的个人生活同样充满传奇色彩。他曾长期混迹酒吧，陶醉于舞女们曼妙的舞姿之中，也因精神健康问题，做出用他人头盖骨作为"开瓶器"的过激行为。这些举动曾让他在学术界难以找到稳定的教职，但他的学术成就并未因此黯淡。他对待学术的态度如同对待生命一般认真，甚至严谨起来连自己都"骂"。他曾因怀疑合作者数据造假，主动撤回在《自然》（*Nature*）上发表的论文，并专门撰写了一本书来反驳自己先前的观点。

在《愚昧者的愚昧》一书中，特里弗斯深刻剖析了自欺与欺骗的心理机制。他提出，自欺并非毫无意义的错误，而是一种蕴含特定逻辑的行为模式。正如他的名言所说："自己欺骗自己，是为了更好地欺骗他人。"这种行为能够减轻行骗过程中的心理负担，还能在被指责时提供自我保护的盾牌，声称自己并未意识到撒谎。特里弗斯进一步阐述了自欺与欺骗行为在人类进化历程中的重要作用，指出这些行为是个体为了获取资源和竞争优势而采取的策略，对个体的生存与繁殖成功具有重要影响。同时，他也强调了自欺与欺骗行为的交互作用对群体动态与演化的深远影响，为我们理解人类社会的复杂性提供了新的视角。

书中关于自我欺骗的社会意义，对于我们深入研究明星员工的"光环"效应具有重要启示。在明星光环的笼罩下，无论是明星员工被过分拔高的形象，还是普通员工自觉低人一等的心理，都深深植根于一种"潜意识偏见"或"内隐偏见"之中。而《愚昧者的愚昧》一书，为我们揭示了这些偏见背后的逻辑与机制。我们可以更加清晰地认识到，明星光环效应往往源于人们对成功与能力的过度简化与片面理解，这种理解不仅扭曲了明星员工的真实形象，也损害了普通员工的自尊与自信。而激励机制与制度的创新，正是我们打破这种偏见、促进组织内部公平与和谐的重要途径。

《愚昧者的愚昧》是特里弗斯四十年研究生涯的巅峰之作，它充分展示了进化分析在解开人类生活之谜方面的强大力量。通过阅读这本书，读者能够更深入地理解自欺与欺骗的心理机制，学会如何识别与应对这些行为，从而在个人与社会层面上实现更为有效的自我管理与人际互动。

资料来源：图片来自作者学术网站，https://roberttrivers.com/。

接下来，我们将从"内隐偏见"的视角出发，探讨当前职场中所谓的"佛系""躺平"和"摸鱼"等"丧文化"产生和流行的根源。同时，我们将从丽兹·默里那逆流而上、改变命运的故事中汲取灵感和力量，探索如何通过人文关怀和价值熏陶，帮助那些处于不利地位的普通员工实现职场上的跃迁和逆袭。

不被看好：组织中的"劣势者成见"现象

在组织中，正如本书在"选窝效应"章节中所分析的那样，总有一些幸运儿被光环笼罩，享有丰富的机会和资源，拥有广阔的成长与展示空间。与之形成鲜明对比的是，组织中的绝大多数成员却只能旁观这一盛景，他们仿佛被机遇之门拒之门外。学者萨米尔·努尔穆罕默德（Samir Nurmohamed）敏锐地捕捉到了这一现象，将其命名为"劣势者成见"（underdog expectation）——即个体感知到他人对自己成功可能性持怀疑态度，认为自己在组织中的发展前景不被看好。

这种"劣势者成见"在工作环境中尤为显著，员工可能会感受到来自同事或上司对其工作能力的低估，认为自己难以出色完成任务、实现职业突破。这种外界对个体成功预期的低迷感知，正是"弱者期望"的核心所在。这一术语源自中世纪欧洲的斗狗文化，"underdog"最初意指斗败之犬，后逐渐引申为形容那些不被看好、处于劣势的个体。

本书反复强调，人类天生具有驱动向上的本性，年轻人同样拥有强烈的成就动机。然而，面对职场中日益盛行的"丧文化"，许多人在主观上选择了回避激烈的社会竞争，甘愿沦为命运的"提线木偶"，这可能是他们在无奈中的一种"抗争"。因此，我们有必要探讨，在不被看好或者被贴上"劣势者成见"标签的情况下，个体是选择接受"我命天定"的宿命论，还是勇敢地拥抱"我命由我不由天"的自主精神？这一选择不仅关乎个人的职业发展，也关系到每个人对生活的掌控和对未来的希望。

客观上说，要成为一名明星员工或头部员工，通常需要天时、地利、人和的完美结合。若以经典的 AOM 理论为镜，这意味着能力（ability）、动机（motivation）与机遇（opportunity）三者需达到和谐的统一。在能力维度上，人的能力分布大致遵循正态分布原则，意味着多数人的能力水平相近，差距并不悬殊。因此，单纯依赖能力难以在激烈的职场竞争中脱颖而出。动机层面则更为复杂多变，每个人的心态与触发机制各具特色，且易受外界环境波动的影响。至于机遇，正如孟子所言："虽有智慧，不如乘势；虽有镃基，不如待时。"[1] 这句话深刻揭示了机遇和人脉对于成功的重要性。即便个人才智出众，缺乏机遇垂青和高人指点，亦难成大器。在职场中，由于领导者资源有限，他们与员工间形成了不同层次的领导－成员交换关系（LMX）[2]，进而形成了"圈内人"与"圈外人"的差序格局。这一格局导致仅有少数幸运儿能跻身领导核心圈，享受丰富的资源与晋升机会，而大多数人则只能徘徊在资源匮乏、晋升机会渺茫的圈外。

正是由于能力的差异性、动机的易变性和机遇的随机性三者的叠加效应，组织中的绩效贡献呈现出幂律分布，少数位于顶部的明星员工光芒四射，而大多数员工则黯然失色，散落在人才幂律分布的长尾区域（见图 15 - 1）。因此，在组织内部，不被看好几乎成为一种常态，多数员工都背负着不同程度的"劣势者标签"。

---

① 这段话源自《孟子·公孙丑上》。孟子的弟子公孙丑问孟子，如果他在齐国执政，能否达到管仲那样的成就。孟子对此表示不同意。他指出，齐国人只看到管仲的才能，却忽略了时代背景的影响，而不了解时代背景就无法有效治理国家。孟子进一步强调，即使是像武王、周公这样的英明君主和贤臣，若不适应他们所处的环境，也难以实现国家的善治。这引出了他的观点："虽有智慧，不如乘势；虽有镃基，不如待时"。意思是，一个人即使拥有卓越的智慧，如果不能利用有利的形势，也难以成功；就像拥有好的农具，如果不等到合适的农时耕作，也得不到好的收成。这句话告诉我们，在追求目标时，不应只依赖自己的能力和资源，敏锐地洞察并抓住时机，顺应形势，才能更有效地达成目的。

② 领导－成员交换理论（leader-member exchange theory，简称 LMX 理论）起源于 20 世纪 70 年代，由乔治·格里奥（George Graen）和他的同事们提出。LMX 理论聚焦于领导与成员之间的双向关系质量。LMX 理论认为，领导和下属之间会形成不同质量的交换关系。在这些关系中，领导与部分下属建立起高质量的交换关系，这些下属被视为"圈内成员"（in-group members）；而与其他下属则建立起相对低质量的交换关系，这些下属属于"圈外成员"（out-group members）。

心智模式：加工劣势者信息的分水岭

在现实社会中，我们常常面临一个悖论：人们对那些轻而易举获得的成功评价颇高，对天才和冠军充满崇拜；然而，与此同时，大家又不断强调个人努力与自我提升的重要性。这一悖论背后，其实隐藏着人们不同的心智模式在起作用。

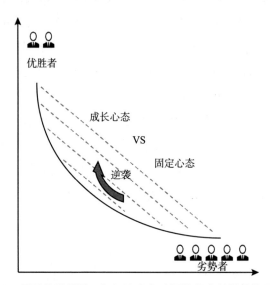

图 15 – 1　顶部的明星员工与沉淀在人才幂律分布长尾处的平庸员工

如本章开篇所述，内隐偏见犹如一副有色眼镜，导致员工对职场环境产生悲观预期。这种偏见根源于对职场竞争的过度解读以及对劣势群体的刻板印象，他们更容易认为成功总是遥不可及，自己无论付出多少努力都难以改变现状。一旦这种消极心态生根发芽，员工便可能陷入沮丧情绪，选择"佛系"或"躺平"的生活态度，沦为任命运摆布的"傀儡"。

然而，正如赛场上弱者逆袭强者的案例屡见不鲜，"黑马效应"揭示了即便不被看好，也可能激发个体的逆反心理或挑战动机，通过采取积极行动来证明他人的劣势者成见是错误的。这类群体敢于打破消极的内隐偏见，拥有坚定的内在信念。他们深知，与其等待上级的垂青或命运的垂怜，不如主动出击，改变思维方式，提升自我能力，从而把握自己的命运，实现弯道超车或逆风翻盘。

显然，傀儡效应与黑马效应背后隐藏的是截然不同的心智模式。斯坦福大学著名心理学家卡罗尔·德韦克（Carol Dweck）提出的内隐理论，深刻揭示了人们对于能力与人格发展等基本特性的认知差异，形成了固定心态（fixed mindset）与成长心态（growth mindset）两种截然不同的心态模式。其核心差异在于如何看待能力与失败：固定心态者认为能力如同刻痕一般无法改变，失败意味着能力差且难以挽回，因此倾向于回避反馈以隐藏自己的不足；而成长心态者则认为能力是可以通过不懈努力而改变的，失败只是暂时的困境，是通往成功的必经之路，因此倾向于积极面对并不断改进。

固定心态与成长心态的差异具体体现在以下五个方面。

第一，参照焦点。固定心态者热衷于与他人比较，以此彰显自己的能力；而成长心态者则专注于自我提升，追求个人成长与进步。

第二，面对失败。固定心态者视失败为能力的直接体现，将一次失败视为永恒的身份标签；而成长心态者则将失败视为经验不足或技能欠缺的暂时表现，视其为成长和学习的机会。

心理学大师介绍

卡罗尔·德韦克

卡罗尔·德韦克（Carol S. Dweck），心理学杰出学者，美国人文与科学院及美国国家科学院院士，被誉为"成长心态理论的先驱"。

个人背景

德韦克于1946年10月17日出生于纽约，她在哥伦比亚大学巴纳德学

院获得心理学学士学位，1972 年在耶鲁大学获得博士学位。德韦克教授在伊利诺伊大学和哥伦比亚大学任教多年，2004 年，她加入了斯坦福大学，担任刘易斯及维珍尼亚·伊顿心理学教授。

主要成就

德韦克教授率先提出成就目标理论和成长型心态理论。她将心态定义为一种思维定势，指导我们对事物的认知过程。她区分了两种心态：成长心态和固定心态。成长心态的人视工作为提升能力的机会，将成功归因于努力，并积极看待失败。他们对学习充满热情，拥有开放性思维，愿意接受批评，适应变化，并追求持续进步。相反，固定心态的人认为能力和智力是天生且不可改变的，他们避免挑战，对失败反应消极，过分在意他人评价，对批评敏感，抵触变化。在成就目标理论中，德韦克区分了精熟目标（mastery goals）和表现目标（performance goals）两种目标取向。成长心态倾向于精熟目标，更多地关注任务的理解和能力的提升。相反，固定心态者倾向于表现目标，更关心如何通过工作表现来证明或提升自己的能力，避免被别人看不起，因此他们选择容易成功或能够显示自己聪明才智的工作。

为了验证其理论，德韦克教授在纽约对 400 名五年级学生开展了一项精心设计的实验。实验开始时，每个孩子都收到了一组难度适中的试题。测试结束后，研究人员不仅公布了孩子们的得分，还给予了他们简短的六字表扬。一半的孩子因其智力受到表扬（"你真聪明"），以操纵变量固定心态；另一半孩子则因其勤奋得到赞扬（"你真努力"），以操纵变量成长心态。在第二轮测试中，孩子们可以选择试题的难度。结果显示，被赞扬勤奋的孩子中有 90% 选择了更难的题目，而被称赞聪明的孩子则大多选择了容易的题目。德韦克教授解释这一现象时指出："称赞智力可能会无意中传达出一种信息：重要的是显示自己的聪明，而非冒险犯错。"在第三次测试中，所有孩子的题目难度都显著提高，导致他们全都遭遇失败。但两组孩子的反应截然不同：勤奋组的孩子积极钻研，乐于尝试不同的解决方法，而智力组的孩子则对难题感到厌恶，认为失败证明了自己的不足。

主要著作

《终身成长》（*Mindset：The New Psychology of Success*）、《自我理论：它们如何影响动机、人格与发展》（*Self-Theories：Their Role in Motivation，Personality，and Development*）和《关于智力的心态》（*Mindsets about intelligence*）。

学术荣誉

2010 年荣获美国心理学会桑代克（Thorndike）教育心理学职业成就奖；2011 年获得美国心理学会杰出科学贡献奖；2013 年被授予心理科学协会詹姆斯·麦基恩·卡特尔（James McKeen Cattell）终身成就奖；2017年荣膺一丹教育研究奖；2020 年获得心理科学协会威廉·詹姆斯奖。这些奖项无一不是对她在心理学领域卓越贡献的高度认可与赞誉。

资料来源：图片来自作者学术网站，https：//dweck. socialpsychology. org/files。

第三，努力尝试。固定心态者认为努力是高风险行为，担心失败会破坏自己的形象；而成长心态者则认为不尝试才是最大的风险，视努力探索为成长的必经之路，勇于接受挑战。

第四，印象管理。固定心态者易受外界标签的影响，无论是正面还是负面标签都会干扰其自我认知；而成长心态者则坚信自己能够超越短期困境，相信通过不懈努力，未来仍有赶超的可能，不受外界评价的束缚。

第五，行为效应。固定心态者倾向于回避反馈以保全自我形象，放大消极影响，产生"傀儡效应"；而成长心态者则可能因质疑而激发证明自我实力的欲望，面对挑战时渴望展现自身能力的持续提升，产生"黑马效应"。

特质激活理论①指出，特定的情境线索会激发潜藏的个体特质进而引发不同的行为模式。劣势者成见，即不被看好的情感体验，作为一种社会情境线索，蕴含着"预期失败"的消极信息。这种线索能够触发固定心态中"回避"特质的激活条件，导致个体倾向于采取回避策略来应对消极反馈，以维护自我形象并避免外界负面评价的伤害。同时，"劣势者成见"所蕴含的负面反馈信息，也符合成长心态中"改变"特质的激活条件。与逃避负面评价不同，拥有成长心态的个体更可能产生抗拒心理，并激发出证明他人错误动机。这种心态的激活促使个体面对挑战，将负面反馈视为自我提升和证明自己能力的机会。

综上所述，员工未来能否在职场中脱颖而出，成为组织中的佼佼者，还是黯然沦为人才分布长尾处的"佛系"一员，很大程度上取决于其心智模式——即是否坚信自己能够通过不懈努力改写组织中的命运轨迹（见图 15 - 1）。个人心态模式（固定心态与成长心态的对比）与内隐偏见（被低估的"劣势者"与被看好的"优胜者"）之间复杂而微妙的相互作用，以及这种交互作用如何深刻地影响个体的行为决策与职业发展路径。

傀儡效应：固定心态与我命天定

持有固定心态的人通常相信能力是天生的，他们认为高智商是遗传基因的直接产物。这种观点将人才定义为一个"排他性"的概念，即只有少数在特定领域拥有非凡能力和成就的人才能被称为人才。这种观念使得人才的培养和成长变得困难重重。在这种心态下，每一次的努力和尝试都被看作是对

---

① 特质激活理论（trait activation theory，TAT），由罗伯特·泰特（Robert P. Tett）和唐·伯内特（Dawn Burnett）共同提出，该理论阐释了外部环境如何触发个体内在特质，从而塑造出特有的行为模式。这一理论将个体的特质比作沉睡的种子，它们通常潜藏于内心深处。在特定的外部情境刺激下，这些特质便如同春风吹拂下的种子，被唤醒并开始展现其潜在的力量，引导个体做出与其特质相一致的决策和行动。以参加一场婚礼为例，婚礼的庄严氛围和仪式感就像一股无形的力量，悄然唤醒了参与者内心深处的庄重感这一特质。这种被激活的特质随后会在个体的言行举止中自然流露，促使他们以一种更加正式和尊重的态度参与婚礼的每一个环节。

自身能力的一次严峻考验。他们害怕一旦努力后未能达到预期的结果，就会暴露出自己能力的不足，从而损害他们在他人眼中的形象。

因此，面对挑战，他们的第一反应往往是忧虑和畏惧。对他们而言，最理想的状态是不费吹灰之力就能取得成功。一旦遭遇失败，他们便容易陷入自我怀疑和深深的挫败感中，不断地反思自己的不足，让"无能和无价值"的念头在心中萦绕不去。他们衡量自己能力的唯一标准，就是与他人的比较：要么超越他人，要么至少不落于人后。

借鉴第九章的方法，我们可以发现，这类人会产生四种不同类型的社会比较模式，如图15-2所示。这些模式反映了他们在社会互动中如何通过比较来评估自己的能力和价值。通过理解这些比较模式，我们可以更深入地洞察固定心态个体的心理动态，并为他们提供更有效的支持和指导。

象限Ⅰ：上行对比——自怜自艾者。面对比自己更优秀的榜样，固定心态的个体往往会感受到一种难以逾越的差距。他们内心深感自己的能力有限，且提升之路似乎遥不可及。这种认知不仅削弱了他们的自我评价，更刺痛了他们的自尊心。他们对现状心怀不满，却因缺乏有效的改进策略而感到束手无策。在他人耀眼的成就面前，他们既感到敬畏又心生嫉妒，这种复杂的情绪使他们陷入了自我怜悯和嫉妒的漩涡。在这种情绪的驱使下，他们对待工作任务的态度变得消极，甚至采取一些隐性的手段来阻挠他人工作，以此来维护自己脆弱的自尊。

象限Ⅱ：下行对比——安乐现状者。为了维护积极的自我形象，固定心态的个体会自发地进行下行比较，通过"比上不足比下有余"的心态来安慰自己的平庸和失败。他们沉溺于安逸的现状，用"差不多得了"来安慰自己，任由自我良好的感觉蔓延，错失发展自我的机会，不思进取，陷入自我设限的牢笼，逐渐沦为人才分布长尾的劣势员工。

象限Ⅲ：下行同化——怨天尤人者。下行比较的同化效应意味着，个体觉得自己失去了掌控力而无力改变现状，并将失败的原因归结为外部因素，开始自暴自弃。他们担心自己随时被同化为绩效不佳的员工，成为组织绩效的"拖油瓶"，这让他们产生恐惧焦虑甚至心生怨恨，怀着"我不行你也别

想行"的恶劣心态，处处给组织中表现优异的员工拆台、使绊子来阻止他们
开展工作。

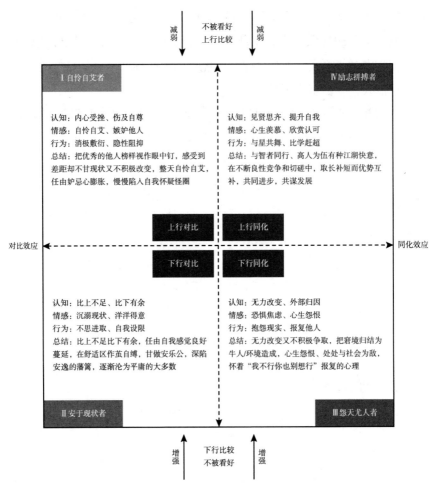

图15-2 固定心态下员工的四种社会比较模式

象限Ⅳ：上行同化——励志拼搏者。优秀的榜样常常能激发员工的上进
心。出于提升自我的动机，他们会主动向这些优秀人群靠拢，羡慕他们的成
就，并增强改变现状的决心。"梅须逊雪三分白，雪却输梅一段香"，他们抱

着不服输的心态，不断与优秀员工比较，在良性的竞争和切磋中寻求进步，取长补短。

以上分析表明，固定心态的个体会产生四种比较方式，有 75% 的概率导致不良反应。在不被看好的情境下，固定心态的员工会时常处在被判定为失败者的畏惧之中。这种心理状态极大地消耗了他们理性应对挑战所需的心理资源。因此，他们更倾向于将他人的卓越成就和外部环境的挑战视为对自身能力的威胁，转而通过下行比较来寻求心理上的慰藉，以此维护脆弱的自尊。

更为严重的是，固定心态的个体极易受到"煤气灯效应"① 的侵蚀。这一心理现象，也被称为认知否定，其本质在于个体被外界信息所误导，以至于扭曲了自己对现实的认知。在"煤气灯效应"的作用下，个体开始不断地质疑自己的判断、记忆乃至精神状态，最终将他人对自己的负面评价，如被视为劣势者，内化为自我认知的一部分，从而彻底失去了自我主宰的能力，成为了命运的"傀儡"。

我们进一步推测，在不被组织看好的情境下，固定心态的个体更容易受到"劣势者成见"的影响，从而加剧他们向第二象限（即沉溺于下行比较带来的虚假满足感）和第三象限（即因无力改变现状而自暴自弃，甚至对他人产生恶意报复行为）的转化。与此同时，他们向第四象限（即通过上行同化实现自我超越）的转化则会受到抑制。这意味着，在"劣势者成见"的阴影下，固定心态的个体更容易陷入社会比较的恶性循环之中，最终滑向平庸的

---

① 这个概念出自 1938 年的一部名为《煤气灯下》（*Gaslight*）的舞台剧。在这个故事里，男主角心怀叵测，为谋取女主角的财产，精心策划并实施了一连串阴险手段。他蓄意使煤气灯闪烁不定，光线忽明忽暗，而当女主角敏锐地察觉并提及灯光的异样时，他却矢口否认，态度坚决地声称灯光全然正常，笃定地将这一切归咎于女主角的无端幻觉。如此行径，使得女主角逐渐陷入自我怀疑的泥沼，对自身的感知与记忆的可靠性产生了深深的困惑与质疑，精神状态也随之摇摇欲坠。而事实上，这所有的一切都是男主角暗中精心策划的，他妄图通过这种方式将女主角逼至发疯，进而占有她的财产。后来，退休的侦探登场，针对这一连串离奇的事件展开了深入调查。这部舞台剧凭借精巧的情节架构以及对心理操控入木三分的刻画而声名远扬，也由此催生出了"煤气灯效应"这一心理学概念。所谓"煤气灯效应"，是指一个人或者一个群体通过对另一个人心理的操纵，使被操纵者对自身的认知、记忆、感知等方面都产生怀疑，最终逐渐丧失自信，进而对操纵者的判断产生依赖。这其实是一种情感上的虐待与控制手段。

深渊，失去了成长与进步的可能。

黑马效应：成长心态与我命由我不由天

　　导演饺子（杨宇）执导的《哪吒》系列动画电影，无疑在中国动画电影史上留下了浓墨重彩的一笔。该系列第二部《哪吒之魔童闹海》不仅以其精湛的制作技术和视觉效果轻松突破百亿（人民币）票房，更以其深刻的主题和丰富的情感内涵触动了无数观众的心灵。影片中的哪吒，是一位天生异相，信奉"生死都看淡，专和老天对着干"的魔童，遭受着世人的偏见和排斥。然而，正是这样的逆境，激发了他内心深处对挑战的无畏追求和对未知世界永无止境的好奇心。他没有选择屈服于命运，而是跟随师父太乙真人潜心修炼，不断突破自我极限，用实际行动诠释了"我命由我不由天"的倔强与坚韧。最终在敖丙水淹陈塘关的危急时刻，哪吒挺身而出，以超凡的勇气和力量拯救了陈塘关的百姓，也战胜了那个曾经不被看好的自己。实际上，人类的本性是驱动向上的，人们天生就具备自发学习、主动探索以及通过迎接挑战来检验和拓展自身才能的内在心理特性。学者格林·杰森（Glen Jensen）主持的一项经典实验对这一观点进行了有力验证。

　　实验团队在某个特定的时间点，把一只饥肠辘辘的白鼠放进一个特制的"斯金纳箱"内，如图 15 – 3 所示。箱子里面装有一个特制的喂食器，就像个贴心的管家，红灯一亮，就会自动投放食物，白鼠食饱后被取出箱子，连续几天如此。

　　小白鼠慢慢就养成习惯，每到那个特定的时间点，就眼巴巴地等着食物从天而降。突然有一天，红灯"罢工"了，原本该投放食物的喂食器停止了工作。饥饿难忍的白鼠等不到食物急得团团转，无意间碰到了一个撬杆，弹出食物，接着按一下，又弹出一个食物，直到灯灭为止。

　　第二天，实验继续，红灯又按时工作了，喂食器也恢复了正常，可以继续弹出食物，但是奇怪现象出现了，小白鼠宁可自己不辞辛劳地按动撬杆去获取食物，也对那自动弹出的食团不屑一顾，就好像它突然之间也领悟了

"劳动光荣"这个伟大的道理。实验的结果表明，体验自我决定力的激励作用不可小觑。

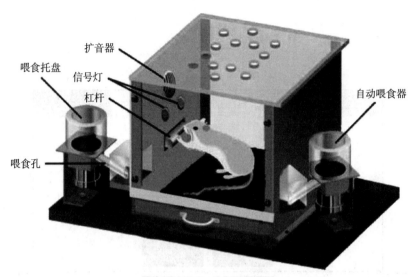

图 15-3 动物自我决定实验

据此，我们可以推断，在漫长的生存与演化过程中，个体逐渐发展出一种自我决定的本性，渴望通过挑战自我来掌控人生。这种心态被称为成长性心态。拥有成长心态的人专注于自我比较和个人发展，他们相信能力是可以通过不断学习而提升的，而失败只是通往成功的暂时性障碍。这种心态的个体会通过与自己的未来和过去进行比较，形成两种社会比较效应：对比与同化，从而产生四种社会比较模式，如图 15-4 所示。

象限Ⅰ：未来对比——追梦前行者。个体若将当下的自我与预期中的未来自我进行比对，能敏锐地察觉到两者间的差距，进而精确地定位这一差距。他们以未来的愿景为激励源泉，激发内在潜能，专注于眼前的任务，致力于通过不懈努力缩小差距，实现个人追求。

象限Ⅱ：过去对比——自我怀疑者。当持有成长心态的员工与过去的自我相比较，若未能达到昔日设定的期望，可能会陷入自我否定的情绪漩涡，感到沮丧，并在不断的自我能力质疑中滋生习得性无助，认为自己无论付出多少努力都无法达到既定目标，甚至面临从成长心态退化为固定心态的风险，此时，个体易于接受并内化外界对自己的负面评价。

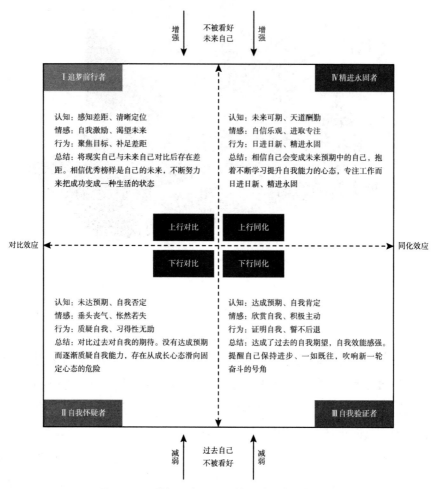

图 15－4　成长心态下员工的四种社会比较模式

象限Ⅲ：过去同化——自我验证者。当个体将当前的自我与过去的自我视为一致，认为已达成昔日的期望，这将极大地提升自我效能感，增强对自我能力的认同，并激励自己保持持续进步的状态，向外界展示自己的能力，坚定不移地迈向下一个奋斗目标。

象限Ⅳ：未来同化——精进永固者。个体在朝向未来理想自我的征途中，通过不断学习提升自我，在完成一项项任务和目标的过程中积累自信，聚焦于每一点进步，专注于工作，形成了一种日新月异、持续精进的效能循环。

上述分析揭示，成长心态的个体在比较过程中展现出四种模式，其中75%倾向于产生积极影响。成长心态的员工更倾向于展现延迟满足的特性，他们更愿意为了长远的利益而牺牲当前的即时满足，更偏好与未来的自我进行上行比较。在面临外界质疑时，他们视当前的困境为暂时的，并相信未来会有所改变，通过证明自身能力来改变他人的看法，有时甚至能逆袭成为"黑马"，赢得领导的特别关注，为未来赢得更多的资源和机遇。成长心态的强大之处在于，即使在不利的外部环境下，它也能为个体提供力量，让他们相信自己即使在不擅长的领域也能全情投入并持之以恒。面对失败的风险，他们虽会感到紧张，但会因此加倍努力。我们推测，在不被看好的组织环境中，他们会更倾向于向第一象限（面向未来的对比）和第四象限（向未来自我同化）的方向发展，而减少向第二象限（回顾过去的对比）和第三象限（与过去自我同化）的转化。

以剥洋葱的勇气：突破固定心态，培养成长心态

埃隆·马斯克在公开访谈中强调，他招募人才时从不拘泥于年龄界限，团队中既有青春洋溢的18岁青年，也不乏经验丰富的70岁长者，这与国内某些所谓的大厂盛行的"35岁魔咒"形成了鲜明对比。他尤为重视的是员工的心态——一种对未来满怀激情、不懈追求的热情。这无疑凸显了成长心态在个体成长道路上的至关重要性，它超越了年龄的限制，成为推动个人不断前行、持续进步的关键动力。

要突破固定心态，培养成长心态，关键是要认清自己，勇于跨越舒适区的界限，并理智地调和个人经历与自我价值之间的潜在冲突。新一代管理大

师的比尔·乔治（Bill George）在其经典著作《真北》（*True North：Discover Your True North*）中，生动地将自我探索比作剥洋葱的细腻过程。

如图 15 – 5 所示，洋葱的外层，即我们的外在形象：服饰风格、言谈举止、行为模式、面部表情等，它们如同坚硬的盔甲，帮助我们在职场的风雨和社会的磨砺中保护那颗敏感而易受伤的心。深入探索内在自我的第一步，便是理解这些"洋葱皮"——它们往往是通向内在真我之门的钥匙。剥去这些外壳后，我们方能逐渐揭开自己的优势与短板，明了内心真正的渴望与需求。继续向内探索，我们或许会发现过往经历如何塑造了我们的价值观，以及这些价值观如何潜移默化地引导着我们的生活轨迹。直至触及洋葱最为紧裹内核的那几层，我们会直面自己的盲点与脆弱，而在那最深处的核心，则蕴藏着我们的信念之力及我们在生活环境中的独特定位。

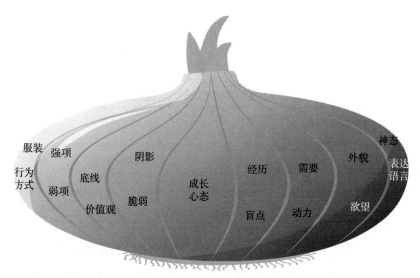

图 15 – 5　剥洋葱：一场深入自我的探索之旅

在自我探索的征途中，每剥落一层洋葱皮，都意味着向更真实的自我迈进一步。随着逐步接近心灵的核心，那些内在层次愈发显得柔软而敏感。当个体感受到威胁时，为了守护内在真我免受外界侵扰，人们会发展出一套有效的外界互动策略，这一过程中可能错误地构建了自我认知。随着与外界互动的深化，我们的"洋葱皮"也随之增厚，结构愈发复杂。这也揭示了成长心态者为何敢于"明知山有虎，偏向虎山行"，他们无惧展现不足，视错误为成长的阶梯；而固定心态者则倾向于"安全至上，避而不战"，担心承认弱点或犯错会招致排斥与轻视。面对逆境与偏见，我们的心态决定了如何响应成功与失败，以及如何与周遭环境和谐共处。正如物理学巨擘理查德·费曼（Richard Feynman）所言，洋葱的内层愈发辛辣，追求内心真实、不断挑战自我的过程，需要一边流泪一边剥的勇气与决心，直至触及那个最本真的自我，方能实现真正的蜕变与成长。

要超越固定心态，培养成长心态，可以采取以下一系列具体的策略。

第一，深化自我认知是关键。这要求定期进行自我反思，诚实地评估个人的优势与不足，以及这些特质如何影响日常决策和行为。同时，从多个角度审视自我，包括倾听他人的反馈和观察，有助于构建一个更全面、准确的自我形象。

第二，勇于迎接挑战和面对失败。成长往往源自舒适区之外，因此应主动寻求新任务和挑战，尤其是那些具有不确定性的任务。当遇到失败时，应将其视为宝贵的学习机会，而非个人价值的否定。从失败中吸取教训，调整策略并再次尝试，这样的循环将推动个人不断进步。

第三，培养积极心态至关重要。保持乐观，相信通过不懈努力和实践，可以克服任何困难。关注个人进步，即使是小步骤的成功也值得庆祝。积极心态能激励个人持续前行，不断追求更高目标。

第四，为了支持个人成长，需要持续学习和发展。投资于自己的知识和技能，通过读书、参加培训、寻求导师指导等方式，不断提升能力和适应性。设定个人发展目标，并制定具体行动计划，以保持专注并朝着目标前进。

第五，建立成长导向的反馈机制也很重要。寻求来自同事、导师或教练的建设性反馈，了解在哪些方面可以改进。倾听并接受反馈，将其视为推动个人成长的动力。反馈不是批评，而是帮助个人成为更好版本的自己的宝贵资源。保持耐心和坚持同样关键。成长是一个渐进的过程，需要时间和耐心。不要期望一蹴而就，而是在遇到挫折时保持坚韧不拔的精神。相信自己的潜力和能力，相信通过持续努力和实践，可以实现成长目标。

管理学大师介绍

比尔·乔治

比尔·乔治（Bill George）是继彼得·德鲁克（Perter Drucker）、沃伦·本尼斯（Warren G. Bennis）之后，被公认为"新一代的管理大师"。

个人背景

1964 年，比尔·乔治从佐治亚理工学院毕业，获得工业与系统工程学士学位。1966 年，他又获得哈佛大学工商管理硕士学位。他的职业生涯始于美国国防部，曾担任国防部助理秘书（财务主管）的助理，后成为海军部长的特别文职助理。

主要成就

在商业领域，比尔·乔治成绩卓越。他曾在 1969 ~ 1978 年间担任利顿微波烹饪产品公司总裁，之后成为霍尼韦尔公司的执行副总裁及霍尼韦尔欧洲的总裁。1989 年，他加入美敦力公司，先后担任总裁兼首席运营官、首席执行官以及董事会主席。在他的领导下，美敦力公司市值从 11 亿美元增长到 600 亿美元，使美敦力成为全球领先的医疗技术公司，他也因此被美国管理学会选为"2001 年度风云高阶经理人"等。他还在多个知名企业的董事会任职，如曾在诺华、埃克森美孚、梅奥诊所和高盛的董事会任职，目前在非洲儿童之友（CFK Africa）的顾问委员会任职。

在学术界，比尔·乔治同样享有盛誉。2004 ~ 2016 年，他一直在哈佛商学院担任高级研究员，致力于领导力理论与实践的研究。他还曾在瑞

士洛桑联邦理工学院、国际管理发展研究所及耶鲁管理学院担任教授或驻校执行官等职务。比尔·乔治提出了真诚领导力理论，这一理论在他的著作《真北：发现你的真实领导力》中得到了深入阐述。首先，它引导读者认识并拥抱自己的"真北"——即个人的核心价值观与真实自我，这是领导力的源泉与指南针；其次，书中详细阐述了如何通过实践个人原则、寻找领导动力以及构建支持性的领导团队来强化真诚领导力；此外，比尔·乔治还深入探讨了领导过程中的授权艺术，包括如何设定清晰的目标、激发团队的激情以及如何平等地赋予他人领导权等。该书采访了当今全球最顶尖的 125 位领导者，强调要成为一名"真北型领导者"，必须具备真诚（truth）、透明（transparency）与信任（trust）三个关键因素。在成为一名"北极星型"领导者所需要的所有品质中，正直，或者说讲真话是一个不可或缺的价值。信任是商业王国的货币。领导者不仅要建立品牌信任，还要建立客户对其产品质量、服务和真实性的信任。同时，领导者在员工之间建立信任也很重要，必须及时向员工披露真相，透明地与员工分享信息。

主要著作

其著作丰富且影响深远，包括《真实的领导：重新发现创造持久价值的秘密》（*Authentic Leadership：Rediscovering the Secrets to Creating Lasting Value*）、《真北：发现你的真实领导力》（*True North：Discover Your Authentic Leadership*）、《找到你的真北：个人指南》（*Finding Your True North：A Personal Guidebook*）和《危机中的领导七课》（*7 Lessons for Leading in Crisis*）等。

所获荣誉

2012 年，当选为美国国家工程院院士。2014 年，获得富兰克林研究所颁发的鲍尔商业领导力奖。

资料来源：图片来自作者学术网站，https：//billgeorge. org/。

第六，培养自我效能感也是重要一环。通过设定并达成小目标来增强自信心和自我效能感。每次成功都是对个人能力的肯定，也是向更大目标迈进的基石。同时，实践正念与自我关怀，学会在当下保持专注和觉察，减少对过去错误的懊悔和对未来不确定性的焦虑。照顾好自己的身心健康，通过锻炼、冥想、良好的睡眠和健康的饮食来支持个人成长和发展。通过这些策略的实施，将逐渐超越固定心态的限制，培养出一种更加开放、灵活和成长导向的心态。记住，成长是一个终身的过程，每一次努力都是向更好版本的自己迈进的一步。

诚如古语所云："苟日新，日日新，又日新。"成长心态引导我们以自身为参照，将关注焦点从外界他人转向内在自我。它使我们时刻保持自省的敏锐，每日自问：今日之我，是否较昨日有所进步？明日之我，能否超越今日？当我们全身心投入自我成长与提升的征程，便无暇顾及那些既伤害他人又对自身无益的琐碎之事，从而能够全情聚焦于个人发展的战略优先项，推动自我持续向前发展。

文化导航：打破固定思维，引领普通员工跃迁逆袭

由于资源分配的局限性，往往只有少数明星员工和高潜质人才能够站在聚光灯下，享受组织的重点关注与扶持。然而，绝大多数普通员工却常常在幕后默默耕耘，他们的才华与潜力往往被忽视。尽管这已成为一种难以避免的职场常态，但我们不能因此忽视对普通员工的人文关怀与激励。

中国传统文化源远流长，既承载着仁爱、礼义等积极向上的价值观，也难免夹带着因循守旧、畏惧变革的文化杂质。这些杂质首先表现为对权威的过度尊崇、对传统的盲目追随，以及对变革的深深畏惧与抵制，与固定心态紧密相关。例如，古代所倡导的"守常"观念，着重于维持现状、不轻易改变，这种心态在一定程度上限制了人们的创新精神和探索勇气。其次，传统文化中还潜藏着一种"不敢为天下先"的心理倾向，这使得人们过于依赖传统规范与权威指导，丧失了独立思考与勇于创新的精神。在面对新事物时，

人们往往心怀恐惧，害怕失败与挫折，不敢轻易尝试与挑战自我。再次，某些传统文化观念中，失败被片面地视为个人能力的欠缺或道德的沦丧，因而遭受严厉的责难与惩罚。这种对失败的偏颇看法，无疑加剧了人们的固定心态，使他们在遭遇失败时更加焦虑不安、沮丧消沉，甚至陷入自我否定的泥潭。这些文化观念加剧了个体的固定心态，使个体在面对失败时更加焦虑和沮丧，甚至产生自我否定的情绪。这种心态不仅限制了个人的成长与发展，也在一定程度上制约了个人的进步与创新。

然而，在这种背景下，"黑马"的成功尤为引人注目，它们不仅打破了传统的预期和束缚，更以独特的方式触动了人们的文化认同和情感共鸣。黑马的成功象征着一种文化追求：在一个开放、包容、鼓励创新的文化环境中，每个人都有可能脱颖而出，实现自己的价值。这种文化环境为黑马提供了肥沃的土壤，使它们能够自由地探索、创新，并最终以出人意料的方式展现自己的才华和实力。相反，一个保守、封闭、排斥异己的文化环境则会抑制黑马的出现，因为这样的环境往往缺乏包容性和创新性，无法为黑马提供足够的成长空间和支持。

人们在潜意识里对黑马的成功抱有深深的期待，因为这不仅代表着个体价值的实现，更代表着推动组织人才管理向多样性方向发展。黑马以它们独特的方式呈现文化元素和价值观，为组织带来了新的视角和思路，激发了组织的创新活力和发展潜力。因此，黑马的成功不仅是个人的胜利，更是组织文化繁荣和发展的有力证明。

综上所述，打破傀儡效应，激发黑马效应，在职场中具有重要的文化象征意义，它提醒我们关注那些被忽视的员工，创造一个开放、包容、鼓励创新的文化环境，鼓励每一名员工勇敢地面对劣势、挑战和失败，将其视为成长和学习的机会，让每个人都有机会成为职场中的黑马，为组织的繁荣和发展贡献自己的力量。

本章小结

　　本章深度剖析了如何打破固定心态的桎梏，激发并培养成长心态，助力那些在职场中处于"不被看好"境遇的员工实现职业生涯的逆袭。正如卡罗尔·德韦克在其著作《终身成长》中所阐述的，成长是一场没有终点的旅程，而非一个即时的成就；每一次成功的背后，都是无数次失败后能力的蜕变与升华，通过不懈的坚持与努力，成功终将融入个体的生命轨迹，成为生活的常态与底色。

　　我们首先揭示了内隐偏见如何催生"劣势"员工群体的消极"躺平"心态，深入剖析了这种心态的根源及其潜在的负面影响。紧接着，从心态差异的独特视角出发，我们探讨了面对"被低估"的困境时，不同心态如何影响个体对这类负面信息的解读与应对，进而塑造出迥异的认知与行为轨迹——是无奈地接受"我命天定"，还是宣告"我命由我不由天"。在此基础上，我们进一步剖析了固定心态如何诱发个体的"傀儡效应"，以及成长心态如何激发"黑马效应"的心理机制和行为结果。最后，我们从重塑个人自我认知、激励机制创新与文化熏陶多个层面提出策略，帮助个体挣脱固定心态的束缚，激活内心的成长动力，实现从被动接受命运的"傀儡"到主动挑战自我、在职场赛道上脱颖而出的"黑马"的转变。

　　综上所述，个人价值的核心在于自我认知的深度与广度，而非单纯依赖外界的评判。正如不能仅凭一个点来确定一条直线，个体的价值也不应被一时的挫败所定义。成长型思维帮助个体将成功视作努力的必然结果，而将失败视为通往成功的必经之路，是暂时的、可改变的。这样的信念体系使得个体在逆境中保持坚韧的自我效能感，在挑战中寻找到成长的契机，实现自我超越。

参考文献

[1] 刘源，马君.（2018）.职场主配角轮换.企业管理，39（5），85－86.

[2] 马君，昌思婷.（2024）.嫉妒漩涡中的明星员工自尊之战.清华管理评论，15（6），44－51.

[3] 马君，韩宁，闫嘉妮.（2017）.高明领导的"情感绑架"术.企业管理，38（6），34－35.

[4] 马君，皇甫语嫣.（2024）.人才概念悖论与破解人才管理困境.清华管理评论，15（3），44－51.

[5] 马君，马兰明.（2024）.明星员工的社交悖论：毁方瓦合还是卓尔不群.南开管理评论.33（7），148－160.

[6] 马君，彭媛.（2019）.明星员工空降，如何打造"与星共舞"平台.清华管理评论，10（12），45－42.

[7] 马君，彭媛.（2019）."选窝"策略：破解"佛系"员工激励困局.中欧商业评论，12（4），24－29.

[8] 马君，任茹，闫嘉妮.（2018）.超级明星领衔的团队何以溃败.清华管理评论，9（12），20－26.

[9] 马君，吴洁.（2019）.领导更替，明星员工的光芒如何延续？清华管理评论，10（7），18－23.

[10] 马君，闫嘉妮.（2017）.破解精英激励的困局.清华管理评论，8

（11），44-50.

［11］马君，闫嘉妮.（2020）.正面反馈的盛名综合症效应：正向激励何以加剧绩效报酬对创造力的抑制？.管理世界，36（1），105-121+237.

［12］马君，张昊民，杨涛.（2015）.成就目标导向、团队绩效控制对员工创造力的跨层次影响［J］.心理学报，47（1），79-92.

［13］马君，张锐.（2019）.打破"明星近视症".中欧商业评论，12（10），18-25.

［14］马君，张锐.（2019）.领导与明星员工：权力与地位的冲突与融合.中欧商业评论，12（10），26-31.

［15］马君，张锐.（2022）.权重望寡：如何化解低地位领导的补偿性辱虐管理行为？心理学报，54（5），566-581.

［16］马君，朱梦霆.（2023）.命运天定还是逆天改命：探索劣势者成见的"傀儡效应"与"黑马效应"心理学报，55（6），1029-1048.

［17］Asgari, E., Hunt, R. A., Lerner, D. A., Townsend, D. M., Hayward, M. L., & Kiefer, K. (2021). Red giants or black holes? The antecedent conditions and multilevel impacts of star performers. Academy of Management Annals, 15 (1), 223-265.

［18］Bailey, C., & Madden, A. (2016). What's wrong with work? Sloan Management Review, 57 (4), 53-61.

［19］Barnes, L. Y., Lacerenza, C. N., & Volpone, S. D. (2024). Becoming a right-hand partner: How lower-power employees heedfully challenge organizational leaders. Academy of Management journal, 67 (3), 704-736.

［20］Bednar, J. S., & Brown, J. A. (2024). Organizational ghosts：How 'ghostly encounters' enable former leaders to influence current organizational members. Academy of Management Journal, 67 (3), 737-766.

［21］Berger, J. (1988). Directions in expectation states research. Stanford, CA：Stanford University Press.

［22］Berger, J., Wagner, D. G., & Webster Jr, M. (2014). Expectation states theory: growth, opportunities, and challenges. Advances in Group Processes, 31 (1), 19 –55.

[23] Bergeron, D. M. (2007). The potential paradox of organizational citizenship behavior: good citizens at what cost? . Academy of Management review, 32 (4), 1078 –1095.

[24] Blau, P. (2017). Exchange and power in social life. New York, NY: Routledge.

[25] Bolino, M. C. (1999). Citizenship and impression management: good soldiers or good actors? . Academy of management review, 24 (1), 82 –98.

[26] Chen, J. S. , & Garg, P. (2018). Dancing with the stars: benefits of a star employee's temporary absence for organizational performance. Strategic Management Journal, 39 (5), 1239 –1267.

[27] Collins, R. (2014). Interaction ritual chains. Princeton. Princeton university press.

[28] Denrell, J. , & Liu, C. (2012). Top performers are not the most impressive when extreme performance indicates unreliability. Proceedings of the National Academy of Sciences, 109 (24), 9331 –9336.

[29] Etzioni, A. (1964). On self-encapsulating conflicts. Journal of Conflict Resolution, 8 (3), 242 –255.

[30] Fiske, S. T. , Cuddy, A. J. , Glick, P. , & Xu, J. (2018). A model of (often mixed) stereotype content: competence and warmth respectively follow from perceived status and competition. In Social cognition (pp. 162 –214). Routledge.

[31] Freund, J. , Brandmaier, A. M. , Lewejohann, L. , Kirste, I. , et al. (2013). Emergence of individuality in genetically identical mice. Science, 340 (6133), 756 –759.

[32] Griffin, M. A. (2013). The role of psychological states in work engagement and proactive behavior. In The Oxford Handbook of Work Engagement, Moti-

vation, and Self-Determination Theory (pp. 123 – 145). Oxford University Press.

[33] Griffin, M. A. , Neal, A. , & Parker, S. K. (2007). A new model of work role performance: positive behavior in uncertain and interdependent contexts. Academy of management journal, 50 (2), 327 – 347.

[34] Housman, M. , & Minor, D. (2015). Toxic workers. Harvard Business School Strategy Unit Working Paper, (16 – 057).

[35] Huckman, R. S. , & Pisano, G. P. (2006). The firm specificity of individual performance: Evidence from cardiac surgery. Management science, 52 (4), 473 – 488.

[36] Kehoe, R. R. , &Tzabbar, D. (2015). Lighting the way or stealing the shine? An examination of the duality in star scientists' effects on firm innovative performance. Strategic Management Journal, 36 (5), 709 – 727.

[37] Lam, C. K. , Van derVegt, G. S. , Walter, F. , & Huang, X. (2011). Harming high performers: a social comparison perspective on interpersonal harming in work teams [J]. Journal of Applied Psychology, 96 (3): 588 – 601.

[38] Levy, P. E. , Tseng, S. T. , Rosen, C. C. , & Lueke, S. B. (2017). Performance management: A marriage between practice and science-Just say "I do". In Research in personnel and human resources management (Vol. 35, pp. 155 – 213). Emerald Publishing Limited.

[39] Lynch, J. W. , & Rodell, J. B. (2018) Blend in or stand out? Interpersonal outcomes of managing concealable stigmas at work. Journal of Applied Psychology, 103 (12), 1307 – 1323.

[40] MA, J. , & ZHU, M. (2023). Accept or change your fate: exploring the Golem effect and underdog effect of underdog expectations. Acta Psychologica Sinica, 55 (6), 1029 – 1048.

[41] Ma, J. , Zhao, B. , Yan, J. , &Zatzick, C. D. (2023). Lovable fools and creativity in teams. Creativity and Innovation Management, 32 (4), 603 – 616.

[42] Maynard, D. C. , Joseph, T. A. , & Maynard, A. M. (2006). Un-

deremployment, job attitudes, and turnover intentions. Journal of Organizational Behavior, 27 (4), 509 – 536.

[43] Murnighan, J. K. , & Conlon, D. E. (1991). The dynamics of intense work groups: a study of British string quartets. Administrative Science Quarterly, 36 (2), 165 – 186.

[44] Nurmohamed, S. (2020). The underdog effect: When low expectations increase performance. Academy of Management Journal, 63 (4), 1106 – 1133.

[45] O'BoyleE. Jr. , Aguinis H. (2012). The best and the rest: revisiting the norm of normality of individual performance. Personnel Psychology 65 (1): 79 – 119.

[46] Oldroyd, J. B. , & Morris, S. S. (2012). Catching falling stars: a human resource response to social capital's detrimental effect of information overload on star employees. Academy of Management Review, 37 (3), 396 – 418.

[47] Petriglieri, J. , & Petriglieri, G. (2017). The talent curse: why high potentials struggle-and how they can grow through it. Harvard Business Review, 95 (3), 88 – 95.

[48] Redhead, D. , Cheng, J. T. , Driver, C. , Foulsham, T. , & O'Gorman, R. (2019). On the dynamics of social hierarchy: a longitudinal investigation of the rise and fall of prestige, dominance, and social rank in naturalistic task groups. Evolution and Human Behavior, 40 (2), 222 – 234.

[49] Takahashi, H. , Kato, M. , Matsuura, M. , Mobbs, D. , Suhara, T. , & Okubo, Y. (2009). When your gain is my pain and your pain is my gain: neural correlates of envy and schadenfreude. Science, 323 (5916), 937 – 939.

[50] Tzabbar, D. , & Kehoe, R. R. (2014). Can opportunity emerge from disarray? An examination of exploration and exploitation following star scientist turnover. Journal of Management, 40 (2), 449 – 482.

[51] Wang, Y. , Jones, B. F. , & Wang, D. (2019). Early-career setback and future career impact. Nature Communications, 10 (1), 4331 – 4341.

后 记

书稿封笔，自然一番滋味上心头。在为数不多的场合中，我有幸遇见诸多令我敬仰的前辈、并肩奋斗的同行，以及一群充满激情的年轻学者。他们的开场白常常是这样的："原来你就是马君，我们对你那系列探讨明星员工的商业文章非常喜欢。"更有甚者，在与编辑老师的通话中，发生了一段小趣事——"读你的这些文字，感觉细腻而温婉，一度以为你是位女士呢。"

我自知不是学生口中深藏不露的"扫地僧"，也不是埋首青灯黄卷的"老学究"，只是性格中确实带有几分闲散，不常出席学术会议，因此与同行面生也属情理之中。但这绝非我对同行交流的抗拒。相反，我一直笃信，以作品为媒介，是与同行进行深度对话的最佳方式。正是承蒙前辈们不吝鼓励和同行的认可，促使我将零散刊发的文章进行系统整合与迭代升级，使之成为一部更加完整、深入的著作，以期在更高的平台上与更多的同行和企业家进行更广泛、更深刻的交流。

写作的艰辛超乎我的预想。这已是我的第三部著作，前两部作品分别探讨了绩效评价的内在机理和激励模式的创新，它们分别荣获了第11届和第13届上海市哲学社会科学优秀成果的二等奖和一等奖。这些荣誉在不经意间提高了我的期望，让我仿佛预见了未来更多的赞誉与荣耀。

然而，现实的冷水泼灭了我的幻想。前两部作品扎根于纯粹的学术领域，只需提出独到的思想和模型，确保方法得当、数据可靠，便能顺利成书。但这部新作严格意义上是一部商业著作，我不能用华丽的辞藻包装旧知，也不能沉溺于学者的自大与清高，自说自话，闭门造车。撰写本书必须坚守自己的思想主线，阅读严谨的学术文献，从中提炼出经过实证检验的结论，以复验管理实践的案例。为此我至少翻阅了一千余篇相关文献，力求做到言之有物，论之有据。

自古以来，中国便有"立德、立功、立言"的深刻思考与"安身立命"的哲学理念。历史上著名的政治家诸葛亮，对学问家进行了精辟的分类：所谓"儒有君子小人之别"。君子之儒，怀有崇高的情操与坚定的道德，"守正不阿，恶邪务善，泽被当代，名垂青史"。而小人之儒，则"专攻雕虫小技，翰墨为业，青春作赋，皓首穷经"，虽著作等身，却胸无大志，更遑论泽被后世。面对这样的历史镜鉴，我们该如何践行学术使命，做好学问呢？

国学大师王国维以其深邃的洞察力，概括了做学问的三种境界："昨夜西风凋碧树，独上高楼，望尽天涯路"，这是第一境，象征着对知识的渴望与追求；"衣带渐宽终不悔，为伊消得人憔悴"，这是第二境，代表着对学术的执着与奉献；"众里寻他千百度，蓦然回首，那人却在灯火阑珊处"，这是第三境，意味着在学术探索中的顿悟与发现。

我尤为欣赏《中国青年报》上一篇题为《我们应该怎样做学术？》的文章，它提出一个好的学者，应"心中有事，意中有人，眼中有泪"。心中有事，意味着深刻理解人生的责任与使命，如王船山所题："吾生有事"；意中有人，意味着尊敬并学习本专业领域的权威人物，如杨时之"程门立雪"，如齐白石之"愿为青藤门下走狗"；眼中有泪，则是对学术事业的深情与执着，如艾青所吟："为什么我的眼里常含泪水？因为我对这土地爱得深沉。"

坦诚而言，本书的撰写之旅让我深刻体会到了学术探索的艰辛与知识传递的欢愉。虽然在这一过程中难免有敝帚自珍的情绪，但这些文字终究是我多年坚持不懈、孜孜以求的心血与智慧的结晶。学术之路，虽然布满荆棘——我们投入的是满腔的热情，而常常收获的是孤独与寂寞，但最终，我们得以收获那些青涩而珍贵的成果。在此时刻，当我回望这段旅程，反思历代先贤的教诲，我的心中充满了复杂的情感与深刻的体悟。

书稿的完成，自然是感恩的季节。

致坚守的自己

　　我的研究领域是绩效与员工激励，这个领域可以用 16 个字来概括："学派冲突、观点对立、理论停滞、实践彷徨"。2014 年 10 月，我被公派到美国罗切斯特大学（University of Rochester）心理学系担任访问学者。心理学系大楼 Meliora Hall，这座于 1972 年落成并以校训命名的建筑，在拉丁文中，Meliora 寓意着"不断追求卓越"（ever better）。每日往返于 Meliora Hall 的办公室途中，我都会经过几乎与校园面积相当的霍普山（Mt Hope）公墓，不禁感慨万分：昔日的荣耀与辉煌已然沉寂于此，而与之相邻的校园却洋溢着勃勃生机与无尽活力，追逐着属于自己的未来。这种生命的轮回与更迭，或许正是对威廉·莎士比亚那句名言——"凡是过往，皆为序章"（All the past, all is overture）的深刻诠释。我的合作导师，安德鲁·艾略特（Andrew J. Elliot）教授，作为成就目标导向理论（AGO）的奠基人，自始至终都是我学术旅程中的重要参照。记得 10 月 22 日那天，我怀着忐忑不安的心情，轻轻叩响了 Meliora Hall 488 办公室的门扉。初次见面，艾略特教授说："你叫我 Andy 就好，如果你不介意的话，我就叫你 Jun 吧，因为要是叫你 Ma 的话，我妈妈可就要嫉妒了。"在这次交流中，我鼓足了勇气，向艾略特教授展示了我的雄心壮志——我计划将他提出的 AGO 理论与他的同事爱德华·德西（Edward Deci）提出的自我决定理论（SDT）进行深度融合，以期揭示两者之间的内在逻辑联系。然而，在我还没来得及详细阐述我的宏伟构想时，艾略特教授便打断了我："他们关于金钱会削弱工作动机的观点，简直是荒谬至极（请注意，他用了 ridiculous 这个词）。"这一反应让我感到震惊。我曾以为"文无第一，武无第二"的观念是中国传统文化的独特体现，未曾想到西方学术界的竞争同样激烈，这进一步印证了我所在研究领域的复杂性和挑战性。尽管如此，我从未有过放弃的念头。

致我的同事

　　上升的浪潮拖起所有的船。我所在的学校发展迅速，校领导自豪地表示："上海大学在全体教职员工的共同努力下，终于建成了一所连我们自己的孩子都难以考入的大学"。我所在的管理学院，在镇璐院长的领导下，更是实现了跨越式的发展，让我们有幸沐浴在这份荣耀之中。我还要向于晓宇教授、许学国教授、赵红丹教授、刘涛教授、马亮副书记和工商系尊敬的同事，以及黄旭教授、龙立荣教授、刘智强教授、罗瑾莲教授、贺伟教授、章凯教授、郑兴山教授、路琳教授、孟亮教授、彭坚教授、魏峰教授、王永跃教授、占小军教授、唐贵瑶教授、凌楚定助理教授等杰出同行表达深深的感谢。他们不仅在各自的学术领域内取得了卓越的成就，更以无私的胸怀和深厚的学术底蕴，为我的学术之路点亮明灯，与他们的思想碰撞充实并深化了本书的内容。

致我的学生

　　正是与他们携手合作的经历，为本书提供了诸多宝贵的素材与灵感。闫嘉妮博士与我共同探索了精准激励的奥秘；樊子立博士与我并肩研究了金钱在情感激励中的独特作用；张锐博士与我一起剖析了明星近视症与组织宫斗现象；杨映瑶博士和我呈现了明星员工的进阶之路；马兰明博士与我揭示了明星员工面临的社交困境；朱梦霆博士与我发现了明星光环下隐藏的黑马效应；王靖文博士与我探讨了明星员工的地位焦虑问题；任茹同学与我解析了明星领衔团队溃败的原因；彭媛同学与我携手研究了选窝效应；吴洁同学与我分析了明星坠落现象；昌思婷同学与我探讨了明星嫉妒的深层根源；董北松同学与我探索了破界合作的可能；皇甫语嫣同学与我提出了人才悖论；王思惟同学与我反思了"人才诅咒"陷阱；韩宁同学与我研究了情感的杠杆作用；刘源同学与我揭示了主角与配角的不同境遇。此外，赵爽博士、杨均博士、郭明杰博士、李子丰博士、徐正昊博士、吴奇翰博士等同学为书稿提出诸多有价值的建议，孙佳怡、吴婧涵、彭攀、张嘉欣、杨梦微、陈静等同学参与了校稿和绘图。作为教授，遇到这些充满朝气的学生是人生的一大幸事，而最大的遗憾或许是，"他们中大部分同学被我训练成了'呆头呆脑'的博士"。我坚信，他们的智慧和潜力将在未来的日子里绽放光彩。

致我的团队

王永老师，作为我们团队的中流砥柱，他默默地承担了团队内部的繁重事务，无论大小，都安排得井井有条。他思维敏捷、知识渊博，拥有丰富的知识储备，总能在关键时刻为我提供创新的案例和深刻的前沿理论。这些宝贵的素材，宛如繁星点缀夜空，被巧妙地融入书稿之中。我的老朋友、长期合作伙伴蒋忠萍，作为特邀顾问，我们亲切地称呼他为"蒋处长"。他曾任上海市人力资源和社会保障局工资处处长，不仅具备官员的果断和远见，更有着学者的深邃和严谨，是一位学者型的官员。在他无微不至的关怀和大力支持下，我们团队承担了多项国家课题，从理论的象牙塔走向社会实践的广阔舞台，聚焦国家战略需求，开展了一系列富有价值和现实意义的研究工作。这些宝贵的经历，不仅锻炼了团队的专业能力，也为本书的创作提供了坚实的实践基础和宽广的视野。我要特别缅怀我的学术领路人山鸣峰教授，斯人远去，风范长存，吾辈当努力！同时，衷心感谢经济管理中心主任朱明原教授，感谢您一直以来对我的关心与无私支持。此外，我还要向课题组的人事处副处长晋兴雨副研究员及马东坡老师致以最深的谢意，感谢大家在我研究道路上给予的宝贵支持与鼎力相助。

致我的家人

在笔耕不辍的漫漫旅程中，家人始终是我最坚实的后盾。我的妻子程萍女士，在我前两本著作中，我已对她的优雅与包容表示了感谢，我实在想不出还有什么词汇能够更贴切地表达我对她无尽的感激。那份毫无保留的理解与支持，于我珍贵无比，却也悄然化作了她肩上默默承受的重担。我的女儿马良程，从我第一本书中那个不谙世事的小孩，已经成长为一名博士生，未来的学术同行。在本书的完成过程中，她的贡献是不可或缺的。她投入了大量的时间和精力为我审阅书稿，其间，她勇敢地指出书稿中需要斟酌删减的部分，那份认真和坚持，一度让我产生了"父女内卷"的错觉。静下心来，细细咂摸品味，她给出的每条建议皆是切中肯綮、恰到好处，展现出扎实的专业功底与独到的学术眼光。有女长成，夫复何求。

致同仁

本书的诞生，灵感源自学术大师们的思想光芒和管理大师们的实践智慧。我能够有幸将这些珍贵的思想瑰宝与实践精粹汇聚于本书的字里行间，虽深知肩负责任重大，且文责自负，但传播并传承他们的卓越思想，于我而言，依然是一份无上的荣耀。我还必须向那些默默奉献、虽未留下姓名却为本书贡献了珍贵照片资料、定格了学术大师与名著辉煌瞬间的无名英雄们，表达我最深切的敬意与感激之情。诚挚感谢周国强老师，其专业、敬业与耐心细致，是本书顺利出版的关键保障。正是有了他们的付出与努力，本书才得以更加生动、直观地展现学术的魅力与风采。

致读者

千言万语，汇聚成一句深深的感谢。我想将我最深切的感激之情，献给每一位翻开这本书、用心阅读的您。刘立起、汪宏斌、宋国栓、吴宏伟、范立军等好友，以及参加第二届上海大学人力资源创新与发展论坛的各位领导和嘉宾，作为本书的第一批审阅者，已经为我送上真诚的鼓励和宝贵的修改建议。作为商学院教授，我常自省："管理研究者的终极目的，不仅是挖掘和揭示管理表象下隐藏的规律，更在于勇敢地帮助管理者识别并纠正那些根深蒂固却不以个人意志为转移的认知误区。"我期望本书不仅对深耕人才管理的领导者有所裨益，也为正寻求职场进阶的您带来启迪。

结语

行文至此，终章将启，我心间涌动着无尽的感慨与敬意，决意以我们敬爱的钱伟长校长对上大人的殷切嘱托，为拙作落下句点——"先天下之忧而忧，后天下之乐而乐。天下就是老百姓，百姓之忧、民族之忧，你们是否放在心上？先天下之忧而忧，忧过没有？后天下之乐而乐，乐过没有？"做学问，从来不是书斋里的孤芳自赏、象牙塔中的闭门造车，它当以高远之志为帆，怀揣经世济民的滚烫情怀，扬帆起航、破浪前行；同时，也要深谙享受学术之旅的要义，沉浸于知识海洋，采撷智慧珠玑，让学术滋养人生、润泽灵魂，收获满心的欢愉、体悟生命的真谛。

在此，怀着一颗赤诚且感恩的心，我诚挚感谢每一位拨冗审阅、悉心指导的专家学者，感恩一路同行、相互切磋的业界挚友。如果书中有任何不当之处或疏漏，恳请各位不吝赐教、直言不讳，您的每一条宝贵意见都将是我精进学识、完善作品的宝贵指南。若您有兴趣进一步探讨或提供建议，我的联系方式如下：majnswufe@126.com，期待与您交流互通、共襄学术盛举。

马 君

于上海大学畔溪之边

2025 年 5 月 8 日